bakertilly 天职国际会计师事务所出品

新金融工具准则的变化与影响

中英对照版

针对上市银行及证券公司

丁启新◎著

Changes and Impacts of New Financial Instruments Accounting Standards

for Listed Banks and Securities Companies

中国市场出版社
China Market Press
· 北京 ·

图书在版编目（CIP）数据

新金融工具准则的变化与影响：针对上市银行及证券公司：汉英对照 / 丁启新著. —北京：中国市场出版社有限公司，2021.12

ISBN 978-7-5092-2117-4

Ⅰ. ①新… Ⅱ. ①丁… Ⅲ. ①金融衍生产品 – 金融会计 – 会计准则 – 研究 – 中国 – 汉、英 Ⅳ. ①F832.5 ②F832.2

中国版本图书馆CIP数据核字（2021）第198055号

新金融工具准则的变化与影响：针对上市银行及证券公司（汉英对照）

XIN JINRONG GONGJU ZHUNZE DE BIANHUA YU YINGXIANG : ZHENDUI SHANGSHI YINHANG JI ZHENGQUAN GONGSI

作　　者：丁启新

责任编辑：张　瑶（zhangyao9903@126.com）

出版发行：中国市场出版社 China Market Press

社　　址：北京月坛北小街2号院3号楼

邮政编码：100837

电　　话：编 辑 部（010）68032104　读者服务部（010）68022950

发 行 部（010）68021338　68020340　68053489

68024335　68033577　68033539

总 编 室（010）68020336

盗版举报（010）68020336

印　　刷：河北鑫兆源印刷有限公司

规　　格：170毫米×240毫米　16开

版　　次：2021年12月第1版

印　　次：2021年12月第1次印刷

印　　张：22.75

字　　数：290千字

定　　价：88.00元

书　　号：ISBN 978-7-5092-2117-4

前言

PREFACE

2017 年 3 月 31 日，财政部印发了《企业会计准则第 22 号——金融工具确认和计量》、《企业会计准则第 23 号——金融资产转移》和《企业会计准则第 24 号——套期会计》，并于 2017 年 5 月 2 日印发了《企业会计准则第 37 号——金融工具列报》（以下简称新金融工具准则或新准则），同时公布了境内不同类别公司实施新准则的时间。

由于新金融工具准则相对于旧准则有了实质性修改，对金融企业的财务报表实际影响较大，因此本书以 51 家上市银行及 38 家上市证券公司作为研究对象，主要对其披露的 2018—2020 年年度财务报告在新金融工具准则转换日的变化及转换日后的执行情况进行了全面的实证研究与分析，根据分析与研究成果总结了新准则及其实施的特点、优势和不足，并提出了相关建议。

本书对新金融工具准则的变化进行了全方位的归纳与概括，包括分类、减值及金融工具列报等。这为本书的主体——实证研究部分奠定了理论基础。

新金融工具准则对上市银行的影响

通过对 51 家上市银行财务报表的列报及披露进行研究，我们分析和归纳了新金融工具准则对上市银行金融资产分类与计量的实际影响。本书以上市银行的贷款业务和投资业务作为实施新金融工具准则的观察对象，以转换日的金融资产分类结果研究为基础，对转换日后两到三年的财务报表进行了追踪分析，评价了新金融工具准则实施后上市银行的金融资产分类结构的变化情况。

具体来说，主要包括以下几个方面：

— 通过研究上市银行转换日贷款的减值情况，总结了上市银行准则转换日股东权益变动的主要特征。鉴于各家银行的减值模型不同及会计判断对减值的影响较大，因此本书对不同类型的银行分别进行了研究分析。为了更深入地分析上市银行贷款减值准备变化情况，本书针对上市银行表内贷款补提减值准备和拨备覆盖率的关系进行了分析。另外，我们对上市银行转换日后的减值计提情况进行了跟踪分析，评价了上市银行贷款减值准备会计信息的可比性。

— 审视了上市银行对贷款信用风险之阶段划分的执行标准和落实情况。通过对银行贷款偏离度情况的统计分析，检验了上市银行对阶段划分标准中逾期天数要求的实际执行情况。

— 通过对上市银行金融工具减值政策中与模型运用相关会计信息的披露进行逐年分析，包括预期信用损失模型所采用的估计技术、关键假设和参数、各经济情景中所使用的关键宏观经济参数的具体数值、管理层“叠加”调整的影响、对政府等提供的支持性政策的考虑等，评价了我国上市银行减值政策中与模型运用相关会计信息披露的质量。

— 通过数据分析，研究了新金融工具准则的执行对上市银行的利润表结构产生的影响，以及上市银行处置以摊余成本计量的金融资产交易的相关信息披露情况。

新金融工具准则对上市证券公司的影响

通过对 38 家上市证券公司财务报表的列报及披露进行研究，我们分析和归纳了新金融工具准则对上市证券公司金融资产分类与计量的实际影响。本书以上市证券公司的信用业务和自营业务作为实施新金融工具准则的观察对象，以转换日的金融资产分类结果研究为基础，对转换日后两到三年的财务报表进行了追踪分析，评价了新金融工具准则实施后上市证券公司金融资产分类结构的变化情况。

具体来说，主要包括以下几个方面：

— 对上市证券公司新金融工具准则转换日金融资产减值调整情况进行了分析。根据证券公司的业务特点，新金融工具准则下减值计量涉及的主要金融资产科目包括融出资金、买入返售金融资产、应收款项、债权投资和其他债权投资。由于上述五类金融资产的业务类型及风险状况各不相同，我们分别进行了研究。

— 研究了上市证券公司对融资融券业务和股票质押式回购业务信用风险之阶段划分的执行标准和落实情况。通过对上市证券公司三阶段划分会计政策披露和阶段划分标准的进一步研究，评估上市证券公司在新准则下金融资产减值阶段划分的执行情况及会计信息披露质量。

— 通过对上市证券公司金融工具减值政策中与模型运用相关会计信息

的披露进行分析，包括与前瞻性调整因子相关的关键宏观经济参数信息、与新冠肺炎疫情影响金融资产减值相关的信息等，评价了我国上市证券公司减值政策中与模型运用相关会计信息的披露情况及会计信息质量。

— 通过对上市证券公司在准则转换日估值范围变化的分析，梳理了上市证券公司在新金融工具准则下对金融资产重新估值所面临的主要难题。通过对上市证券公司在准则转换日金融资产估值调整情况的研究，总结了新准则在估值信息披露和估值技术方面的主要特征。

— 通过数据分析，研究了新金融工具准则的执行对上市证券公司的利润表结构产生的影响，以及上市证券公司处置以摊余成本计量的金融资产交易的相关信息披露情况。

总结与建议

总体而言，新金融工具准则下金融资产分类、金融工具减值准备的计提、金融机构财务报表格式等均发生了重大变化，从而对企业管理提出了更高的要求。进一步来说，企业财务会计部门、业务部门、风险管理部门、估值部门及信息科技部门需加强协同合作，以遵循监管新规则，提升管理效率。基于本研究，我们提出了相关建议以供金融企业管理者、准则制定者及金融监管机构参考。

CONTENTS 目录

CONTENTS

第1章
导 论

Changes and Impacts of
New Financial
Instruments Accounting Standards

FINANCE

1.1 新金融工具准则出台的背景和研究意义

1.1.1 出台背景

1. 新金融工具准则出台的背景

2008 年全球金融危机爆发后，全球主要国家学者普遍认为原金融工具准则即《国际会计准则第 39 号——金融工具》（IAS 39）存在金融资产计量复杂、减值计量过少等问题，且存在较为突出的顺周期性特征，这些都会增加金融机构面临的系统性风险。这就促使相关准则制定机构对原金融工具准则进行完善，以便解决上述问题。国际会计准则理事会（IASB）经过长达数年的研究及准备后，对原金融工具准则进行了修订，于 2014 年 7 月正式发布了《国际财务报告准则第 9 号——金融工具》（IFRS 9），并于 2018 年 1 月 1 日生效取代原来的 IAS 39。与 IAS 39 相比，IFRS 9 体现了跟美国会计准则趋同的一面，简化了金融资产分类，将原来的“四分类”改为“三分类”，引入了预期信用损失法作为金融工具减值的基础，简化了嵌入衍生工具的会计处理，提升了套期会计的适用性。

随着经济全球化的不断深入，我国企业会计准则与国际会计准则保持持续趋同，对降低我国企业的融资成本、促进跨国企业的发展具有重要的作用。近年来，我国资本市场不断健全完善、金融产品不断推陈出新、对外开放的步伐越来越大，在相关金融机构开展会计工作的过程中出现了一系列以前没有遇到过的状况和问题。作为 IASB 成员，我国财政部针对经济发展实际情况，充分借鉴 IFRS 9 适用于我国经济体制的相关条款，完善我国会计体系，并由相关部门牵头与 IASB 进行沟通交流，反映我国的诉求与倾向，使新的会计准则能够更好地适应我国经济发展需求，提高国际地位。

2. 新金融工具准则颁布施行

2017 年 3 月 31 日，财政部修订印发了《企业会计准则第 22 号——金融工具确认和计量》、《企业会计准则第 23 号——金融资产转移》和《企业会计准则第 24 号——套期会计》，并于 2017 年 5 月 2 日印发了《企业会计准则第 37 号——金融工具列报》（以上四项统称新金融工具准则或新准则），取代了 2006 年颁布的《企业会计准则第 22 号——金融工具确认和计量》（简称旧金融工具准则或旧准则）。

财政部规定，在境内外同时上市的企业以及在境外上市并采用国际财务报告准则或企业会计准则编制财务报告的企业，自 2018 年 1 月 1 日起施行新准则，为了避免境内境外会计核算出现差异，这一规定实际上与 IFRS 9 开始正式施行的时间一致。其他境内上市企业自 2019 年 1 月 1 日起施行新准则，执行企业会计准则的非上市企业自 2021 年 1 月 1 日起施行新准则。同时，鼓励企业提前执行。

这意味着我国银行业和证券业已步入新金融工具会计准则的全面实施轨道。

3. 新金融工具准则相关指导文件陆续发布

2021 年 3 月 4 日，会计准则咨询论坛会议（ASAF）发布会议议程文件：《国际财务报告准则第 9 号》实施后审查第一阶段——分类和计量。该会议的目的是请该组织成员就实施《国际财务报告准则第 9 号》的总体经验发表意见，并提出他们认为应由国际会计准则委员会在《国际财务报告准则第 9

号》实施后审查分类和计量要求时应考虑的重要事项。

2020 年 12 月 30 日，财政部、中国银行保险监督管理委员会（以下简称银保监会）印发了《关于进一步贯彻落实新金融工具相关会计准则的通知》（财会〔2020〕22 号）；2021 年 1 月 26 日，财政部印发了《企业会计准则解释第 14 号》（财会〔2021〕1 号）；2021 年 1 月 27 日，财政部、国务院国有资产监督管理委员会（以下简称国资委）、中国银行保险监督管理委员会、中国证券监督管理委员会（以下简称证监会）印发了《关于严格执行企业会计准则切实加强企业 2020 年年报工作的通知》（财会〔2021〕2 号）；自 2021 年 3 月 2 日起，财政部陆续发布了 19 项金融工具准则实施问答。以上通知、解释、指引等旨在进一步加强对企业实施新金融工具相关会计准则的指导，从疫情对预期信用损失法应用的影响、基准利率改革对合同现金流量特征的影响、出售金融资产的业务对以收取合同现金流量为目标的影响等方面进行解答和指导。

1.1.2 研究意义

从金融监管机构的角度出发，需要洞察新金融工具准则对金融行业各方面的影响，银保监会和证监会更关注银行和证券公司减值计提的情况是否合理反映了资产质量，财政部则更关注新准则的实施，以及进一步规范新准则的应用，保证会计信息的可靠性和可比性，提高信息披露的透明度，加强内部控制。金融监管机构普遍认为，新准则能充分发挥金融风险预警的作用，提升金融机构信用风险管控水平，对防范系统性金融风险、维持稳定资本市场秩序、深化宏观审慎的监督管理等都有着重要意义。

从金融企业本身的角度出发，需要充分理解企业会计准则的主要变化及与对应国际财务报告准则的政策差异，深入分析对财务报表影响，比较参考同业新准则的实施情况，才能更好发挥财务会计职能作用，助力企业更好更稳更快发展。同时新准则更好地将财务管理与风险管理融合，能够对未来信用风险损失做出合理评估，使其采取有效措施将金融风险管控在较低水平，有利于促进金融机构提升风险控制能力。

从其他报表使用者的角度出发，新准则扩大了会计估计范围，比如公允价值和预计损失，其更能反映企业当前的财务状况和市场的评价结果，能够更好地满足报告使用者的经济决策需要，有助于对企业的情况做出评价或者预测。

本研究从上市银行及证券公司出发，通过收集和分析这些具有代表性的金融机构实施新准则前后的财务报表中的数据，研究其如何落地实施新准则，及新准则施行后给金融业带来的影响，本研究的分析和结果将为监管机构、企业自身和其他报表使用者的判断和决策奠定坚实的基础，并为今后的其他研究提供更好的平台，同时对后续准则的修订及改进都具有重要的借鉴意义。

财政部及银保监会陆续印发的《关于保险公司执行新金融工具相关会计准则有关过渡办法的通知》（财会〔2017〕20号）和《关于进一步贯彻落实新金融工具相关会计准则的通知》（财会〔2020〕22号），允许保险公司执行新金融工具准则的日期暂缓至执行《企业会计准则第25号——保险合同》（财会〔2020〕20号）的日期，同时国内绝大部分保险公司选择了暂缓执行新金融工具准则，因此本研究未将保险公司列为研究对象。

本研究的样本较其他研究更为全面完善，且跟进实施新准则后的财务情况，此外本研究把证券公司作为一个分组进行研究，这些与以往的研究相比是独一无二的。

1.2 国内外研究现状及文献综述

新金融工具准则发布后，国内外出现了较多关于新金融工具准则对银行的影响的研究，为笔者研究新金融工具会计准则提供了理论基础。

1.2.1 国内研究现状及文献综述

中国人民银行会计准则研究小组（2017）对辖内法人机构进行调查分析，认为新金融工具准则对于业务单一、不良率较低的村镇银行影响有限，但对于业务多元化、不良率较高的股份制银行，执行新金融工具准则会导致拨备计提增加，对净利润影响较大。

蔡彦贞（2017）在新金融工具会计准则修订的背景下，以中国工商银行为例，研究金融资产重分类与减值损失的计提等方面的影响，通过财务报表筛选出金融资产的价值，与旧准则下计算的值进行对比分析。经过研究得出，新旧准则下计算的资产总额可能并没有显著的变动，但在新金融工具会计准则下调整后的以公允价值计量的金融资产总额显著增长，同时带来利润的波动。

宋非洁（2018）通过对五家上市国有商业银行进行实证分析，得出新金融工具准则对银行的盈余管理、预算管理、产品定价等多方面产生深远的影响。

徐宗宇、王晓晶（2018）认为，新金融工具准则的实施会提高我国会计信息质量，增加财务报表的可比性，同时会导致商业银行利润表波动较大，对信用风险管理水平也提出了更高的要求。

顾吉锋（2018）研究新金融工具准则对商业银行日常经营和业务管理可

能产生的影响，发现一定程度上会对会计的核算、投资结构、风控模式以及盈余管理等方面产生影响。

成丽莉等（2018）通过对国内24家A股上市银行的减值贷款数据进行研究，将贷款与垫款结构划分成已减值贷款、已逾期未减值贷款、未逾期未减值贷款，通过对新准则下这三类贷款的计提减值准备方式进行分析，同时依托赋予风险值方式计算出风险损失的加权平均额，以此来测算新准则下银行业受采用预期损失法进行减值损失计量的整体影响。

王华、顾先英（2018）通过对四大行季报的分析，探讨执行新准则对企业财务状况、经营成果产生的影响，四大行新金融工具准则实施方案类似，但各个主体投资策略和资产管理模式略有差异。针对大幅变化的结果，几家银行披露的原因也并非是执行新金融工具准则的影响。

林丽妍等（2019）通过对26家上市银行2018年年报数据进行分析，认为实施新准则后，银行业所有者权益出现小幅下降，重分类后以公允价值计量且其变动计入当期损益的金融资产占比增加，运用预期信用损失模型后各银行资产减值损失迅猛增长。

曹翠珍（2019）介绍了新金融工具准则变动的两大核心内容：一个是对金融资产进行重分类，另一个是金融资产使用预期减值损失的计提方法。通过具体的实证分析得出，对银行影响最大的是使用预期减值模型，这可能会导致大幅增加银行金融资产减值准备的计提。对于中小型银行来说，计提基数的增大必然会对资本产生影响进而造成利润波动。

陈鹏（2020）分析了五大行实施新准则的情况，认为新准则对首次实施日期初净资产的影响有限，能够指定为以公允价值计量且其变动计入其他综合收益的金融资产的权益性投资普遍下降。

金智（2020）以2004—2008年我国A股上市公司为样本，基于私有信息交易理论，分析会计信息质量如何影响股价同步性，以及新会计准则的改革如何影响两者之间的相关性。结果发现，会计信息质量与股价同步性正相关，并且这种正相关关系仅存在于负向盈余管理的情况，而在正向盈余管理的情况下不明显，这与我国股票市场的卖空限制有关。同时，2007 年新会计准则质量的提高显著减弱了会计信息质量与股价同步性之间的正相关关系。

朱金凤等（2020）以 24 家上市商业银行为分析对象，运用事件研究法，以 2017 年 3 月 31 日财政部发布新金融工具系列准则为事件日，检验了我国新金融工具准则发布所引起的短期资本市场反应。研究发现新金融工具准则对金融行业上市公司的股票价格产生了显著的负向影响。从市场的角度反映了新金融工具准则可能带来的执行成本对商业银行的股价的影响。

邵丽丽等（2020）分析了新冠肺炎疫情冲击下新金融工具准则实施的国际经验与国内现状，认为新冠肺炎疫情的爆发可能会放大新金融工具准则实施对商业银行的负面影响很可能使得银行的金融资产减值准备计提口径差异扩大、资产减值科目波动幅度加大、金融资产质量恶化。

康吉言（2021）研究发现，与新准则转换前相比，新准则转换后银行以公允价值计量的资产与以公允价值计量的负债之比均略有上升，这体现了执行新准则后银行资产负债匹配度增强，侧面反映了新准则隐含的对于资产负债期限匹配的要求；新准则实施后，从金融企业财务报表出发分析两种计量模式金融资产结构，可大致勾勒出金融企业的投资策略与风险偏好；新准则实施后，公允价值计量将会被更充分地运用在金融工具的计量中，以此来更好地反映银行对于目前市场多样化、变化性的管理偏好。

1.2.2 国外研究现状及文献综述

随着世界资本市场逐渐趋于一体化，会计准则的趋同问题日渐明显。

关于新金融工具准则对企业产生的影响，由于国外早已开始实施该准则，因此相较于国内而言，国外的研究开展得较早，近年来的研究也更加深入和细化。

关于 IFRS 9 对银行业的影响，欧洲银行管理局（European Banking Authority）在 2016 年对欧盟成员国银行实施 IFRS 9 的影响进行了第一轮调研评估，从定性和定量两个方面评估 IFRS 9 对银行业的影响，在 2017 年根据第一轮调研的评估结果，启动了第二轮调研评估，主要是为第一轮评估中银行业执行 IFRS 9 的难点以及 IFRS 9 和宏观审慎监管之间的联动提供参考指引，旨在为银行在过渡期提供帮助。国际会计准则的制定机构在 2013 年针对 IFRS 9 中引入预期信用损失模型对银行减值准备计提情况进行定量评估，评估的结论是：预期信用损失模型在第二阶段会导致银行计提的减值显著增加。巴塞尔银行管理委员会（BCBS）在 2015 年发布了关于预期信用损失对信用风险和会计计量的指导文件，主要分析 IFRS 9 对银行业信用风险管理框架影响，在风险管理和信息披露以及会计职业判断等方面为银行业提供指引。

Marchini and Carlotta（2015）发现，虽然净利润与综合收益账面价值之间存在明显的不相关价差，但首次在财务报告中列报综合收益确实对公司业绩产生了显著影响。

Landini S et al.（2018）认为，应该解决贷款信用损失的确认的滞后性，对减值损失的计提应考虑前瞻性。

Justin, Kiridaran & Gerald（2018）认为，新模型赋予了企业自由裁量权，建议管理人员将其作为风险管理工具而非盈余管理工具，才能在减值模型过渡阶段通过建立足够的信贷损失减少金融危机到来前银行面临的风险，以保障银行经营的稳定性。

Kund & Rugilo（2018）指出，IFRS 9 深刻改变了信贷损失的减值方法，对金融部门产生了重大影响。因为 IAS 39 信贷损失只有在发生时才被确认，损失的突然增加会造成“悬崖效应”，而 IFRS 9 采用分期法逐步确认贷款期限内的损失，可以缓解这一问题。然而，早期确认损失可能会通过降低资本水平对银行弹性产生不利影响。

Hrvoje & Mario（2018）研究了新金融工具的减值模型，为确定模型的基本变量——违约风险敞口（EAD）、违约损失率（LGD）和违约概率（PD）提供了建议。

Hashim N et al.（2019）通过一系列研究得出，“预期损失”的计提改进了信贷损失会计核算。

Begonia & Araceli（2019）认为，新模型强调前瞻性信息，提高了拨备计提的稳健性；但其允许减值损失转回，可能引发盈余管理问题，降低会计信息质量，从而降低模型使用效果；特别指出新模型提前确认减值损失的做法对银行信贷业务的产品合同条款设计和定价、放贷政策和风险管理模式等方面会产生重大影响。

Mohamed et al.（2019）用实证方式证明了用 IFRS 9 的预期信贷损失模型替代 IAS 39 的已发生信贷损失模型来计算信贷减值损失可以使金融工具会计更具有效性。

1.3 研究内容、研究思路和研究方法

1.3.1 研究内容

本书首先从理论上研究了执行新金融工具准则的变化，以上市银行和上市证券公司为研究对象，分析其执行新准则后对这些金融机构的金融资产

分类、金融资产减值计提、利润和收入结构和净资产的影响等。同时研究统计各项数据，研究其施行新准则前后的金融资产重新分类与计量情况，以及各自计提减值准备的情况，进而深层次分析新准则施行给金融机构资产负债表、利润表、财务报告质量和经营管理带来的影响。

本书主要分四个部分：第一部分是本研究的背景介绍与文献综述，介绍了选题的研究背景、意义与研究内容、思路、方法等，并归纳了国内外金融工具准则研究现状相关文献综述。第二部分从理论上分析了金融工具准则的变化，通过对比新旧准则主要内容，从金融工具分类与计量、金融工具减值、嵌入衍生工具会计处理、金融资产转移、套期会计适用性、金融工具列报等方面进行了梳理。第三部分分析了上市银行执行新准则的应用与影响，以A+H股、A股及H股上市银行为研究对象，分析了这些银行首次执行日金融资产重分类情况及影响、贷款减值准备重新计提的情况及影响、执行新准则对银行业利润、收益结构的影响和对净资产的影响等。第四部分为A+H股和A股上市证券公司对新金融工具准则的应用与影响分析（H股上市证券公司信息披露有限，因此不在本书研究范围内），包括金融资产分类与计量情况分析、减值情况分析、执行新准则对证券公司利润和收益结构的影响以及对净资产的影响等。

1.3.2 研究思路

本书主要通过公开披露信息如年度报告、财务报表、监管机构公开信息及其他公开信息进行研究，从以下几个方面出发进行分析：

一是分析新金融工具准则对首次执行日财务报表的影响，包括净资产变动的金额和比例、按资产类别重新分类的金额和原因、重新计量的减值准备金额和影响、重新计量公允价值的金额和影响等。在此基础上，笔者进一步分析了留存收益和其他综合收益在首次执行日的变动情况，以公允的视角探讨首次执行日会计判断是否可能存在管理层主观偏好。

二是通过分析比较施行新金融工具准则前后的上市银行和证券公司财务报表，研究跟进上市银行和证券公司施行新准则后减值准备的变化，以及新准则实施对上市银行及上市证券公司利润及收益结构的影响等。

三是分析比较新准则下境内上市银行及上市证券公司金融工具会计政策的披露情况，以及金融资产及风险管理披露情况，从完整性和准确性两方面探讨信息披露质量是否有所提高，并对实施新准则的境内外金融机构的财务报告披露质量进行比较。

1.3.3 研究方法

本书采用的主要研究方法有文献研究法、比较分析法、实证研究法等。

（1）文献研究法：作为理论研究的基本方法，本研究中通过对国内外学术界相关研究成果的归纳整理，找出其中值得借鉴与参考的观点和理论，为研究奠定坚实的理论基础。

（2）比较分析法：在本研究中对核心研究内容进行提炼，并提出问题，制定针对性解决措施，围绕这些问题展开深入剖析，得出最终结论。

（3）实证研究法：本研究以上市银行和证券公司作为主要对象展开实证研究，通过充分收集各金融机构的金融资产状况财务数据并加以分析，引入预期损失模型对其影响进行全面剖析，以此来研究新金融工具准则的实施对我国金融机构的影响。实证研究法是本书的主要研究方法。

第 2 章

新金融工具准则的主要内容及变化

Changes and Impacts of

New Financial

Instruments Accounting Standards

FINANCE

2.1 金融工具分类与计量的变化

2.1.1 新旧准则下金融工具分类与计量的变化

旧准则按照持有金融资产的意图和目的将金融资产分为四类：以公允价值计量且其变动计入当期损益的金融资产（HFT）、持有至到期投资（HTM）、贷款和应收款项（L&R）和可供出售金融资产（AFS）。从准则的实施效果来看，旧准则的分类方法较为复杂，既根据主观意图，又考虑是否有活跃市场、固定到期日等多重分类因素，存在一定的主观性，影响了会计信息的可比性。

在金融工具准则逐步完善的过程中，我国财政部遵循实质性趋同的原则，根据 IFRS 9 的相关内容，提出了以企业持有金融资产的“业务模式”和“金融资产的合同现金流量特征”为依据进行分类的方法，而不再以管理层持有意图和目的作为金融资产分类的依据。新准则将金融资产分为以摊余成本计量的金融资产（AC）、以公允价值计量且其变动计入其他综合收益的金融资产（FVOCI）以及以公允价值计量且其变动计入当期损益的金融资产（FVTPL）三类。

与新准则的三分类法相比，旧准则的分类方法属于规则导向，方法复杂且应用困难，同时主观性较强，造成财务报表可比性较差。新准则基于业务模式和金融资产的合同现金流量特征测试进行分类，不仅为金融企业构建了一套更为完整且科学的判断框架，也有助于金融企业理清金融工具的分类逻辑，从而更加真实地反映企业的金融资产结构状况，减轻实务操作中的负担。

新准则以企业持有金融资产的“业务模式”和“金融资产合同现金流量特征”为依据进行分类。所称金融资产的现金流量特征测试，是指企业需要判断金融资产在特定日期产生的合同现金流量是否仅为对本金和以未偿付本金金额为基础的利息的支付（SPPI），是否与基本借贷安排相一致。金融资产若通过 SPPI 测试，再结合其业务模式，进而确定分类是 AC、FVOCI 还是 FVTPL；否则，该项金融资产将被直接分类为 FVTPL。

（1）如果企业对于该金融资产的管理模式是以收取合同现金流量为主要目的，且其现金流在特定的日期产生同时仅为对本金和以未偿付本金金额为基础的利息的支付，企业又未对该金融资产进行指定分类，那么该项金融资产就会被分类为以摊余成本计量的金融资产（AC）。

（2）如果企业对于该金融资产的管理模式既以收取合同现金流量为目的又以出售该金融资产为目的，且其现金流在特定的日期产生同时仅为对本金和以未偿付本金金额为基础的利息的支付，那么该项金融资产就会被分类为以公允价值计量且其变动计入其他综合收益的金融资产（FVOCI）。

（3）如果某一项金融资产既不符合分类为以摊余成本计量的金融资产的条件也不符合分类为以公允价值计量且其变动计入其他综合收益的金融资产的条件，则应将其分类为以公允价值计量且其变动计入当期损益的金融资产（FVTPL）。

从以上相关准则规定中我们可以发现，新准则中资产的分类以合同现金流量测试和业务模式测试结果为准，这改变了以往凭管理层的意图或声明进行判断的分类流程，提出应以客观事实为依据，综合考虑出售频率和金额等信息，不得仅以主观预期为基础确定。

新准则同时规定，可将非交易性权益工具投资指定为以公允价值计量且其变动计入其他综合收益的金融资产，其持有金融资产期间产生的利得和损失，除减值损失或利得和汇兑损益之外，均应当计入其他综合收益，当该金融资产终止确认时，之前计入其他综合收益的累计利得或损失应当从其他综合收益中转出，计入留存收益。即针对部分非交易类的权益投资，若选择指定为以公允价值计量且其变动计入其他综合收益的金融资产，该指定一经做出不得撤销，且处置买卖的价差再不得计入损益。新准则还指出，企业在考虑将非交易性权益工具投资指定为以公允价值计量且其变动计入其他综合收益的金融资产时，应注意对于企业在非同一控制下的企业合并中确认的或有对价构成金融资产的，该项金融资产应当被分类为以公允价值计量且其变动计入当期损益的金融资产，不得指定为以公允价值计量且其变动计入其他综合收益的金融资产。同时，符合金融负债定义但是被分类为权益工具的特殊金融工具（包括可回售工具和发行方仅在清算时才有义务向另一方按比例交付其净资产的金融工具）本身并不符合权益工具的定义，因此从投资方的角度也就不符合指定为以公允价值计量且其变动计入其他综合收益的金融资产的条件。

新旧准则在金融资产分类和计量方面的差异见表 2–1。

表 2–1

新旧准则在金融资产分类和计量方面的比较

	分类原则	分类结果	计量基础
新准则	对所有金融资产适用同一个分类方法，即根据主体管理该项金融资产的业务模式和金融资产的合同现金流量特征作为划分资产类别的依据	分为三类：以摊余成本计量的金融资产（AC）；以公允价值计量且其变动计入当期损益的金融资产（FVTPL）；以公允价值计量且其变动计入其他综合收益的金融资产（FVOCI）	凡是权益工具均以公允价值计量。债务工具分两种情况：对于同时满足业务模式测试和合同现金流量特征测试的金融资产以摊余成本计量；不同时满足两条件的以公允价值计量

续表

	分类原则	分类结果	计量基础
旧准则	每一类别都有其具体的标准：是为了持有至到期，还是为了短期持有从交易价差中获利；是衍生品、贷款和应收款项，还是基于某种约束将其作为某种类别进行管理等，这些分类标准集金融工具的性质、使用方式和管理层意图于一体	分为四类：以公允价值计量且其变动计入当期损益的金融资产（HFT）、持有至到期投资（HTM）、贷款和应收款项（L&R）、可供出售金融资产（AFS）	持有至到期投资及贷款和应收款项以摊余成本计量，其他类别以公允价值计量，但是有一个例外，公允价值不能可靠取得的无标价可供出售金融资产权益工具以成本计量

2.1.2　金融资产重分类的变化

旧准则在重分类方面有着极为严格的限制，金融资产的类别一经确认就不能随意变更。旧准则只对重分类“持有至到期投资”为“可供出售金融资产”的行为予以了认可，但不允许对 FVTPL 与其他类金融资产进行重分类。旧准则在重分类方面同时规定：企业在到期日之前想要重分类或者出售持有至到期投资类资产时，如果出售或重分类的金额较大，则剩余部分应在处置之后立即重分类为可供出售金融资产并以公允价值进行后续计量。

新准则取消了对重分类的严格限制，赋予了主体更多重分类的空间但对重分类的要求变得更加严格，要求企业主体只有在金融资产的业务模式发生非经常性的重大改变的情况下，才能够进行金融资产的重分类。通常发生这种变化的原因对于企业主体来说有重大的意义，受到内部或外部的情况影响而发生，同时从外部看来是“显而易见的”或“可论证的”。新准则允许重分类金融资产，但同时也做出了禁止重分类一切金融负债的规定。不仅如此，一旦做出如下任意一种指定分类便无法撤销：①若会计错配能够被减少，甚至直接消除，那么企业可以在初始确认的过程中将金融资产指定为 FVTPL；

②“非交易性权益工具”在初始确认时被指定为FVOCI。此外，新准则还详细说明了重分类的金额、种类以及业务模式等各方面的变化，这样也使得财务报告对于外界的信息使用者来说更加可理解，增强了财务报告的完整性。但新准则并未对企业在到期日之前出售或重分类金额较大的以摊余成本计量的金融资产制定惩罚性条款，给会计实操带来一定难度。

新准则明确规定管理层持有意图变化不属于业务模式变更，不能由此进行金融资产重分类，管理层主观持有意图变化不能改变金融资产计量模式，金融资产后续计量更具有一贯性。

新旧准则在金融资产重分类方面的主要差异见表2-2。

表2-2

新旧准则在金融资产重分类方面的比较

	重分类
新准则	企业改变其管理金融资产的业务模式时，应当对所有受影响的相关金融资产进行重分类
旧准则	不允许主体在初始分类后将以公允价值计量且变动计入损益的金融资产重分类为其他三类，并允许在一定条件下持有至到期投资和可供出售金融资产这两类之间进行重分类

2.1.3 金融负债分类与计量的变化

旧准则对金融负债的主要要求是交易性金融负债和指定为以公允价值计量且其变动计入当期损益的金融负债都采用公允价值作为计量属性，并且持有期间的公允价值变动计入利润表作为当期损益；剩余的金融负债均按摊余成本计量。

新准则将金融负债分为以下四种：第一种是以公允价值计量且其变动计入当期损益的金融负债，包括交易性金融负债（含属于金融负债的衍生工具）和指定为以公允价值计量且其变动计入当期损益的金融负债。如果满足以下两种条件之一就可以被指定为以公允价值计量的金融负债，第一是该指定能够消除或显著减少会计错配，第二是根据正式书面文件载明的企业风险管理或投资策略，以公允价值为基础对金融负债组合或者金融资产与金融负债组合进行管理和业绩评价，并在企业内部以此为基础向关键管理人员报告。第二种是不符合终止确认条件的金融资产转移或继续涉入被转移金融资产所形成的金融负债。对此类金融负债，企业应当按照《企业会计准则第 23 号——金融资产转移》相关规定进行计量。第三种是不属于上述第一种或第二种情形的财务担保合同，以及不属于上述第一种的、以低于市场利率贷款的贷款承诺。企业作为此类金融负债发行方的，应当在初始确认后按照依据《企业会计准则第 22 号——金融工具确认和计量》中金融工具的减值所确定的损失准备金额以及初始确认金额扣除依据《企业会计准则第 14 号——收入》相关规定所确定的累计摊销额后的余额孰高者进行计量。第四种为除上述三种情形外的金融负债，即应分类为以摊余成本计量的金融负债。

新准则还指出，在非同一控制下的企业合并中，企业作为购买方确认的或有对价形成金融负债的，该金融负债应当按照以公允价值计量且其变动计入当期损益进行会计处理。

另外，新准则规定，对于将金融负债指定为以公允价值计量且其变动计入当期损益的金融负债的，该金融负债所产生的利得或损失若由企业自身信用风险变动引起，则该金融负债公允价值的变动金额应当计入其他综合收益，该金融负债的其他公允价值变动计入当期损益。

综上所述，金融负债的分类与计量在新旧金融工具准则下变化不大，因此本书不做重点分析。

2.2 金融工具减值的变化

2008年国际金融危机爆发后，二十国集团要求国际会计准则理事会加紧修订金融工具等会计准则，其中一个需要解决的关键问题就是旧准则下的已发生损失模型会导致金融工具减值损失的计提不及时和不充分。因此，新准则引入了预期信用损失法对金融工具的减值进行会计处理，保障减值损失计提的及时性和前瞻性。

2.2.1 新旧金融工具减值模型的对比

旧准则下金融工具减值要求使用已发生损失模型，核心思想是将金融工具的账面价值减记至预计未来现金流量的现值，未来现金流量的现值与金融工具账面价值的差额确认为资产减值损失。该模型要求在确认减值损失前需要确认减值客观性证据，即只有当存在客观证据表明金融工具存在减值迹象时，才可以确认相应的损失。

旧准则明确了金融工具发生减值的客观证据，要求企业识别金融工具是否存在减值迹象并考虑对金融工具减值准备进行组合确认和单项确认。对于单项金额重大的金融资产是否发生减值的客观证据进行单项评估；对于单项金额不重大的金融资产，可以单项评估，也可以将具有类似风险特征的金融资产组合进行组合评估。

旧准则下使用的已发生损失模型要求只有在触发风险事件的基础上才可以确认相关的损失。由于以客观证据为基础，所以整体上来说该方式有一定的可靠性，被人为主观因素干预和操作的风险相对较低。但是，该模型存在延迟确认损失、悬崖效应和顺周期效应等问题。故而，新准则通过引入预期损失模型来消除原有模型的弊端。

预期损失模型是一种与已发生损失模型相对应的概念，其指导原则是，反映金融工具信用质量恶化或改善的过去事项、当前情况和预期因素，其中对预期因素的充分考虑是旧准则已发生损失模型中没有明确反映的。该方法要求将金融工具可能发生的信用损失也进行计量，从而确保金融工具减值的计提更为准确、可靠，更为全面地反映金融资产风险，提前做好准备。预期信用损失模型下，减值损失的金额取决于自初始确认后信用恶化的程度，以及据此确定的金融资产可能遭受的信用损失的大小。

金融工具按照金融工具信用质量变化情况可分为三个不同的阶段，每个阶段使用的减值和利息收入计量方式各有差异。

新准则对金融资产减值准备的计提拨备提出了更高的要求，为达到这一要求，确认金融资产减值时就必须考虑前瞻性因素，或者未来损失情况，新会计准则确认信用风险时在已有计提减值方法的基础上提出了金融工具减值的三阶段：（1）第一阶段：信用风险自初始确认后未显著增加；（2）第二阶段：信用风险自初始确认后已显著增加但尚未发生信用减值；（3）第三阶段：初始确认后发生信用减值。

新准则要求企业及时足额计提金融工具的减值，同时当金融工具开始出现第二阶段的信用风险特征时，所计提的减值金额会明显增加。新准则预期信用损失模型最显著的特征之一就是三阶段模型，按照整个存续期间信用损失或未来12个月的预期信用损失计提信用损失准备，并且依据自初始确认后信用风险是否发生显著增加予以区分。考虑到准则自身的复杂性，新准则也提供了一些简化方法，比如允许或要求符合一定条件的合同资产、应收账款、租赁应收款以及较低信用风险的金融工具按照整个存续期信用损失对减值准备进行计提，但无论如何划分阶段，新准则均要求确认金融工具就立即确认减值准备，不允许在时间方面存在任何滞后。本研究认为，新准则要求确认金融工具减值时要对风险管理工具及其计量结果进行考量，且不能忽略以往确认坏账准备的方法，当然在实践当中这并不是绝对的。

值得注意的是，旧准则下分析判断可供出售金融资产的减值时，注重该金融资产的市场风险和信用风险的综合考量。新准则对以公允价值计量且其变动计入其他综合收益的金融资产的减值评估完全按照预期信用损失模型进行，在减值评估时不考虑该金融资产的市场风险因素。

从理论角度出发，预期信用损失模型无疑是新准则有所进步的一个地方，这也是其积极应对金融危机的表现。新准则用此模型取代了已发生损失模型，要求确认减值时已考虑预期损失，如此一来就能更早地确认第一、第二阶段金融资产的减值损失，当金融资产进入第三阶段时，对整个金融资产寿命期间的损失进行预期也体现出了一定的先进性，而且更符合宏观经济的发展趋势。

2.2.2 金融工具减值范围的变化

关于金融工具减值的范围，旧准则下进行计提减值的门槛是“能够出具目标金融资产存在减值现象的可靠证据”，但新准则提出了创新性的要求，那就是即便金融资产未发生金融减值迹象，也要对其可能减值的部分进行计提，这就是“预期信用损失模型”，同时引入的还有“三阶段模型”。关于计提减值的对象，旧准则要求计提除 FVTPL 之外的金融工具计提减值，但新准则要求对“以公允价值计量且其变动计入其他综合收益的金融资产的债务工具”和“以摊余成本计量的金融资产”计提减值，但无须对“指定分类为以公允价值计量且其变动计入其他综合收益的金融资产的非交易性权益工具”计提减值。同时，新准则将租赁应收款和《企业会计准则第 14 号——

收入》定义的合同资产纳入了金融工具减值的范畴，金融工具减值的范围大于金融工具分类的范围。此外，新准则明确了需要对贷款承诺和财务担保等表外业务计提减值。

2.3　嵌入衍生工具会计处理的变化

与旧准则相比，新准则简化了嵌入衍生工具的会计处理。

旧准则规定，如果混合工具没有指定为以公允价值计量且其变动计入当期损益的金融资产或负债，且嵌入衍生工具的经济特征和风险不与主合同紧密相关，与嵌入衍生工具具有相同条款的单独工具符合衍生工具定义，则嵌入衍生工具应当从混合合同中分拆，作为单独的衍生工具进行处理。如无法对嵌入衍生工具进行单独计量，应将混合合同整体指定为以公允价值计量且其变动计入当期损益。因规定涉及的专业判断较多，企业对其理解和把握口径存在差异，故新准则对嵌入衍生工具的会计处理进行了简化。

新准则规定，混合合同主合同为金融资产的，应将混合合同作为一个整体进行会计处理，不再分拆；混合合同不属于金融资产的，如果混合工具没有指定为以公允价值计量且其变动计入当期损益，且嵌入衍生工具的经济特征和风险不与主合同紧密相关，与嵌入衍生工具具有相同条款的单独工具符合衍生工具定义，则嵌入衍生工具应当从混合合同中分拆，作为单独的衍生工具进行处理。如无法对嵌入衍生工具进行单独计量，应将混合合同整体指定为以公允价值计量且其变动计入当期损益。也就是说，对于主合同为金融资产的混合合同，新旧准则会计处理不一致；对于主合同为金融负债或主合同为非金融工具的混合合同，新旧准则会计处理一致，均需评估嵌入衍生工具是否与主合同紧密相关并确定是否分拆。

从另一个角度看，在新准则下，嵌入衍生工具对主合同为金融资产和金融负债的金融工具来说，其会计核算方法是不对称的。

2.4 金融资产转移和终止确认的变化

一是明确了金融资产转移及其终止确认的判断原则。在保持判断原则不变的前提下，新准则对金融资产转移的终止确认条件进行了明确，并突出了判断流程，其中不符合终止确认的条件主要包括以下两个方面：一是转移方仍承担相应风险，并享受其中权益，即仍然保留相关资产所有权；二是转移方没有实现风险和收益完全转移。总体来看，风险报酬几乎全部保留的应继续确认；风险报酬几乎全部转移的应终止确认；部分保留的需根据移后的权利义务状态判断，如果保留控制权，则按继续涉入程度确认资产或负债，反之则需要终止确认金融资产。

二是明确阐述了继续涉入情况下相关负债的计量。新准则虽然增加了相关负债的计量方法，但是计量方法和原则仍然保持不变，并对相关实务问题提供了更加详细的指引，如是否继续控制被转移资产的判断等情况。就计量方法而言，新准则规定了以下两种计量方法，分别为摊余成本法和公允价值法。同时，为了使会计信息具有可比性，新准则还规定转移后资产负债计量基础应该与转移前资产基础保持一致。

三是明确了不符合终止确认条件下转入方的确认和计量。未能终止确认前提下，新准则规定转入方不能对与转移有关的资产负债、衍生工具以及合同权利义务进行重复确认。同时，新准则还规定了如果几乎全部控制权和风险报酬均没有获得，转入方应该将付出对价作为应收款项，满足一定条件时，转入方可以将该应收款项以摊余成本计量。

考虑到金融资产转移和终止确认的变化对金融机构的影响，相较前述金融工具分类和减值较小，本节不做重点分析。

2.5　套期会计适用性的变化

套期会计的目标是在财务报表中反映银行运用金融工具管理风险敞口的风险管理效果，新准则增强了套期会计与风险管理的结合以及与业务管理的紧密度。与旧准则相比，新准则在以下六个方面发生了变化，提高了套期会计的适用性。

一是扩大合格被套期项目和套期工具的范围，增强套期关系指定的灵活性。旧准则下禁止将衍生工具作为被套期项目，新准则允许将衍生工具和非衍生工具的组合形成的风险敞口指定为被套期项目。同时，新准则允许业务部门应用更广泛的套期工具对更多类型的风险进行对冲，衍生工具的运用将有大的突破。合格套期工具和被套期项目范围的扩大提高了套期关系指定的灵活性，业务部门可以制定更灵活的套期策略，通过衍生工具的运用，对风险敞口进行对冲操作，以达到锁定未来现金流或抵销公允价值变动对损益影响的效果。

二是改变套期有效性评估要求，强调套期关系的经济关联。旧准则对套期会计有效性的要求相对严格，导致在风险管理上可以被认定为有效的套期活动，由于通不过有效性测试，无法符合套期会计的要求，财务报表上不能直观反映风险管理效果，增加了解释成本。在新准则下，取消了对 80%~125% 的硬性比例要求和回溯有效性测试，引入经济关联、信用风险影响和套期比率三个维度的有效性评估，便于从风险管理角度解释套期活动的效果，从而加强会计核算与风险管理的结合，通过套期会计的实施将风险管理的效果反映在财务报表中，提高银行财务报表的决策有效性。

三是引入套期成本的概念，减少由于套期实施对损益的影响。旧准则允许将期权的内在价值、远期合约的即期要素或掉期合约的即期要素剥离出来，作为套期工具，但未充分考虑期权时间价值、远期合约的远期要素和掉期合约的基差部分引起的损益波动。新准则引入套期成本的概念，当将期权的内在价值、远期合约的即期要素或掉期合约的即期要素指定为套期工具时，期权时间价值、远期合约的远期要素和掉期合约的基差部分可作为套期成本，其引起的公允价值变动确认在其他综合收益，从而更全面反映交易的经济实质。

四是引入套期关系再平衡，确保风险管理目标未改变情况下套期关系的延续性。对于在套期关系指定时未明确的调整，旧准则不允许将其视作对持续套期关系的调整，这与风险管理实务不一致。新准则下，在风险管理目标没有发生改变，为维持满足套期有效性评价要求的套期比率而对被套期项目或套期工具被指定的数量所做的调整，反映了执行方式的变动，可以被视作套期关系的延续。套期关系的再平衡机制，取代了原有套期关系的终止和重新指定。

五是提高了终止套期会计的要求，进一步增强套期会计与风险管理的结合。在旧准则下，套期会计的终止要求较为宽松。在新准则下，当特定套期关系的风险管理目标保持不变，且仍满足运用套期会计的其他标准时，禁止自愿终止套期会计。通过减少套期会计使用的随意性，确保套期会计的运用可以有效地传递风险管理信息。

六是对财务报表提出更为广泛和复杂的信息披露要求，提高了套期会计运用的透明度。除旧准则要求的套期会计财务影响披露以外，新准则增加了套期会计的定性和定量披露内容，需提供如套期策略，管理层关键判断及假设等信息，从而提高了风险管理与套期活动，以及套期会计使用的透明度。

考虑到套期会计是可选的，且其对我国金融机构的影响可能需要一段时间方可充分显现，本书对此不做重点分析。

2.6　金融工具列报的变化

财政部 2017 年 5 月 2 日印发了《企业会计准则第 37 号——金融工具列报》(2017 年修订)，对金融工具的列报和披露进行了规范。同时，为了进一步规范金融企业财务报表列报及会计信息质量，财政部于 2018 年 12 月 26 日印发了《关于修订印发 2018 年度金融企业财务报表格式的通知》，对金融机构财务报表格式进行了统一。下文总结列示了新准则下金融机构财务报表格式的主要变化。

2.6.1　资产负债表的变化

(1)“发放贷款和垫款”项目，反映银行发放贷款和垫款业务形成的金融资产的期末账面价值，包括以摊余成本计量的发放贷款和垫款、以公允价值计量且其变动计入其他综合收益的贷款和垫款，以及以公允价值计量且其变动计入当期损益的贷款和垫款。企业应根据《企业会计准则第 37 号——金融工具列报》第三十九条的规定在附注中披露各明细项的账面价值。

(2) 删除了旧准则中的四类金融资产科目：交易性金融资产 (HFT)、持有至到期投资 (HTM)、贷款及应收款 (L&R) 和可供出售金融资产 (AFS)。新准则要求企业按照其管理金融资产的业务模式和金融资产的现金流量特征，将金融资产列报分为三类：以摊余成本计量的金融资产 (AC)、以公允价值计量且其变动计入其他综合收益的金融资产（FVOCI）和以公允价值计量且其变动计入当期损益的金融资产（FVTPL）。

增设“金融投资”项目，列报要求为：“金融投资：交易性金融资产”，反映持有的分类为以 FVTPL 的权益工具、混合金融工具等投资，以及购入时按业务模式和现金流量特征及公允价值选择权分类为 FVTPL 的债务工具投资；“金融投资：债权投资”，反映购入时按业务模式和现金流量特征及公允价值选择权分类为 AC 的债务工具投资账面价值（扣除损失准备）；“金融投资：其他债权投资”，反映购入时按业务模式和现金流量特征及公允价值选择权分类为 FVOCI 的债务工具投资；“金融投资：其他权益工具投资”，反映持有的归属于金融工具的指定为 FVOCI 的权益工具投资。

值得注意的是，《2018 年度金融企业财务报报表格式》中对于“金融投资：交易性金融资产”项目，即符合《企业会计准则第 22 号——金融工具确认和计量》第十六条第（三）项规定的金融资产分类的金融投资，包括资产负债表日企业列示在“金融投资”项下的下列资产的期末账面价值：为交易目的持有的金融资产，企业持有的指定为以公允价值计量且其变动计入当期损益的金融资产，以及因不符合分类为摊余成本计量的金融资产或以公允价值计量且其变动计入其他综合收益的金融资产的条件而分类为以公允价值计量且其变动计入当期损益的金融资产。本研究发现，51 家上市银行中仅有 11 家对于该项目分为上述三类列报披露。其中企业持有的指定为以公允价值计量且其变动计入当期损益的金融资产是指在能够消除或显著减少会计错配情况下，可以将非交易性的金融资产指定为以公允价值计量且其变动计入当期损益的金融资产。本研究认为，该披露分类能较好地反映出业务模式、持有目的、是否运用公允价值选择权、风险管理的要求等细节。

（3）对于利息收入和利息费用，基于实际利率法计提的金融工具的利息应包含在相应金融工具的账面余额中，并反映在相关“拆出资金”“金融投资：债权投资”“金融投资：其他债权投资”“发放贷款和垫款”“应付债券”“长期借款”等项目中，而不应单独列示“应收利息”项目或“应付利息”项目。“应收利息”科目和“应付利息”科目应仅反映相关金融工具已到期可收取或应支付但于资产负债表日尚未收到或尚未支付的利息，通常由于金额相对较小，应在“其他资产”或“其他负债”项目中列示。

（4）对于金融负债的分类，新准则与旧准则相比并未发生实质变化，仍分为以公允价值计量且其变动计入当期损益的金融负债和以摊余成本计量的金融负债两类。

2.6.2　利润表的变化

（1）增设“投资收益：其中：以摊余成本计量的金融资产终止确认收益”项目，反映企业因转让等情形导致终止确认以摊余成本计量的金融资产而产生的损益。但是，在此财政部对于 FVTPL 的金融资产终止确认时，累计公允价值变动是否必须转出至投资收益并未进一步明确。

（2）增设“信用减值损失”“其他资产减值损失”项目，删除了“资产减值损失”项目。反映企业按照《企业会计准则第 22 号——金融工具确认和计量》相关规定计提金融工具信用损失准备所确认的信用损失，和企业按照相关企业会计准则的规定计提其他资产的减值准备所确认的减值损失。

（3）增设“将重分类进损益的其他综合收益：其他债权投资公允价值变动”“将重分类进损益的其他综合收益：其他债权投资信用减值准备”“不能重分类进损益的其他综合收益：其他权益工具投资公允价值变动”等项目，删除了“将重分类进损益的其他综合收益：可供出售金融资产公允价值变动收益”项目。

2.6.3 所有者权益变动表的变化

增设“其他综合收益结转留存收益”项目，主要反映：（1）企业指定为以公允价值计量且其变动计入其他综合收益的非交易性权益工具投资终止确认时，之前计入其他综合收益的累计利得或损失从其他综合收益中转入留存收益的金额；（2）企业指定为以公允价值计量且其变动计入当期损益的金融负债终止确认时，之前由企业自身信用风险变动引起而计入其他综合收益的累计利得或损失从其他综合收益中转入留存收益的金额等。

本研究发现，新准则中分类与计量的变化解决了旧准则存在的分类和计量标准过于复杂的问题，使得金融资产的列报更加简洁、明晰。同时，从金融工具的计量属性来说，包括以历史成本计量的可供出售金融资产在内的大量金融资产计量属性改为 FVTPL，使金融企业利润表的波动性变大，预算管理和盈利预测难度上升。

第 3 章

新金融工具准则在上市银行的应用与影响分析

Changes and Impacts of

New Financial

Instruments Accounting Standards

FINANCE

本章从金融工具分类、减值、利润和收益结构、净资产以及财务报表披露等五个方面分析新金融工具准则的实施对上市银行的影响。根据上市银行披露的年度报告及其他公开渠道获取的信息，本研究选取上市银行2018年至2020年年报数据进行分析，研究对象包括同时在上海证券交易所（以下简称上交所）或深圳证券交易所（以下简称深交所）上市又在香港交易及结算所有限公司（以下简称港交所）上市（以下简称A+H股）银行14家，在上交所或深交所上市（以下简称A股）银行22家，在港交所上市（以下简称H股）银行15家，共计51家上市银行。

根据上市银行公示的2018年度与2019年度的年度报告，各上市银行执行新金融工具准则日期如表3-1所示。

表3-1

上市银行新金融工具准则实施日期一览表

序号	银行名称	银行性质	新金融工具准则实施日期	交易场所
1	工商银行	大型国有商业银行	2018年1月1日	A股+H股
2	建设银行	大型国有商业银行	2018年1月1日	A股+H股
3	农业银行	大型国有商业银行	2018年1月1日	A股+H股
4	中国银行	大型国有商业银行	2018年1月1日	A股+H股
5	交通银行	大型国有商业银行	2018年1月1日	A股+H股
6	邮储银行	大型国有商业银行	2018年1月1日	A股+H股
7	招商银行	全国性股份制商业银行	2018年1月1日	A股+H股
8	兴业银行	全国性股份制商业银行	2019年1月1日	A股
9	浦发银行	全国性股份制商业银行	2018年1月1日	A股
10	民生银行	全国性股份制商业银行	2018年1月1日	A股+H股
11	中信银行	全国性股份制商业银行	2018年1月1日	A股+H股

续表

序号	银行名称	银行性质	新金融工具准则实施日期	交易场所
12	光大银行	全国性股份制商业银行	2018 年 1 月 1 日	A 股 + H 股
13	平安银行	全国性股份制商业银行	2018 年 1 月 1 日	A 股
14	华夏银行	全国性股份制商业银行	2019 年 1 月 1 日	A 股
15	浙商银行	全国性股份制商业银行	2018 年 1 月 1 日	A 股 + H 股
16	北京银行	城市商业银行	2019 年 1 月 1 日	A 股
17	上海银行	城市商业银行	2019 年 1 月 1 日	A 股
18	江苏银行	城市商业银行	2019 年 1 月 1 日	A 股
19	宁波银行	城市商业银行	2019 年 1 月 1 日	A 股
20	南京银行	城市商业银行	2019 年 1 月 1 日	A 股
21	杭州银行	城市商业银行	2019 年 1 月 1 日	A 股
22	贵阳银行	城市商业银行	2019 年 1 月 1 日	A 股
23	成都银行	城市商业银行	2019 年 1 月 1 日	A 股
24	长沙银行	城市商业银行	2019 年 1 月 1 日	A 股
25	西安银行	城市商业银行	2019 年 1 月 1 日	A 股
26	苏州银行	城市商业银行	2019 年 1 月 1 日	A 股
27	郑州银行	城市商业银行	2018 年 1 月 1 日	A 股 + H 股
28	青岛银行	城市商业银行	2018 年 1 月 1 日	A 股 + H 股
29	徽商银行	城市商业银行	2018 年 1 月 1 日	H 股
30	盛京银行	城市商业银行	2018 年 1 月 1 日	H 股
31	哈尔滨银行	城市商业银行	2018 年 1 月 1 日	H 股
32	天津银行	城市商业银行	2018 年 1 月 1 日	H 股
33	锦州银行	城市商业银行	2018 年 1 月 1 日	H 股
34	中原银行	城市商业银行	2018 年 1 月 1 日	H 股
35	重庆银行	城市商业银行	2018 年 1 月 1 日	H 股
36	甘肃银行	城市商业银行	2018 年 1 月 1 日	H 股
37	江西银行	城市商业银行	2018 年 1 月 1 日	H 股
38	九江银行	城市商业银行	2018 年 1 月 1 日	H 股
39	泸州银行	城市商业银行	2018 年 1 月 1 日	H 股
40	晋商银行	城市商业银行	2018 年 1 月 1 日	H 股

续表

序号	银行名称	银行性质	新金融工具准则实施日期	交易场所
41	贵州银行	城市商业银行	2018年1月1日	H股
42	紫金银行	农村商业银行	2019年1月1日	A股
43	常熟银行	农村商业银行	2019年1月1日	A股
44	无锡银行	农村商业银行	2019年1月1日	A股
45	江阴银行	农村商业银行	2019年1月1日	A股
46	张家港行	农村商业银行	2019年1月1日	A股
47	苏农银行	农村商业银行	2019年1月1日	A股
48	青农商行	农村商业银行	2019年1月1日	A股
49	渝农商行	农村商业银行	2018年1月1日	A股+H股
50	广州农商银行	农村商业银行	2018年1月1日	H股
51	九台农商银行	农村商业银行	2018年1月1日	H股

3.1 新金融工具准则对上市银行金融资产分类的影响分析

本章探讨新旧金融工具准则有关金融资产分类要求的变化对银行信贷和投资两大业务产生的影响。

3.1.1 信贷业务的分类情况分析

我国银行的发放贷款及垫款基本满足新准则下以摊余成本计量的金融资产的要求，大部分仍然采用摊余成本计价，与旧准则相比变化不大。

但是部分贷款可能由于可变利率、提前偿付权、展期选择权等条款导致合同现金流不满足“仅为本金及未偿付本金的利息”这一标准，不能分类为以摊余成本计量的金融资产，只能分类为以公允价值计量且其变动计入当期损益的金融资产。例如，某银行向石油开采企业发放一笔贷款，该贷款利率与石油价格挂钩。当原油价格上涨时，按 Libor+1.5% 收息；当原油价格下跌时，不收取利息。该项资产在旧准则下根据持有意图及无活跃市场等特点将其分类为贷款，以摊余成本计量，但按照新准则来看，由于利率结构特殊，该合同现金流不满足“仅为本金及未偿付本金的利息”这一条件，应分类为以公允价值计量且其变动计入当期损益的金融资产。

此外，某些存在“出售”情况的传统业务，比如票据贴现（原分类为 L&R），在新准则下因其以收取合同现金流兼出售为业务模式应当重分类为 FVOCI，甚至 FVTPL。同时，某些银行在大规模且频繁地开展信贷资产转让或证券化交易时，也需要持续关注该等资产组合的业务模式判定问题。

综上所述，新准则下商业银行需要进行金融资产重分类的信贷业务主要为不能通过“合同现金流量测试”的贷款业务和以收取合同现金流兼出售为业务模式的票据贴现业务。与旧准则相比，新准则下银行信贷资产的分类结果更能够体现和区分不同信贷产品的业务特征。

3.1.2　投资业务的分类情况分析

1. 权益工具的分类情况分析

由于商业银行法的限制，我国商业银行持有的权益工具投资规模有限，账面存量多为有特定目的的非上市股权投资。当然，随着商业银行金融集团化的发展趋势，部分银行在合并报表范围内也存在一些上市股票及其他权益投资。

对于权益工具投资，多数银行在旧准则下将其计入“可供出售金融资产”项目，新准则下因为对权益工具投资不能通过合同现金流量测试，银行需要将持有的股权投资分类为 FVTPL。但是，对于非交易性的权益工具投资，新准则给了银行一次选择的机会，在初始确认时或准则转换日可指定分类为以公允价值计量且其变动计入在其他综合收益的金融资产，但该指定一经做出不得撤销。同时，旧准则下非上市股权投资可以按成本计量的规定已被取消，所有的权益工具投资只能按公允价值计量。若认定成本为公允价值的最佳代表，需要满足较为严苛的条件并付出一定的证明成本。因此，银行持有权益工具投资（如通过债转股或以股抵债获得的股权），将要面对公允价值计入损益或权益的会计分类选择以及公允价值计量的挑战。管理层做出是否指定的决策时，需要考虑银行所持股权的特征及意图，以及会计分类对财务报表的影响，尽量客观地做出合理的分类选择，避免仅因顾虑公允价值变动对利润表波动性的影响而做出过于轻率的选择。

在旧准则下，可供出售金融资产的损益变动计入其他综合收益，且在处置出售时将累计公允价值变动损益及处置损益计入利润表中。因此，银行会倾向于选择将部分金融资产分类为可供出售金融资产，一方面可以避免利润随市场变化剧烈波动，另一方面也可以在需要调节当期利润时，适时处置掉可供出售金融资产，将以前列入其他综合收益的累计盈亏转为当期的利润，以达到盈余管理的目的。然而在新准则中，重分类进 FVTPL 类的这部分权益工具投资公允价值变动将直接影响利润；而指定分类为 FVOCI 的非交易性权益类投资，在持有此类金融资产期间产生的利得和损失，除利息和分红之外，均应当计入其他综合收益，且在处置时相关损益也不计入利润表中。这一分类的变化使得银行无法再通过处置可供出售金融资产来调节利润，压缩了银行的利润操纵空间，有助于规范银行的投资管理，提升金融监管的效果和效率，进而提高银行会计信息的透明性、可比性和有用性。

2. 债务工具的分类情况分析

通过分析 51 家上市银行年报数据我们可以看出，我国银行债权类金融投资的占比较高。相较于其他类型资产，债权类资产由于可选择面广、收益较稳定、风险较低以及对资本占用要求较小等原因成为银行投资最主要的选择。债权类投资中占比最高的为债券投资，投资的债券类别按发行主体分主要为政府债、金融债和企业债等。大多数银行对其资产负债表上的纯债务工具都能够不改变其会计计量属性，因此新旧准则转换时可平稳过渡。

另外，债务工具投资中的非标投资是我国金融市场和监管环境下的特有产物，根据中国人民银行发布的《标准化债权类资产认定规则》的定义，标准化债权类资产为“依法发行的债券、资产支持证券等固定收益证券”，非标投资一般为未在银行间市场及证券交易所市场交易的债权性资产，包括但不限于信贷资产、信托贷款、委托债权、应收账款、各类受（收）益权、带回购条款的股权性融资等。发达国家金融市场中所称的证券投资通常是股票或者债券，而我国的非标投资以信托计划、资管计划、基金投资、理财产品及结构化主体投资为主。因此，对于非标投资这类有中国特色的金融资产，可能需要层层打开，视基础资产的合同现金流特征来进行金融资产分类并判断。但由于非标资产产品设计、法律关系以及信息等方面的限制，对这些产品进行穿透分析在实操中是有难度的。因无法通过合同现金流测试或由于业务模式的选择，银行相当一部分非标投资由旧准则下的应收款项类投资科目划分为新准则下的以公允价值计量且变动计入当期损益的金融资产，导致银行资产负债表中 FVTPL 资产的占比增加，银行利润表受到上述资产估值波动的影响增加。由于不同银行在金融投资组合中的资产配置策略不同（比如非标资产占比和久期），因此产生的财务影响也不尽相同。

综上所述，新准则下商业银行投资业务分类的变化主要为不能通过“合同现金流量测试”的投资业务需要重分类和指定分类为 FVOCI 的非交易性权益投资无法再通过处置来调节会计利润。与旧准则相比，新准则下金融资产分类原则能够体现和区分不同投资业务的特征，会计信息质量得到提升。

3.1.3 新旧准则下金融资产分类的变化分析

金融资产由原“四分类”改为“三分类”，金融资产分类的改变，意味着银行的会计科目系统也要跟着重构，原来的“持有至到期投资”“可供出售金融资产”“应收款项类投资”等会计科目都不复存在。

（1）对于旧准则下的交易性金融资产，如果银行持有金融资产是为了交易或者初始指定为FVTPL，则在新准则下应分类为FVTPL，这与旧准则下的分类处理方法相比无重大变化。

（2）对于银行而言，旧准则下的持有至到期投资绝大部分是中长期债券，在新准则下基本符合以摊余成本计量的金融资产的特征，仍然可以采用摊余成本计价，通常与旧准则相比变化不大。但也可能因银行业务模式的选择而变更。

（3）旧准则下，银行的贷款和应收款项多以“存放同业”“买入返售金融资产”“发放贷款及垫款”“应收款项类投资”等科目列示。在新准则下，这些资产基本符合以摊余成本计量的金融资产的特征，仍然可以采用摊余成本计价。但是，如前文所述，部分贷款可能由于可变利率、提前偿付权、展期选择权等条款导致合同现金流不符合“仅为本金及未偿付本金的利息”的标准，只能分类为FVTPL。此外，贷款中如票据贴现、福费廷等存在频繁出售情况的资产可能会因其业务模式的选择无法再以摊余成本计量，被分类为FVOCI或FVTPL。

（4）旧准则下可供出售金融资产所核算金融资产的类型较为丰富，新准则下需要按照业务模式和合同现金流量特征逐个分别判断，可能因此分类结果各异。可供出售权益工具和混合金融工具，一般应归为以公允价值计量且其变动计入当期损益的金融资产（FVTPL）。值得注意的是，部分非交易性的可供出售权益工具可以根据银行管理层的选择指定为FVOCI，但这一指定不可撤销。可供出售债务工具通常满足以公允价值计量且其变动计入其他综合收益类的要求，可以归类为其他债权投资。

综合来看，对上市银行而言，新准则对“可供出售金融资产”和“应收款项类投资”影响最大，原在该两个项目下核算的金融资产相当一部分将会被强制划入“以公允价值计量且变动计入当期损益的金融资产”项目；“交易性金融资产”和“持有至到期投资”项目因会计准则变更被强制重分类的影响不大。因此可以推定，在新准则下，上市银行资产负债表中“以公允价值计量且其变动计入当期损益的金融资产”项目余额会增加，而以摊余成本计量和以公允价值计量且其变动计入其他综合收益的金融资产规模会下降。新准则下金融资产重新分类情况分析见表 3–2。

表 3–2

新准则下金融资产重新分类情况分析

会计项目	旧准则下计量方法	细分类	新准则下计量方法	备　注
以公允价值计量且其变动计入当期损益的金融资产	以公允价值计量且其变动计入当期损益	债券	AC 或 FVOCI 或 FVTPL	权益工具被指定为 FVOCI 后不可重分类
		权益工具	FVTPL 或 FVOCI	
		基金	FVTPL	
客户贷款及垫款	以摊余成本计量	贷款	AC 或 FVOCI 或 FVTPL	票据贴现主要转为以公允价值计量
		票据贴现	AC 或 FVOCI 或 FVTPL	
可供出售金融资产	以公允价值计量且其变动计入其他综合收益	债券	AC 或 FVOCI 或 FVTPL	部分权益工具可能转为 FVTPL；基金将转为 FVTPL
		权益工具	FVTPL 或 FVOCI	
		基金及其他	FVTPL	
应收款项类投资	以摊余成本计量	债券	AC 或 FVOCI 或 FVTPL	基金、他行理财可能转为公允价值计量；结构化产品需要进行穿透
		基金	FVTPL	
		结构化产品	AC 或 FVOCI 或 FVTPL	
		他行理财	AC 或 FVTPL	
持有至到期投资	以摊余成本计量	债券	AC 或 FVOCI 或 FVTPL	变动不大

新金融工具准则转换前，51 家上市银行的金融资产分类占比如下：以

公允价值计量且其变动计入当期损益的金融资产占总资产的比例为2.06%，衍生金融资产占总资产的比例为0.34%；可供出售金融资产占总资产比为7.98%。综上，以公允价值计量的金融资产占总资产比例合计为10.38%。

金融资产中，占总资产比例最高的是发放贷款及垫款，达49.67%，持有至到期投资和应收款项类投资分别占总资产的11.69%和7.70%，买入返售金融资产占比为1.82%。综上，以摊余成本计量的金融资产占总资产比例合计为70.87%。

根据新金融工具准则及相关实施规定，本节选取31家2018年实施新准则的上市银行2018年年报数据（详见图3-1、图3-2）以及20家2019年实施新准则的上市银行2019年年报数据（详见图3-3、图3-4），通过我国51家上市银行的财务报告披露的各银行所持有的金融投资信息，对我国银行业在新准则下的金融投资（不含发放贷款及垫款）分类情况进行影响分析。

在2018年实施新准则的上市银行中：旧准则下以公允价值计量且其变动计入当期损益的金融资产占金融投资比例在0~27.5%之间，平均比例[1]为3.9%，中位数为1.7%；可供出售金融资产占金融投资比例在4.6%~52.2%之间，平均比例为23%，中位数为19.2%；持有至到期投资占金融投资比例在0~44.4%之间，平均比例为18.3%，中位数为14.8%；应收款项类投资占金融投资比例在24.8%~81.3%之间，平均比例为54.7%，中位数为55.4%。新准则下以公允价值计量且其变动计入当期损益的金融资产占金融投资比例在2.1%~46.9%之间，平均比例为21.7%，中位数为25.1%；以公允价值计量且其变动计入其他综合收益的金融资产占金融投资比例在1.3%~22.7%之间，平均比例为10.9%，中位数为9.1%；以摊余成本计量的金融资产占金融投资比例在41.6%~91.6%之间，平均比例为67.4%，中位数为69.3%。

---

[1] 如无特殊说明，本书中提到的平均比例均为算术平均比例。

图 3-1　2018 年实施新准则的上市银行在旧准则下金融投资分类占比

数据来源：各上市银行 2018 年年度报告。

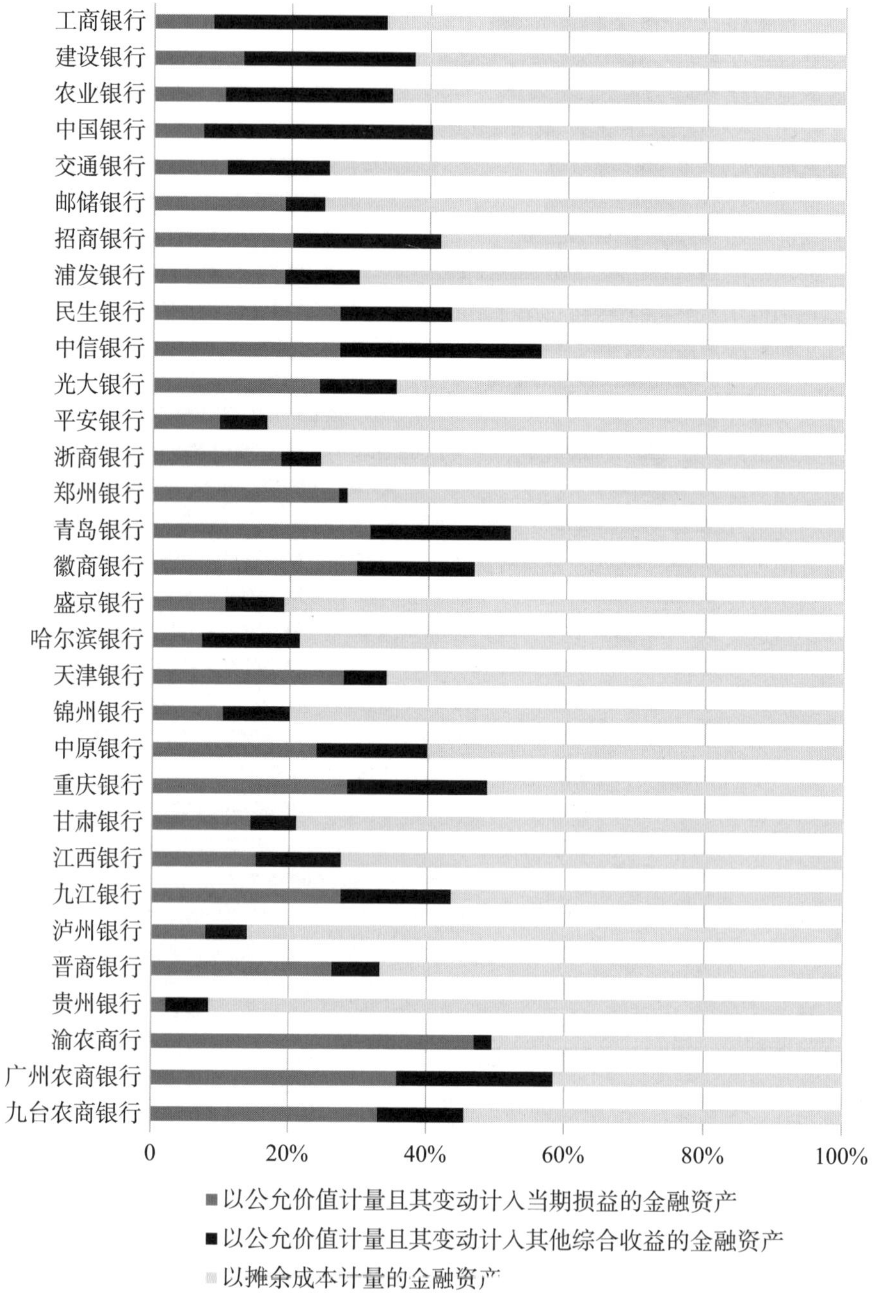

图 3-2　2018 年实施新准则的上市银行在新准则下金融投资分类占比

数据来源：各上市银行 2018 年年度报告。

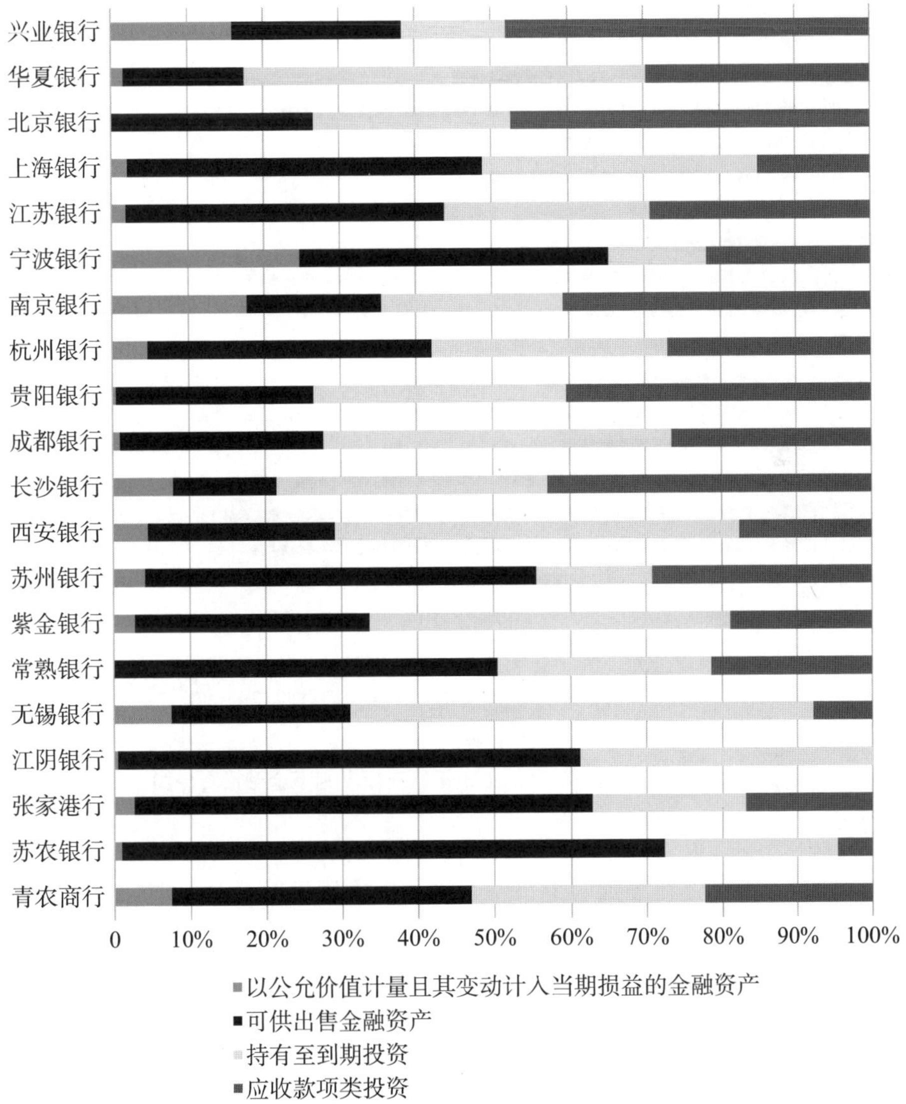

图 3-3　2019 年实施新准则的上市银行在旧准则下金融投资分类占比

数据来源：各上市银行 2019 年年度报告。

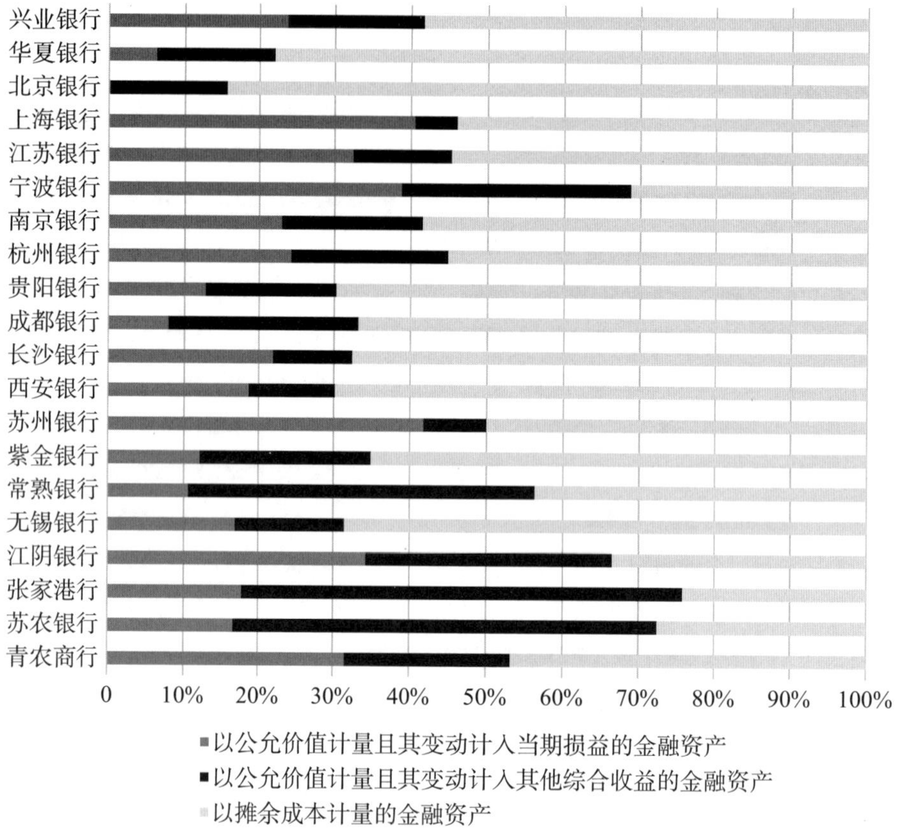

图 3-4　2019 年实施新准则的上市银行在新准则下金融投资分类占比

数据来源：各上市银行 2019 年年度报告。

在 2019 年实施新准则的上市银行中，旧准则下以公允价值计量且其变动计入当期损益的金融资产占金融投资比例在 0~24.7% 之间，平均比例为 5.4%，中位数为 2.7%；可供出售金融资产占金融投资比例在 13.6%~71.3% 之间，平均比例为 36.4%，中位数为 34.2%；持有至到期投资占金融投资比例在 12.9%~61.1% 之间，平均比例为 32.8%，中位数为 30.7%；应收款项类投资占金融投资比例在 0~48% 之间，平均比例为 25.4%，中位数为 24.5%。新准则下以公允价值计量且其变动计入当期损益的金融资产占金融投资比例在 0.2%~41.8% 之间，平均比例为 21.6%，中位数为 20.3%；以公允价值计量且其变动计入其他综合收益的金融资产占金融投资比例在 5.5%~58% 之间，平均比例为 23%，中位数为 18.3%；以摊余成本计量的金融资产占金融投资比例在 24.2%~84.3% 之间，平均比例为 55.4%，中位数为 56.7%。

结合以上四张图表可以初步发现，51 家上市银行以公允价值计量且其变动计入当期损益的金融资产占金融投资的平均比例在转换日有所上升，占比分布区间有所扩大；以公允价值计量且其变动计入其他综合收益的金融资产占金融投资的平均比例在转换日有所下降，占比分布区间有所缩小；以摊余成本计量的金融资产占金融投资的平均比例在转换日有所下降，占比分布区间未见明显变化。虽然 51 家上市银行银行性质、经营方针及投资策略各不相同，但“三分类”各科目变化仍有明显的趋势性，我们做了如下的总结分析。

（1）在 2018 年实施新准则的上市银行整体金融投资的构成如下：

转换前旧准则下的金融投资构成中，以公允价值计量的金融资产中公允价值变动计入当期损益的资产占金融投资比例为 6.6%，可供出售金融资产占金融投资比例为 26.6%，持有至到期投资及应收款项类投资占金融投资比例合计为 66.8%。

转换后新准则下的金融投资构成中，以公允价值计量的金融资产中公允价值变动计入当期损益的资产占金融投资比例为 14.9%，以公允价值计量的金融资产中公允价值变动计入其他综合收益的资产占金融投资比例为 20%，以摊余成本计量的金融资产占金融投资比例为 65.1%。

（2）在 2019 年实施新准则的上市银行整体金融投资的构成如下：

转换前旧准则下的金融投资构成中，以公允价值计量的金融资产中公允价值变动计入当期损益的资产占金融投资比例为 8.9%，可供出售金融资产占金融投资比例为 29%，持有至到期投资及应收款项类投资占金融投资比例合计为 62.1%。

转换后新准则下的金融投资构成中，以公允价值计量的金融资产中公允价值变动计入当期损益的资产占金融投资比例为22.7%，以公允价值计量的金融资产中公允价值变动计入其他综合收益的资产占金融投资比例为17.2%，以摊余成本计量的金融资产占金融投资比例为60.1%。

上文所述的具体变化及主要原因分析如下：

1. 以公允价值计量且其变动计入当期损益的金融资产增幅较大

在金融资产分类方面，新金融工具准则更鼓励企业采用公允价值计量，以公允价值计量且其变动计入当期损益的金融资产（FVTPL）成为所有金融资产的默认分类项目，满足一定条件的方可分类为其他类别，导致准则转换后FVTPL整体上升。由51家上市银行2018年及2019年年度财务报告可以发现，FVTPL余额在2018年1月1日或2019年1月1日的转换时点全部呈现增长，其中2018年实施新准则的银行增长34 589亿元或127%，2019年实施新准则的银行增长12 521亿元或154%，增长均超过100%。增长的主要原因一方面是旧准则下原计入可供出售金融资产的非债务工具投资主要转到了此项目；另一方面旧准则下交易性金融资产投资基本满足新准则下分类为FVTPL的条件，所以大部分直接转换到此项目。另外，对于旧准则下在应收款项类投资项目核算的非标类资产投资，特别是信托、资管计划、基金等，全部需要穿透至产品底层进行判断，如果无法通过SPPI测试，也会被分类到此项目。

按照新准则要求无法通过SPPI测试被强制划入FVTPL的权益类投资、衍生金融工具投资以及非标投资等受市场环境波动影响相对较大，而新准则要求将上述投资的价值波动全部反映在当期利润表中，银行利润表对金融资产投资的实时价值信息反映得更为及时，使得报表使用者能够更清楚地了解企业相关金融资产投资的状况和风险。

新准则对计入以摊余成本计量的金融资产和以公允价值计量且其变动计入其他综合收益的金融资产划分标准更为严格，更加强调公允价值对财务报表的影响。对于银行而言，上述两类资产多为价值波动较平稳的同业存单、债券等资产及底层资产为债权的非标投资，因此受到市场风险因素的影响较为有限，即使其公允价值波动不计入利润表，对报表使用者理解财务报告和对企业金融资产投资状况及风险的判断也影响较小。

2. 以公允价值计量且其变动计入其他综合收益的金融资产普遍下降

新准则在计量上最大的变化之一是将默认分类由可供出售金融资产转变为以公允价值计量且其变动计入当期损益的金融资产。在旧准则下，可供出售金融资产以公允价值计量且其变动计入其他综合收益，所有非衍生金融资产都可以通过其核算；而在新准则下，以公允价值计量且其变动计入其他综合收益的金融资产只能核算可以通过 SPPI 测试的债权投资，以及管理层运用选择权指定的非交易性权益工具投资。通过研究 51 家上市银行的年度财务报告可以发现，FVOCI 类别的金融资产整体下降了 28%，其中 2019 年执行新准则的上市银行更是下降了 40.5%。旧准则下可供出售金融资产的权益工具投资在新准则下仅有少部分留在 FVOCI，下降较为显著。FVOCI 中的权益工具投资受新准则影响较大，主要是持有期间除利息和分红外的其他所有变动均无法回流利润表，不仅“蓄水池”调节功能丧失，而且对企业经营贡献大打折扣。因此，对于旧准则下的权益工具投资，除非是银行战略性长期持有（如对中国银联、VISA 及 MASTER 等公司的投资），银行对其他权益工具投资的指定均抱有审慎态度，导致 FVOCI 的权益工具投资余额下降明显。

3. 部分持有至到期投资及贷款和应收款项不再以摊余成本计量

旧准则中，持有至到期投资及贷款和应收款项以摊余成本计量，但是上述两种资产中，存在一些现金流不满足“仅是对本金和未偿付本金的利息的支付”条件的资产。它们并不是简单的借贷性质的合同，如多层嵌套的 ABS 投资、资产管理计划以及信托产品等。在新准则下这些特殊类型的资产将不再符合分类为以摊余成本计量金融资产的条件，而应该计入以公允价值计量且其变动计入当期损益的金融资产中。但总体来看，上述原因导致的变化影响不大。

此外，贷款中如票据贴现、福费廷等存在频繁出售情况的传统业务也因其业务模式将不再以摊余成本计量。本书统计了 51 家上市银行的发放贷款及垫款转换日后的数据，发放贷款及垫款中有 2.56% 被划分为以公允价值计量且其变动计入其他综合收益的金融资产，0.03% 被划分为以公允价值计量且其变动计入当期损益的金融资产，仍维持在以摊余成本计量的发放贷款及垫款占 97.41%。

综上所述，新金融工具准则下金融资产分类结果受金融资产合同实质性条款的刚性约束，同时管理层在业务模式上的主观调节空间缩小，使得人为因素或主观判断对分类结果的影响降低，进而会计盈余管理的可操作性有所降低，会计信息的可比性得到了提高。

从上市银行金融资产分类结果看，虽然不同的银行业务性质、经营方针及投资策略存在差异，但是新金融工具准则的实施对银行金融资产分类的影响方式基本一致：以公允价值计量且其变动计入当期损益的金融资产占比有所上升，以公允价值计量且其变动计入其他综合收益的金融资产占比均有所下降，以摊余成本计量的金融资产占比基本持平。

金融资产分类规则的变化，亦要求业务部门、风险管理部门和财务会计部门均参与到银行财务管理及风险管理工作中，需要各部门做相关业务决策时对业务模式的选择结果传导至财务报告的实际影响加以关注，从而对银行财务管理和风险管理工作产生积极作用。

3.1.4　新金融工具准则转换日后金融资产分类的变化分析

我们通过获取 51 家上市银行[1]转换日及转换日后至 2020 年年报，统计各上市银行于转换日、2018 年 12 月 31 日、2019 年 12 月 31 日和 2020 年 12 月 31 日四个时点的金融资产“三分类”占比和转换日后金融资产“三分类”平均占比（转换日为 2018 年 1 月 1 日的上市银行，我们对其 2018 年 12 月 31 日、2019 年 12 月 31 日和 2020 年 12 月 31 日的金融资产占比进行平均；转换日为 2019 年 1 月 1 日的上市银行，我们对其 2019 年 12 月 31 日和 2020 年 12 月 31 日的金融资产占比进行平均），比较上市银行转换日后各类别金融资产平均占比较转换日变动情况。金融资产“三分类”占比及变动情况如表 3–3 所示。

表 3–3

金融资产“三分类”占比及变动情况

金融资产“三分类”占比	转换日	2018 年 12 月 31 日	2019 年 12 月 31 日	2020 年 12 月 31 日	转换日后平均	转换日后平均占比较转换日变动
以公允价值计量且其变动计入当期损益的金融资产占“三分类”资产的比例	20.64%	19.39%	19.61%	19.77%	19.66%	–0.98%
以公允价值计量且其变动计入其他综合收益的金融资产占“三分类”资产的比例	17.53%	17.87%	20.64%	20.54%	20.40%	2.88%
以摊余成本计量的金融资产占“三分类”资产的比例	61.83%	62.74%	59.75%	59.69%	59.94%	–1.89%

[1] 2020 年新增的 3 家上市银行（厦门银行、渤海银行和威海银行）因未公开 2019 年度及之前的年报，因此不在此次统计范围内。

为进一步了解各上市银行金融资产“三分类”占比的波动情况，我们依据 51 家上市银行年报数据，对上市银行于转换日、2018 年 12 月 31 日、2019 年 12 月 31 日和 2020 年 12 月 31 日四个时点金融资产“三分类”占比进行方差分析。51 家上市银行金融资产“三分类”占比方差如图 3–5 所示。

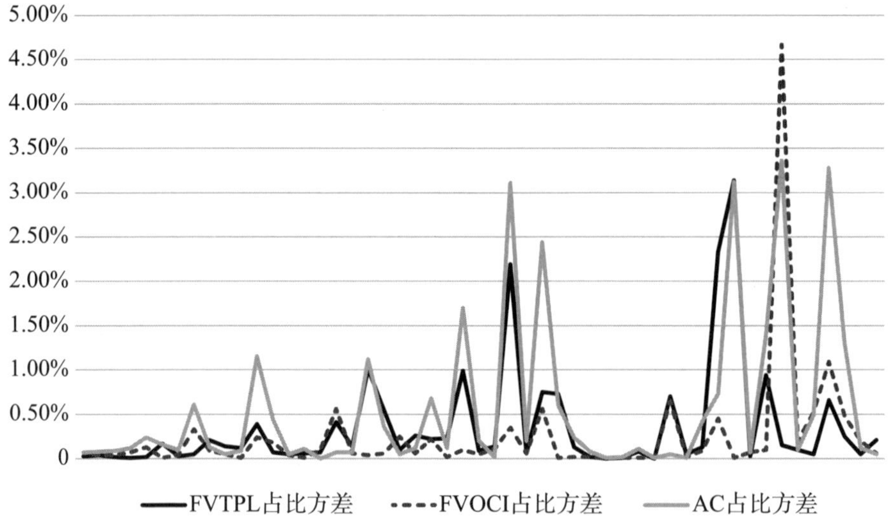

图 3–5　51 家上市银行在新准则下金融投资分类占比方差

数据来源：同花顺。

通过对 51 家上市银行转换日后金融资产“三分类”占比变动以及占比方差的分析发现，上市银行金融资产分类结构相对稳定，转换日后 46 家上市银行“三分类”金融资产占比变动方差普遍较小，离散程度不高，仅有 2 家城市商业银行和 3 家农村商业银行“三分类”金融资产占比变化较大。我们通过查看年报发现，其中 2 家上市银行在年报中解释了“三分类”金融资产占比发生较为明显的波动的主要原因，是资产结构调整所致。

总体来说，新金融工具准则实施后上市银行的金融资产分类结构相对稳定。其中，以公允价值计量且其变动计入当期损益的金融资产占比减少和以公允价值计量且其变动计入其他综合收益的金融资产占比增加的趋势，也符合银行业调整资产结构以减少利润波动的投资管理意图。除少数对于主营业务投向和资产结构进行调整的上市银行外，大多数银行在新金融工具准则实施后金融资产的“三分类”保持较为稳定的结构。

3.2　金融资产减值情况分析

3.2.1　转换日减值情况分析

根据实施新金融工具准则的衔接规定，在新准则施行日，银行应当按照新准则的规定对金融工具进行分类和计量（含减值），涉及前期比较财务报表数据与新准则要求不一致的，无须调整。金融工具原账面价值和在新准则施行日的新账面价值之间的差额，应当计入新准则施行日所在年度报告期间的期初留存收益或其他综合收益。同时，企业应当按照《企业会计准则第 37 号——金融工具列报》的相关规定在附注中进行披露。与以往的会计准则修订实施要求不同之处在于，银行不需要重述比较期的相关财务数据。换句话说，实施新准则导致的资产公允价值或减值准备变化，既不会影响转换当年度的净利润，也不会更改转换上一年及以前年度已披露的净利润。

我们根据 51 家上市银行披露的年报，对首次实施新准则后的上市银行披露数据进行了统计（见图 3–6）。51 家上市银行均选择于新准则转换日不调整前期比较财务报表数据。总体来看，除个别规模较小的银行以外（泸州银行、紫金农商行、常熟农商行股东权益增加比例在 2.1%~5.2% 之间），新金融工具准则的实施造成上市银行股东权益出现不同程度的减少，48 家上市银行股东权益的变动普遍在 –5%~0% 之间。其中，国有大型银行实施新准则导致银行的股东权益平均降低 1.53%，股份制银行的股东权益变动降幅略大，股东权益平均降低 1.96%，城 / 农商行的股东权益平均降低 0.69%。

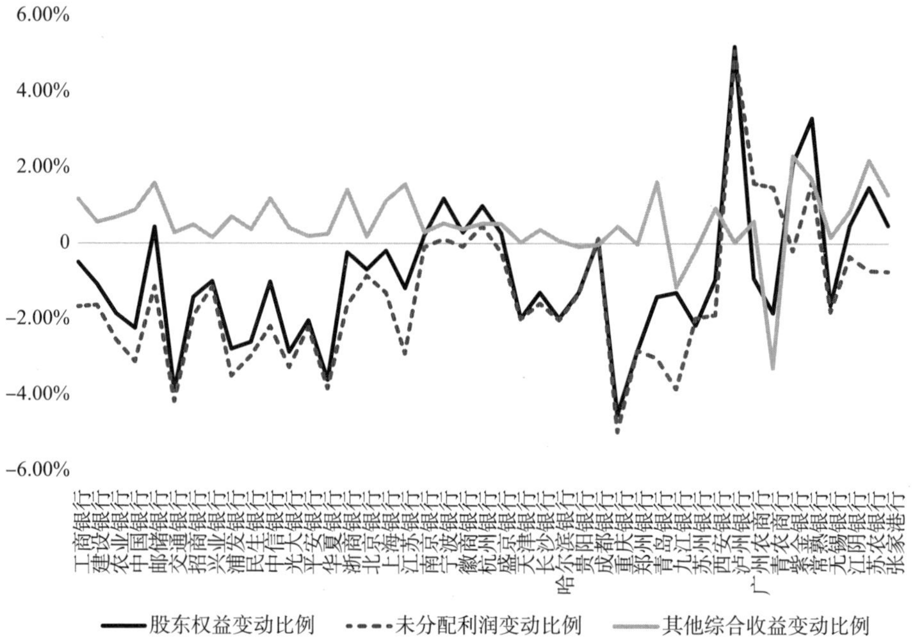

图 3–6　新准则实施首日对上市银行股东权益的影响

数据来源：上市银行年度报告。

具体来看，绝大部分上市银行未分配利润减少而其他综合收益增加。未分配利润减少主要是由于各家银行普遍增提拨备所致。一方面，新准则明确要求计提减值的范围较旧准则更广，适用于以摊余成本计量的金融资产、以公允价值计量且其变动计入其他综合收益的债务工具投资，以及贷款承诺和财务担保合同，明确增加了减值计量的范围；另一方面，新准则要求金融资产减值计量由“已发生损失模型”改为“预期信用损失模型”，模型的变化理论上会导致采用预期信用损失模型重新计量的金融工具拨备水平有所上升。

根据上市银行首次实施新准则后披露的数据，我们统计了首次执行日上市银行金融工具减值准备（包括贷款、金融投资和表外信贷承诺、财务担保等）增提总额占前三年平均税前利润的比例，减值准备平均增提占前三年平均税前利润的比例为 15.29%。其中，表外信贷承诺减值准备平均增提占前三年平均税前利润的比例为 6.54%，贷款减值准备平均增提占前三年平均税前利润的比例 5.31%，金融投资减值准备平均增提占前三年平均税前利润的比例 2.34%。详见图 3–7。

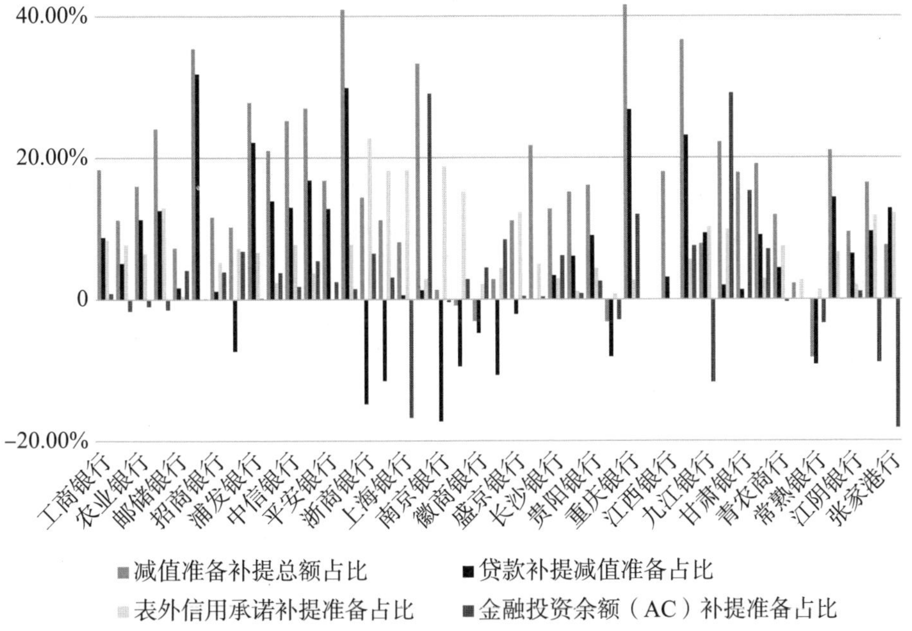

图 3–7　新准则实施首日补提拨备占上市银行近三年平均税前利润比例

数据来源：上市银行年度报告。

在旧准则下，表外信贷承诺（比如财务担保合同）在客户违约后将转入表内贷款及垫款按已发生损失计提减值准备，未发生违约前很少或几乎不计提减值准备。在新准则下，需要根据预期信用损失模型计提表外信贷承诺，故表外信贷承诺减值准备显著增加。

总体来看，新准则对上市银行的减值准备有非常显著的影响，不同类型银行在资产组合结构上的差异会造成不同程度的影响。对于国有大型银行和股份制银行而言，表内贷款及表外信用承诺等信贷业务受到的影响是主要的，表内贷款及表外信用承诺平均减值准备占前三年平均税前利润增提分别为 10.60% 和 6.62%；对于城 / 农商行而言，金融投资补提的减值准备变化更大，金融投资平均减值准备占前三年平均税前利润增提为 6.96%。本研究认为，这与不同规模银行业务和资产结构差异有关，城 / 农商行以摊余成本计量的应收款项类投资中包含了大量的非标投资，因此所需补提减值准备的比例可能更高。

根据上市银行首次实施新准则后披露的数据，我们统计了上市银行首次执行日贷款减值准备增提金额占银行前三年平均税前利润的比例与上市银行转换前一日的拨备覆盖率的关系（见图 3–8）。

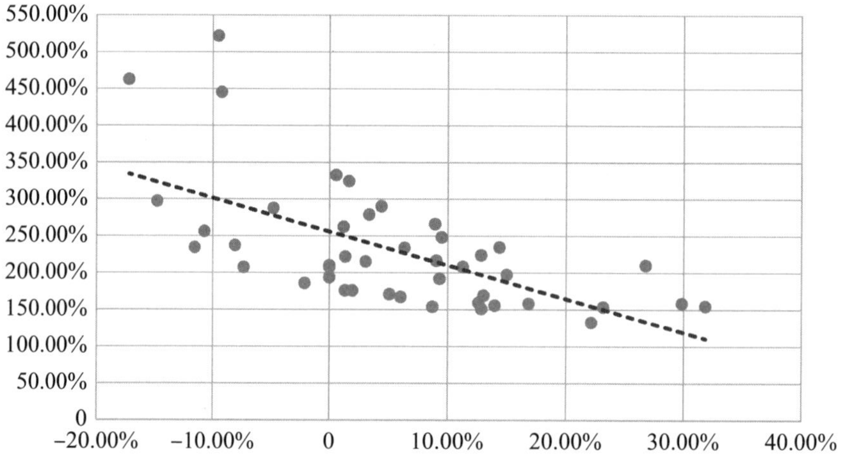

图 3–8　贷款补提减值准备占比与拨备覆盖率线性图

说明：横轴代表贷款补提减值准备占比，纵轴代表拨备覆盖率。

数据来源：上市银行年度报告。

结合银行风险管理现状，对银行的拨备计提政策和结果进行进一步分析，可以发现，贷款拨备覆盖率与贷款拨备增提幅度的负相关关系较为明显，上市银行普遍呈现出转换日前贷款拨备覆盖率高则转换日贷款拨备增提幅度低的现象。大多数银行进行小幅度的贷款拨备增提，拨备覆盖率最高的几家银行，有贷款拨备转回的情况。

综上所述，本研究认为：

— 相较于旧准则，新准则在减值计提范围和模型理论上的改变更能反映上市银行各类表内外金融资产的实际信用风险水平；

— 所有上市银行转换日均选择不调整前期比较财务报表数据，绝大多数上市银行于转换日的减值准备有所上升；

— 由于转换日的拨备计提不影响利润，很可能有部分拨备不足的银行利用本次准则转换机会调整了拨备水平，以更好地满足监管对于审慎计提的要求。

3.2.2　贷款阶段划分情况分析

新准则要求银行根据金融工具的信用风险状况的变化对金融工具划分减值阶段：信用风险自初始确认后未显著增加的金融工具通常被划分为第一阶段；当信用风险显著增加但尚未发生信用减值时，金融工具会被划分为第二阶段；而当金融工具初始确认后发生信用减值时，金融工具会被划分为第三阶段。

信用风险显著增加的标准是多维的，且应该考虑前瞻性的信息，而不能仅依赖逾期信息（除非付出的额外成本过高）。因此，对于我国银行而言，某些五级分类为正常类且未逾期的贷款，也有可能被认定为信用风险显著增加。上市银行年报披露的数据反映出阶段二及阶段三贷款合计余额高于逾期贷款余额、阶段三贷款余额高于逾期 90 天以上贷款余额的情况是比较普遍的。这说明上市银行对新准则阶段划分的解读存在总体一致性。

《企业会计准则第 22 号——金融工具确认和计量》应用指南将金融工具逾期信息作为信用风险显著增加的标志，如果合同付款逾期超过（含）

30 日，通常可以推定金融资产的信用风险显著增加；如果一项金融工具逾期超过（含）90 日，则企业应当推定该金融工具已发生违约。根据上市银行首次实施新准则后披露的数据，我们统计了上市银行不良贷款偏离度（不良贷款偏离度 = 逾期 90 天以上贷款余额 / 阶段三贷款余额）和逾期贷款偏离度（逾期贷款偏离度 = 逾期贷款总额 /（阶段二贷款余额 + 阶段三贷款余额））的情况来分析上市银行在贷款阶段划分标准的实际执行情况。

国有大型银行 / 股份制银行和城 / 农商行整体经营情况和贷款业务结构有所不同，各家银行对准则执行、监管合规以及贷款组合风险情况的考量可能也存在差异。故本书分国有大型银行 / 股份制银行和城 / 农商行两组来讨论 2019 年、2020 年不良贷款偏离度和逾期贷款偏离度的情况（见图 3–9 至图 3–12）。

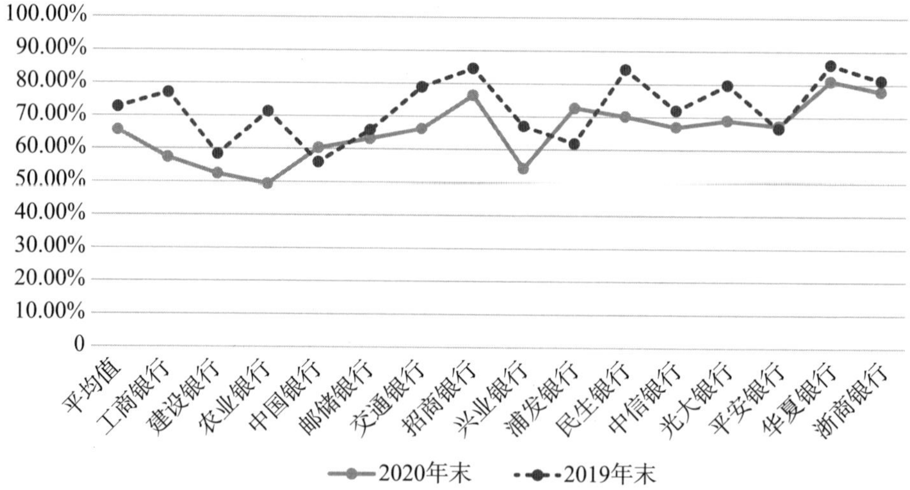

图 3–9　上市国有大型银行 / 股份制银行不良贷款偏离度

数据来源：上市银行年度报告。

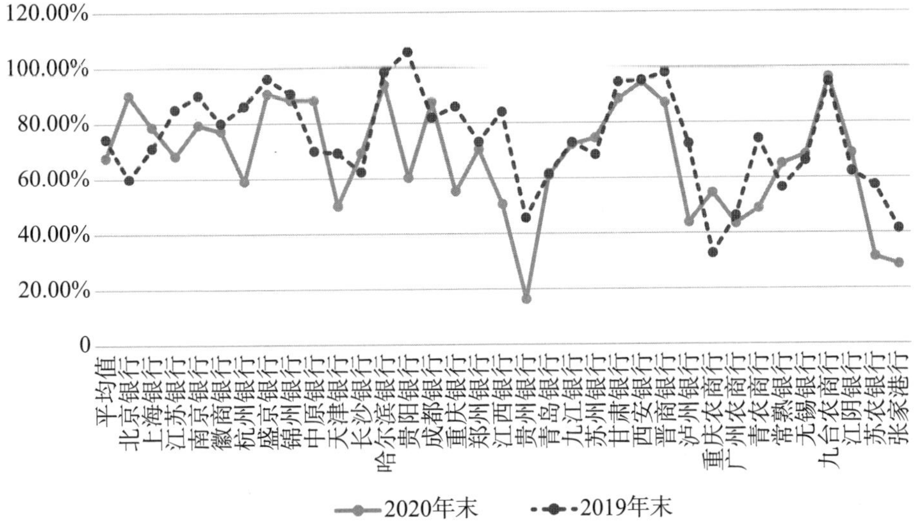

图 3–10　上市城 / 农商银行不良贷款偏离度

数据来源：上市银行年度报告。

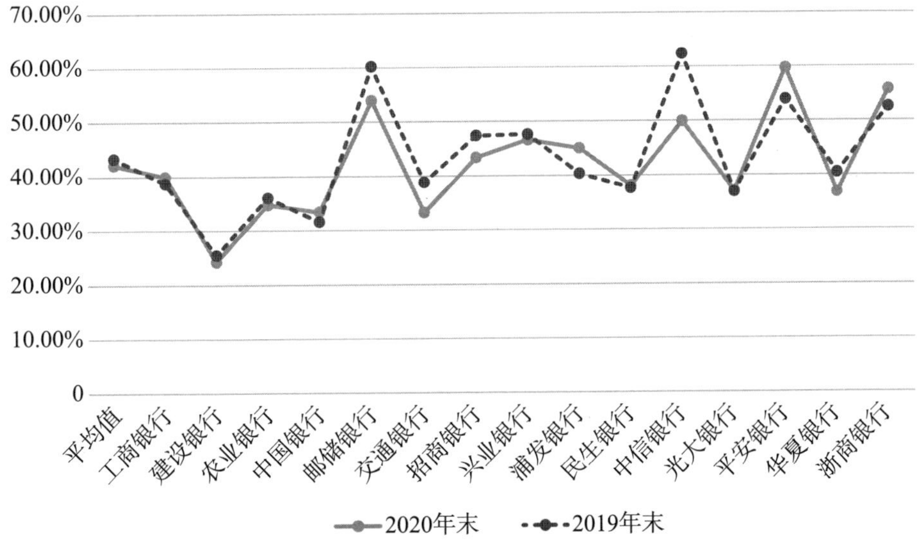

图 3–11　上市国有大型银行 / 股份制银行逾期贷款偏离度

数据来源：上市银行年度报告。

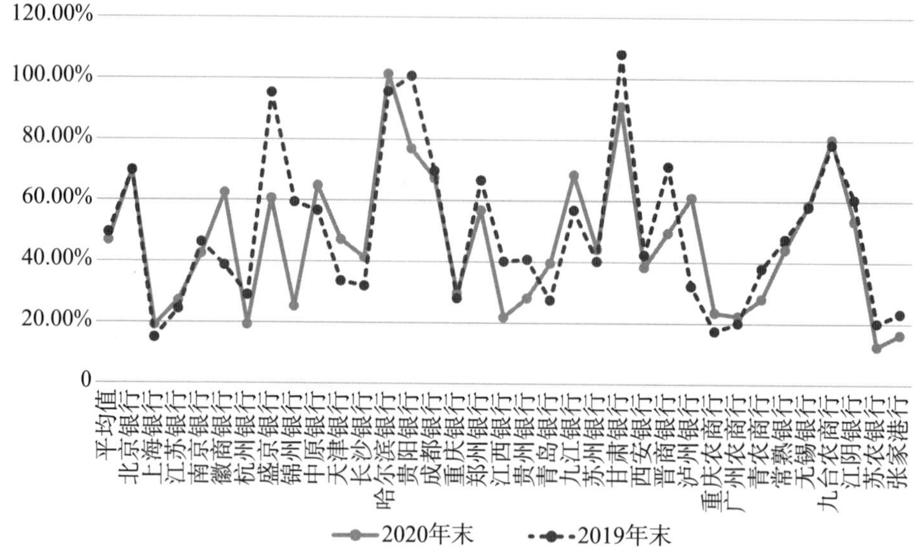

图 3-12　上市城 / 农商银行逾期贷款偏离度

数据来源：上市银行年度报告。

上市国有大型银行 / 股份制银行 2020 年末不良贷款偏离度平均值为 65.67%，较 2019 年末下降了 7.06 个百分点；城 / 农商行 2020 年末不良贷款偏离度平均值为 67.07%，较 2019 年末下降了 7.66 个百分点；2019 年末，除贵阳银行外，上市银行不良贷款偏离度均小于 1，即阶段三贷款余额大于逾期 90 天以上贷款余额；2020 年末，上市银行不良贷款偏离度均小于 1。上市银行执行新准则贷款阶段划分的标准较准则的基本要求更加审慎、严格。

对于新准则规定的“已减值贷款”（阶段三贷款）与监管规定的“不良贷款”，大多数银行对前者采用了更严格的标准；而贵阳银行 2019 年存在逾期 90 天以上但未划分为阶段三的贷款，成为银行业的个案。

国有大型银行 / 股份制银行 2020 年末逾期贷款偏离度平均值为 42.12%，较 2019 年末下降了 1.21 个百分点；城 / 农商行 2020 年末逾期贷款偏离度平均值为 46.23%，较 2019 年末下降了 1.95 个百分点；2019 年末，除贵阳银行和甘肃银行外，上市银行逾期贷款偏离度均小于 1，即阶段二贷款余额和阶段三贷款余额合计大于逾期贷款；2020 年末，哈尔滨银行的逾期贷款偏离度大于 1，主要因为哈尔滨银行存在逾期未超过 30 天的逾期贷款认定为阶段一贷款的情形，其认定信用风险显著增加的上限判断标准为债务人合同付款逾期超过 30 天。同时，我们注意到，2019 年末，宁波银行和上海银行逾期贷款偏离度分别为 6.07% 和 14.96%，处于较低水平，银行可能将更多未逾期的贷款划入了阶段二贷款，按照整个存续期计提预期信用损失。

综上，上市银行对新准则有关阶段划分的要求，包括通过逾期天数判断信用风险是否显著增加的指引的执行情况基本令人满意，体现了银行在执行新准则时对监管合规与会计合规的双重因素考虑的叠加影响。同时，有了较为明确的信用风险状况变化和阶段划分的量化判断标准，使得各家银行新准则下各阶段信用风险的会计信息更具有可比性。

3.2.3　贷款减值准备情况分析

根据上市银行披露的年末各阶段贷款余额及各阶段贷款减值准备的信息，可以计算出各银行三阶段贷款的平均拨备率。总体来看，大型银行和股份制银行的阶段一贷款的平均拨备率比城 / 农商行低，阶段二贷款的平均拨备率水平较为接近，而阶段三贷款的平均拨备率比城 / 农商行高。

如果将各上市银行的各阶段贷款拨备率与该阶段的平均拨备比率进行比较，可以观察到，阶段一拨备比率的最低值和最高值分别为 0.61% 和 3.80%，阶段二拨备比率的最低值和最高值分别为 7.47% 和 40.68%，阶段三拨备比率的最低值和最高值分别为 32.20% 和 90.59%。同时我们注意到，不论是国有大型银行、股份制银行还是城 / 农商行，都存在一些明显偏离均值的情况，其中城 / 农商行的偏离情况最为明显。

图 3–13 显示了上市银行阶段一贷款拨备计提比例。

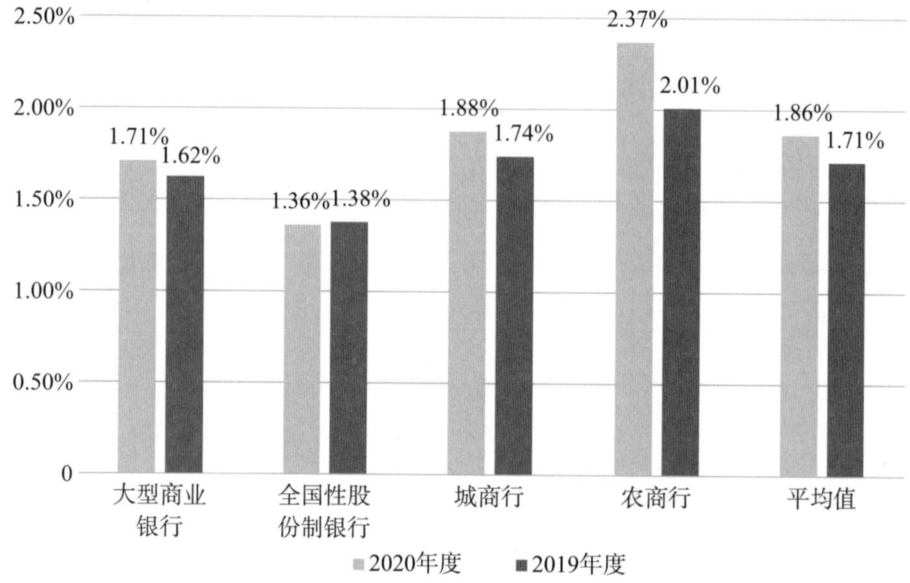

图 3-13　上市银行阶段一贷款拨备计提比例

数据来源：上市银行年度报告。

图 3-14 显示了上市银行阶段二贷款拨备计提比例。

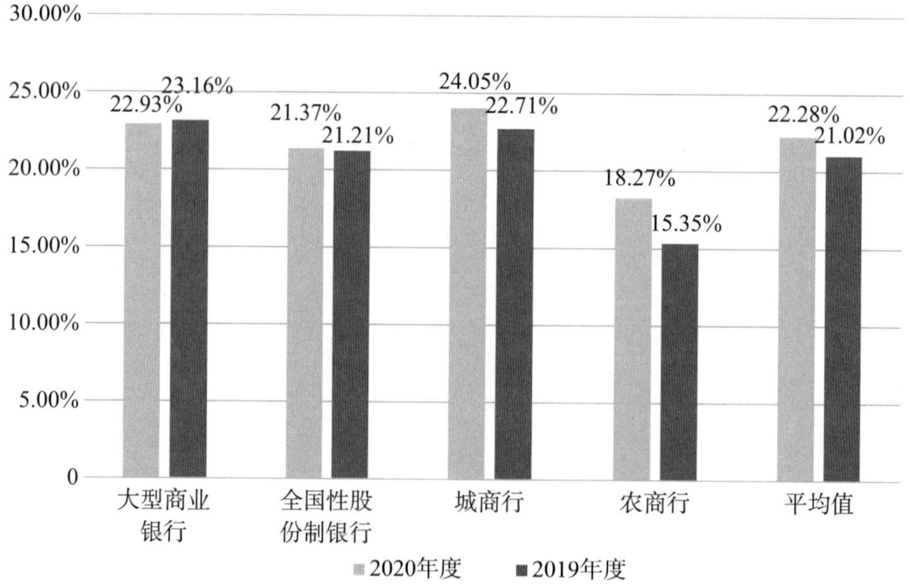

图 3-14　上市银行阶段二贷款拨备计提比例

数据来源：上市银行年度报告。

大型商业银行 / 全国性股份制银行 2020 年末阶段一贷款平均拨备率为 1.50%，较 2019 年末上升 0.03 个百分点，城 / 农商行 2020 年末阶段一贷款平均拨备率为 2.07%，较 2019 年末上升 0.17 个百分点；大型商业银行 / 全国性股份制银行 2020 年末阶段二贷款平均拨备率为 22.09%，较 2019 年末上升 0.10 个百分点，城 / 农商行 2020 年末阶段二平均贷款拨备率 22.88%，较 2019 年末上升 1.52 个百分点；上市银行阶段一和阶段二贷款减值计提比例上升主要是在预期信用损失计提中考虑了新冠肺炎疫情等不确定因素的影响。大部分上市银行在 2020 年年报中针对新冠肺炎疫情对资产质量和预期信用损失的影响进行了评估，主要包括对于获得政府纾困政策申请临时性延期还本付息的贷款信用风险的审慎评估，以及新冠肺炎疫情对宏观经济和其他关键指标预测的影响。另外部分上市银行考虑到新冠肺炎疫情对特定行业组合或延期还款借款人的影响在预期信用损失模型之外进行“管理层叠加”，从而导致阶段一和阶段二贷款减值计提比例较 2019 年末有所增加。

图 3–15 显示了上市银行阶段三贷款拨备计提比例。

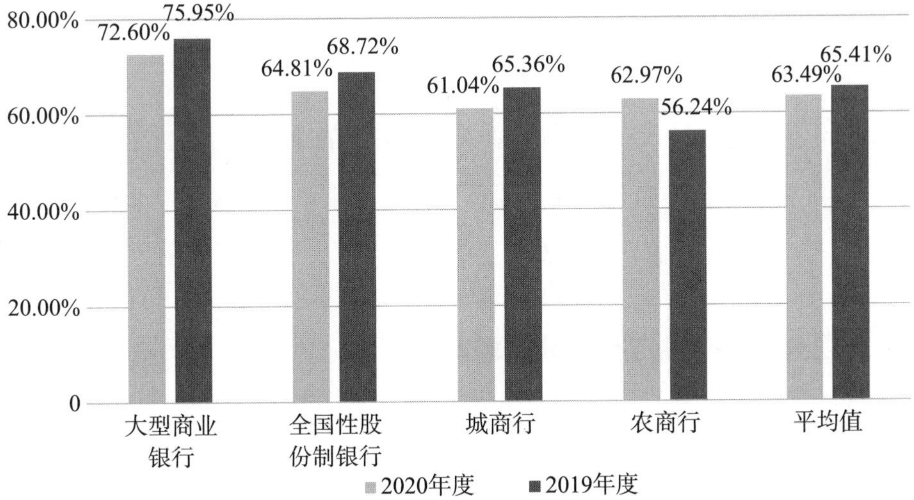

图 3–15　上市银行阶段三贷款拨备计提比例

数据来源：上市银行年度报告。

大型商业银行 / 全国性股份制银行 2020 年末阶段三贷款平均拨备率为 68.17%，较 2019 年末下降 3.44 个百分点；城 / 农商行 2020 年末阶段三贷款平均拨备率为 61.89%，较 2019 年末下降了 3.54 个百分点。各家上市银行阶段三贷款平均拨备率的下降，与银保监会提出的加大银行对不良贷款处置力度以保持资产质量相对稳定的指导意见存在一致性。根据银保监会公布的数据，中国银行业 2020 年处置不良资产 3.02 万亿元，较 2019 年增加约 50%。本研究推测，上市银行会优先处置逾期时间较长、拨备计提比例较高的贷款，此类贷款在阶段三贷款中占比随之下降，进而导致阶段三贷款平均拨备率有所下降。

本研究认为，不同银行在贷款组合的风险特征上都存在差异性，而且预期信用损失模式的方法论也有可能存在明显区别，因此并不能由此得出某家银行的预期信用损失计量更合理、更审慎或不充分的结论。如果对标分析业务和风险同质化程度较高的两家银行，拨备比率仍存在较大差距，那么银行或需重新检视预期信用损失模型整体方法论的合理性，以及管理层做出的重大会计假设和判断的合理性。我们的担忧是，如果上述情况较为普遍，可能不同上市银行间的减值准备水平会因为阶段划分标准、模型假设及参数应用等主观判断因素变得无法直接相互比较。

从上市银行转换日后各阶段贷款资产的减值准备计提情况来看，上市银行各年度贷款减值准备计提比例总体稳定，预期信用损失模型得到一贯执行，未出现贷款减值准备比例大幅波动的情况。

3.2.4 金融投资减值准备情况分析

根据上市银行披露的年末各阶段金融投资余额及各阶段金融投资减值准备的信息，可以计算出各银行三阶段金融投资的平均拨备率（见图 3–16 至图 3–18）。总体来看，能够得到与贷款平均拨备率情况相似的结论：大型银

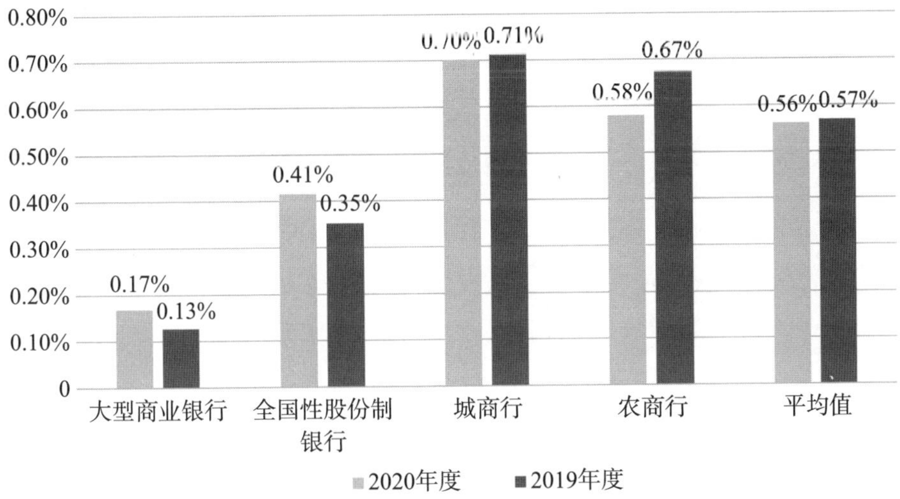

图 3-16　上市银行阶段一金融投资拨备计提比例

数据来源：上市银行年度报告。

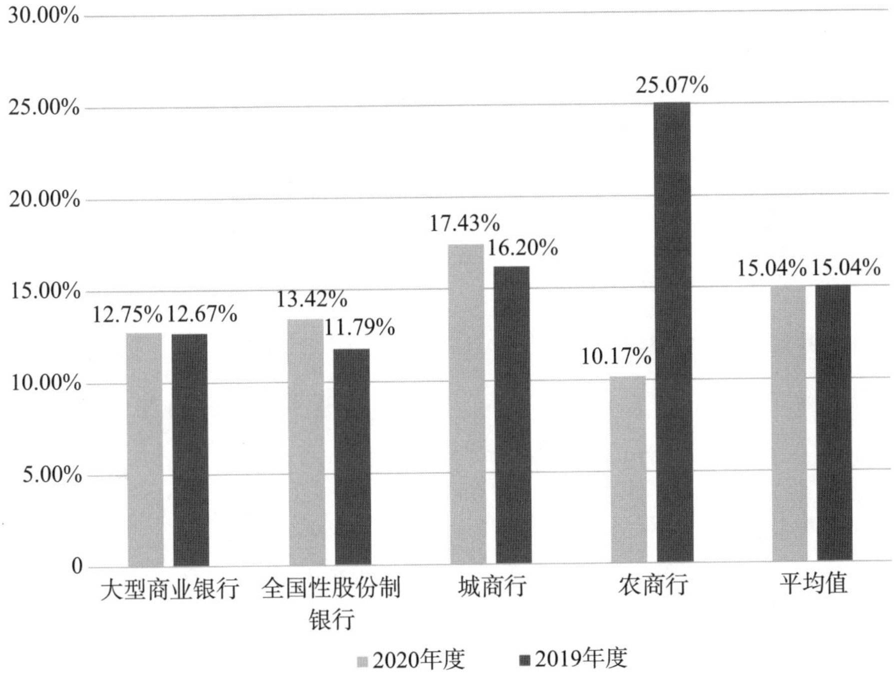

图 3-17　上市银行阶段二金融投资拨备计提比例

数据来源：上市银行年度报告。

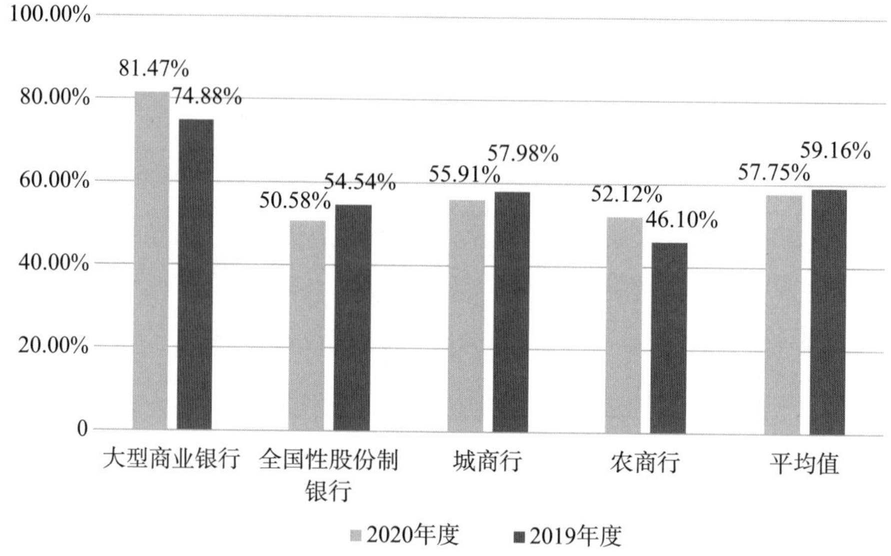

图 3–18 上市银行阶段三金融投资拨备计提比例

数据来源：上市银行年度报告。

行和股份制银行的阶段一金融投资的平均拨备率比城 / 农商行低，阶段二金融投资的平均拨备率水平较为接近，而阶段三金融投资的平均拨备率比城 / 农商行高。说明各家上市银行金融投资所采用的预期信用减值损失模型与贷款所用模型存在一致性。

各家上市银行 2020 年末阶段一金融投资平均拨备率为 0.56%，较 2019 年末下降 0.01 个百分点；2020 年末阶段二金融投资平均拨备率为 15.04%，与 2019 年末持平；2020 年末阶段三金融投资平均拨备率 57.75%，较 2019 年末下降 1.39 个百分点；总体来看，上市银行金融投资平均拨备率较为稳定。而上市农商行 2020 年末阶段二金融投资平均拨备率 10.17%，较 2019 年下降 14.90 个百分点，下降幅度较大。上市农商行金融投资阶段二拨备率的最低值和最高值分别为 0.08% 和 49.88%，较平均拨备率均值偏离度较大。主要由于 2019 年金融投资阶段二拨备率较高的几家农商行持有的金融投资，已于 2020 年转入阶段三或核销后，2020 年不存在阶段二的金融投资，导致金融投资阶段二平均拨备率存在较大波动。

与贷款减值准备情况类似，由于不同银行在金融投资组合的风险特征和预期信用损失模型的方法论上存在差异，难以通过对比得出哪些银行的预期信用损失计量更合理、更审慎或不充分的结论。金融投资拨备比率低于贷款拨备比率，主要由于金融投资中比重较大的债券投资风险总体低于贷款风险，而这在预期信用损失模型下得到了更好的量化体现。

从上市银行转换日后各阶段金融投资的减值准备计提情况来看，上市银行金融投资减值准备计提比例总体稳定，预期信用损失模型得到一贯执行，未出现因预期信用损失模型的变化而导致的金融投资减值准备比例大幅波动的情况。

3.2.5　与贷款减值相关会计估计技术的披露

根据《企业会计准则第 37 号——金融工具列报（2017 年修订）》的要求，企业应当披露金融工具减值所采用的输入值、假设和估值技术等相关信息，具体包括“确定预期信用损失时如何考虑前瞻性信息，包括宏观经济信息的使用”等。根据统计，90% 的上市银行在 2019 年年报中披露了前瞻性信息所使用的宏观经济指标，2020 年增加一家，占比升至 92%。

2020 年 12 月 30 日，财政部和银保监会发布的《财政部关于进一步贯彻落实新金融工具相关会计准则的通知》（财会〔2020〕22 号）对新金融工具准则的执行做了进一步的规定：“企业应当按照企业会计准则的要求披露确定预期信用损失所采用的估计技术、关键假设和参数等相关信息，并重点披露各经济情景中所使用的关键宏观经济参数的具体数值、管理层‘叠加’调整的影响、对政府等提供的支持性政策的考虑等”。2020 年年报中，28

家（55%）的上市银行披露了关键使用的关键宏观经济参数的具体数值，31家（61%）银行披露在前瞻性调整阶段会考虑疫情因素。我们按照银行类别，根据披露详细程度选取了几家银行对前瞻性信息的披露内容（见表 3–4）。

表 3–4

几家银行对前瞻性信息的披露情况

银行	2019 年披露	2020 年披露
A 国有大型银行	本集团自行构建以国内生产总值同比增长率（GDP）驱动国民经济核算、价格指数、对外贸易、固定资产投资、货币与利率等多类指标的宏观情景传导模型，按年预测乐观、基础和悲观等三种情景下的指标值，预测结果经本银行经济专家、高级管理层评估确认后，用于资产减值模型。其中，基础情景定义为未来最可能发生的情况，作为其他情景的比较基础。乐观情景和悲观情景是比基础情景更好或更差，且较为可能发生的情景，也可以作为敏感性分析的来源之一。这三种情景适用于所有组合。	减值模型采用了自上而下的开发方法，通过模型分组，建立了覆盖金融机构、公司和零售风险暴露的多个减值模型，并构建以国内生产总值（GDP）同比增长率驱动国民经济核算、价格指数、对外贸易、固定资产投资、货币与利率等多类指标的宏观情景传导模型，按年预测“基准”、“乐观”及“悲观”三种情景下的指标值，预测结果经本银行经济专家、高级管理层评估确认后用于资产减值模型，并按季度检视宏观情景设置结果及权重的合理性，根据内外部经济环境变化进行调整。于 2020 年度，本集团对 2021 年国内生产总值（GDP）同比增长率的预测如下：基准情景下的预测值为 8.2%，乐观情景下的预测值为 9.0%，悲观情景下的预测值为 6.0%。 本集团在评估减值模型中所使用的预测信息时充分考虑了 2020 年由新冠肺炎疫情引发的不确定性，对宏观经济预测值进行了审慎调整。对于因数据不支持而无法建立减值模型的情况，本集团尽力选择合适方法进行前瞻性估计。一是根据权威机构（如 IMF、世界银行）的宏观预测数据，定期对海外行减值计算进行前瞻性调整。二是对减值模型未覆盖的资产组合，参考已建立减值模型的相似资产组合，设置预期损失比例。
B 国有大型银行	预期信用损失的计算涉及前瞻性信息。本集团通过进行历史数据分析，识别出影响各资产组合的信用风险及预期信用损失的关键经济指标，主要包括国内生产总值、居民消费价格指数、生产价格指数、房价指数等。	预期信用损失的计算涉及前瞻性信息。本集团通过历史数据分析，识别出影响各资产组合的信用风险及预期信用损失的关键经济指标，主要包括国内生产总值、居民消费价格指数、生产价格指数等。其中国内生产总值增长率基准情景下 2021 年预测值约为 8% 。

续表

银行	2019 年披露	2020 年披露
B 国有大型银行	这些经济指标及其对违约概率的影响，对不同的业务类型有所不同。本集团在此过程中也应用了专家判断。本集团每年对这些经济指标进行预测（“基本经济情景”），通过进行回归分析确定这些经济指标与违约概率之间的关系，以理解这些指标历史上的变化对违约概率的影响。 本集团结合宏观数据、统计分析及专家判断结果，确定乐观、中性和悲观的情景及其权重。通常中性情景占比最高，乐观和悲观占比比较低且相近。	本集团结合宏观数据、统计分析及专家判断结果，确定乐观、中性和悲观的情景及其权重。通常中性情景占比最高，乐观和悲观占比比较低且相近。
C 全国性股份制银行	信用风险显著增加的评估及预期信用损失的计算均涉及前瞻性信息。本公司通过进行历史数据分析，识别出影响各业务类型信用风险及预期信用损失的关键经济指标，如国内生产总值同比增长率、居民消费物价指数增长率、采购经理指数、广义货币同比增长率等。 本公司至少每年对这些经济指标进行评估预测，并提供未来的最佳估计，并定期检测评估结果。2019 年，本公司从万得信息技术股份有限公司（“万得”）公布的中国宏观经济数据库采集过去 10 年的上述关键经济指标的时间序列数据，分析经济指标之间的跨期内生关系，在蒙特卡洛方法模拟随机冲击基础上，建立预测函数，结合专家经验和专业判断，预测不同情景下的关键经济指标预测值。本公司选取不同分位点作为不同乐观、基础和悲观三种情景的宏观经济取值，确定宏观经济假设及情景权重以计量相关的减值准备。	2020 年度，本集团在各宏观经济情景中使用的重要宏观经济假设包括国内生产总值当季同比增长率、居民消费价格指数增长率、采购经理指数。其中：国内生产总值当季同比增长率：在 2021 年的基准情景下预测值平均约为 8.45%，乐观情景预测值较基准上浮 0.88 个百分点，悲观情景预测值较基准下降 1.12 个百分点，在 2022 年的基准情景下预测值平均约为 5.68%，乐观情景预测值较基准上浮 0.58 个百分点，悲观情景预测值较基准下降 0.65 个百分点。 居民消费价格指数增长率：在 2021 年的基准情景下预测值约为 1.70%，乐观情景预测值较基准上浮 0.50 个百分点，悲观情景预测值较基准下降 0.55 个百分点，在 2022 年的基准情景下预测值约为 2.13%，乐观情景预测值较基准上浮 0.70 个百分点，悲观情景预测值较基准下降 0.65 个百分点； 采购经理指数：在 2021 年的基准情景下预测值约为 50.27，乐观情景预测值较基准上浮 0.78，悲观情景预测值较基准下降 0.75，在 2022 年的基准情景下预测值约为 50.15，乐观情景预测值较基准上浮 0.83，悲观情景预测值较基准下降 0.73。 2020 年度，本集团在评估预期信用损失计量模型中所使用的前瞻性信息时充分考虑了新冠肺炎疫情对宏观经济及银行业冲击的影响。

续表

银行	2019 年披露	2020 年披露
D 全国性股份制银行	本集团使用无须过度成本或投入就可获得的前瞻性信息来评估信用风险的显著增加以及预期信用损失的计量。本集团使用外部和内部信息来生成相关经济变量未来方向的不同情境，所使用的外部信息包括宏观经济数据，政府或权威机构发布的预测信息，比如国内生产总值、消费者物价指数、生产者物价指数等宏观指标，根据前瞻性信息不同情景权重， 计量对预计信用损失的影响。预期信用损失的计量部分取决于根据统计数据分析的该等预测信息。	本集团使用外部经济信息，通过统计方法计算相关数据和商业银行不良率的关系，从而调整预期损失模型的违约率参数。本集团所使用的宏观经济信息包括国内生产总值增长比例、消费者物价指数增长比例、生产者物价指数增长比例和企业商品价指数增长比例等宏观指标，并根据相关宏观指标预测值，通过模型建立和不良率的关系，设置不同情景权重，调整对预计信用损失的影响。本年度，本集团以上四个主要参数的平均（乐观、中性和悲观的加权平均）预测值分别为 5.15%、1.41%、1.35% 和 –0.35%。
E 城商行	本集团依据行业最佳实践结合公司内专家判断，选择了一系列宏观经济指标（包含国内生产总值同比、消费价格指数、美元兑人民币汇率、城镇居民可支配收入同比等），进而对各模型敞口建立实际违约概率与宏观因子间的统计学关系，并通过对应宏观因子预测值计算得到实际违约概率的前瞻性结果。 除了提供基本经济情景外，本集团根据对每一个主要产品类型的分析，设定情景的数量。本集团在每一个报告日重新评估情景的数量及其特征。于 2019 年 1 月 1 日及 2019 年 12 月 31 日，本集团结合统计分析及专家信用判断来确定情景权重，并同时考虑了各情景所代表的可能结果的范围。本集团在判断信用风险是否发生显著增加时，使用了基准及其他情景下的整个存续期违约概率乘以情景权重，并考虑了定性和上限指标。	本集团通过进行历史数据分析，识别出影响各资产组合的信用风险及预期信用损失的关键经济指标。受新冠肺炎疫情影响，2020 年部分宏观经济指标波动较大，本集团对模型进行评估并且全面重审前瞻性信息。本集团在评估预期信用损失计量模型中使用的前瞻性信息时充分考虑了新冠肺炎疫情对宏观经济及银行业冲击的影响。 本集团依据行业最佳实践结合公司内专家判断，选择了一系列宏观经济指标（包含国内生产总值同比、零售价格指数同比、工业增加值同比等），进而对各模型敞口建立实际违约概率与宏观因子间的统计学关系，并通过对应宏观因子预测值计算得到实际违约概率的前瞻性结果。2020 年 12 月 31 日，用于估计预期信用损失的重要假设列示如下。“基准”、“上升”及“下降”这三种情景适用于所有组合。三种情景的权重分别是 40%、30% 和 30%（2019 年 12 月 31 日为：40%、30% 和 30%）。 2020 年 12 月 31 日，本集团考虑了不同的宏观经济情景，用于估计逾期信用损失的重要宏观经济假设列示如下： 国内生产总值增长同比 2021 年度为 8.24%~9.15%，2022 年及以后年度为 5.23%~5.67%； 零售价格指数，同比 2021 年及以后年度为 2.59%~3.41%； 工业增加值增长，同比 2021 年及以后年度为 4.97%~5.83%。

续表

银行	2019 年披露	2020 年披露
F 农商行	本集团所考虑的前瞻性资料包括获取自经济专家报告、金融分析师、政府机构、相关智库及其他类似机构的本集团债务人经营所在行业的未来前景，以及与本集团业务相关的实际及预测经济资料的各种外部来源。 选择前瞻性宏观经济状况及状况发生的几率比重，将经济输入值导入预期信贷损失模型。	本集团所考虑的前瞻性资料包括获取自经济专家报告、金融分析师、政府机构、相关智库及其他类似机构的本集团债务人经营所在行业的未来前景，以及与本集团业务相关的实际及预测经济资料的各种外部来源。 选择前瞻性宏观经济状况及状况发生的几率比重，将经济输入值导入预期信贷损失模型。

通过对上市银行年报披露内容的分析，我们可以看出：

（1）大多数银行前瞻性数值的获得方法为：通过进行历史数据分析，利用包括统计模型在内的方法识别出影响各业务类型信用风险及预期信用损失的关键经济指标。

（2）对比上市银行各年披露情况可以看到，随着监管的规范要求和对准则理解的深入，上市银行对前瞻性信息披露越来越详细。

（3）不同上市银行前瞻性信息中宏观指标数值披露方式和详细程度有所不同。

51 家上市银行 2020 年报中有 22 家（43%）上市银行在会计披露中补充了疫情对信用风险显著增加判断的影响，这些银行认为疫情影响下的延期还本付息安排不单独作为信用风险显著增加的判断依据。

51 家上市银行 2020 年报中有 8 家（16%）上市银行银行披露了管理层叠加信息，其中有 6 家明确披露管理层叠加对象主要为受疫情影响获得较为严重的贷款组合或接受政府纾困政策的贷款组合；剩余 2 家披露管理层叠加的上市银行中，1 家管理层叠加针对阶段一和阶段二公司类贷款和个人贷款；另 1 家针对模型未覆盖的重大不确定因素的管理层叠加调整。而根据笔者对银行业的了解，存在上市银行预期信用损失使用了管理层叠加调整的方法而未在年报会计政策中披露管理层叠加信息的情形。

从以上统计情况来看，51 家上市银行与金融工具减值相关的会计政策和风险披露信息逐年丰富，会计信息可比性有所增加，财务报表披露信息质量有所提高，但各家上市银行披露的详细程度仍存在不一致，未来准则制定机构可通过指导意见等形式进一步规范银行披露前瞻性信息的颗粒度。由于预期信用损失模型所采用的输入值、假设和估值技术等相关信息的复杂性，上市银行在业务流程改造，模型开发、使用和维护，业绩考核以及信息披露等过程中可能需要财务会计部门、业务部门、风险管理部门、估值部门及信息科技部门的深入协同合作。

3.3　新金融工具准则实施对上市银行净资产的影响

转换日，上市银行净资产变动金额与比例如表 3–5 所示。

表 3–5

转换日净资产变动金额与比例汇总表

项　　目	国有银行	股份制银行	城商行	农商行
净资产变动金额（百万元）	–138 520	–61 426	–12 715	–254
净资产变动比例（%）	–1.72	–2.04	–0.88	–0.15
重新计量产生的公允价值变动金额（百万元）	47 602	15 357	6 573	1 761

实施新金融工具准则后，大部分上市银行的净资产有所减少，股份银行的减少比例略高于国有银行；从净资产变动比例看，按股份制银行、国有银行、城商行、农商行的顺序递减。

新准则的实施对商业银行净资产影响的主要来自两个方面：一方面，以公允价值计量的金融资产的比例增加，原用成本计量的金融资产因估值结果的变化不同程度影响净资产水平；另一方面，上市银行按照预期信用减值损失模型增加了减值准备计提，进而减少了净资产。

3.4　新金融工具准则实施对上市银行利润表的影响

3.4.1　利润表结构分析

我们获取上市银行 2015—2020 年的年报数据，对各上市银行转换日前后 2~3 年的利润表进行分析（转换日为 2018 年 1 月 1 日的上市银行，我们选用转换日前后各 3 年的数据，转换日为 2019 年 1 月 1 日的上市银行，我们选用转换日前后各 2 年的数据），分析的指标分别为利息收入占营业收入[1]的比例和投资收益占营业收入的比例。通过分析发现，78% 的上市银行利息收入占营业收入比例下降（见表 3–6），82% 的上市银行投资收益占营业收入比例上升（见表 3–7），且上升幅度较大。

表 3–6

转换日前后上市银行利息收入占营业收入比例的变动情况

银行类型	利息收入占营业收入比例					
	转换日后平均	转换日前平均	变动	变动比率	占比下降的银行数量	占比下降的银行数量占比
大型国有商业银行	83.08%	82.82%	0.26%	0.31%	3	50.00%
全国性股份制商业银行	80.47%	81.00%	−0.52%	−0.65%	5	55.56%
城市商业银行	88.93%	92.30%	−3.37%	−3.65%	23	88.46%
农村商业银行	89.18%	92.14%	−2.96%	−3.21%	9	90.00%
平均占比	86.80%	89.16%	−2.36%	−2.64%	40	78.43%

［1］营业收入是指利息收入、手续费及佣金收入、投资收益、公允价值变动收益、其他收益、汇兑收益、其他业务收入等合计金额。

表 3–7
转换日前后上市银行投资收益占营业收入比例的变动情况

银行类型	投资收益占营业收入比例					
	转换日后平均	转换日前平均	变动	变动比率	占比上升的银行数量	占比上升的银行数量占比
大型国有商业银行	2.17%	1.67%	0.50%	29.68%	4	66.67%
全国性股份制商业银行	4.53%	1.83%	2.70%	147.15%	8	88.89%
城市商业银行	6.00%	2.03%	3.98%	196.19%	21	80.77%
农村商业银行	5.79%	2.83%	2.97%	104.95%	9	90.00%
平均占比	5.25%	2.11%	3.14%	149.14%	42	82.35%

我们查看 51 家上市银行新金融工具转换日所在年度的年报发现，有 36 家银行（比如中信银行、民生银行、江苏银行等）在年报中提到新金融工具对利润表结构的影响，影响方式主要体现为：新金融工具准则实施后，以公允价值计量且其变动计入当期损益金融资产持有期间利息收入计入投资收益核算。剩余 15 家上市银行未在年报中披露新金融工具准则对利润表的影响。

总体来说，新金融工具准则的实施改变了利润表的结构，同等投资规模和结构条件下，导致利息收入占比下降，投资收益占比上升。

3.4.2 以摊余成本计量的金融资产终止确认收益变动分析

我们查看 A 股上市银行年报发现，37 家上市银行中在 2018 年至 2020 年 3 个年度中有 18 家确认了以摊余成本计量的金融资产终止确认收益。我们统计了上市银行转换后以摊余成本计量的金融资产终止确认收益占营业收入的比例，结果如表 3–8 所示。

表 3-8
上市银行转换后以摊余成本计量的金融资产终止确认收益占营业收入的比例

银行类型	2018 年度 AC 处置损益占营业收入平均比例	2019 年度 AC 处置损益占营业收入平均比例	2020 年度 AC 处置损益占营业收入平均比例
大型国有商业银行	—	0.12%	0.16%
全国性股份制商业银行	0.02%	0.16%	0.21%
城市商业银行	—	—	0.05%
农村商业银行	—	0.07%	0.27%
平均占比	—	0.07%	0.15%

上市银行以摊余成本计量的金融资产终止确认收益逐年微升，均未披露详细的终止确认信息。以光大银行为例，光大银行于 2017 年处置了部分持有至到期投资，2017 年年报中披露了当期持有至到期投资处置面值、处置前占比情况和出售持有至到期投资净收益金额；光大银行于 2019 年处置了部分以摊余成本计量的金融资产，2019 年年报中仅披露以摊余成本计量的金融投资净收益或损失，未披露光大银行当期处置以摊余成本计量的金融资产的面值和处置前占比情况。

3.5 新金融工具准则实施对上市银行业务开展的影响

新准则可能使银行在开展投资业务和信贷业务时具有更强的导向性。出于保持利息收入稳定增长及减少公允价值波动的目的，上市银行在实施新准则后倾向于增加对以摊余成本计量和以公允价值计量且其变动计入其他综合收益的金融资产投资的比例，同时不符合以摊余成本计量要求的信贷产品的设计和推广将会受到明显抑制。根据前述对新准则实施后财务报表的研究，上市银行的信息披露中也体现了这一特点：以公允价值计量且其变动计入当期损益的金融资产占比有减少的趋势，同时以公允价值计量且其变动计入其他综合收益的金融资产占比有增加的趋势。

新准则的实施对于商业银行的吸收存款业务影响不大；对于同业负债业务，各银行之间的往来则仍基本以摊余成本计量。新准则的实施对于银行的负债业务并不会造成太大影响。但是，由于银行负债业务的客户，即投资相关存款或理财产品的机构，在新准则下也会倾向于投资能够以摊余成本计量的资产，因此新准则对银行存款及理财产品的结构设计和创新有一定影响和限制作用。

此外，新准则的实施可能还影响了商业银行风险定价的安排。信用减值准备是银行资本成本和内部考核的重要影响因素，新准则的实施会导致对部分资产风险定价的调整，尤其是对于新金融工具准则减值计提比率显著增加的业务类型，如表外信贷业务中的银行承兑汇票、保函、信用证和贷款承诺，商业银行可能会评估现有模式下的成本与收益，以确定是否需要提高手续费率及定价水平，或要求更高的保证金比例，以弥补表外业务表内减值带来的可能负面影响。

第 4 章

新金融工具准则在上市证券公司的应用与影响分析

Changes and Impacts of
New Financial
Instruments Accounting Standards

FINANCE

本章从分类、减值与估值三个方面来分析新金融工具准则的实施对上市证券公司财务报表及经营管理带来的影响。根据上市证券公司披露的年度报告、中国证券业协会官方网站披露的证券公司年报及其他公开渠道获取的信息，本书选取了 A+H 股上市证券公司 2018 年、2019 年、2020 年年报数据，以及 A 股上市证券公司 2019 年、2020 年年报数据，以研究新金融工具准则实施对上市证券公司的影响。

根据上市证券公司公示的 2019 年度与 2018 年度的年度报告，各上市证券公司执行新金融工具准则日期如表 4–1 所示。

表 4–1

上市证券公司新金融工具准则实施日期一览表

序号	证券公司名称	证券公司简称	新金融工具准则实施日期	股票种类
1	中信证券股份有限公司	中信证券	2018 年 1 月 1 日	A+H 股
2	华泰证券股份有限公司	华泰证券	2018 年 1 月 1 日	A+H 股
3	国泰君安证券股份有限公司	国泰君安	2018 年 1 月 1 日	A+H 股
4	海通证券股份有限公司	海通证券	2018 年 1 月 1 日	A+H 股
5	招商证券股份有限公司	招商证券	2018 年 1 月 1 日	A+H 股
6	申万宏源集团股份有限公司	申万宏源	2018 年 1 月 1 日	A+H 股
7	广发证券股份有限公司	广发证券	2018 年 1 月 1 日	A+H 股
8	中国银河证券股份有限公司	中国银河	2018 年 1 月 1 日	A+H 股
9	中信建投证券股份有限公司	中信建投	2018 年 1 月 1 日	A+H 股
10	国信证券股份有限公司	国信证券	2019 年 1 月 1 日	A 股
11	东方证券股份有限公司	东方证券	2018 年 1 月 1 日	A+H 股
12	光大证券股份有限公司	光大证券	2018 年 1 月 1 日	A+H 股
13	兴业证券股份有限公司	兴业证券	2019 年 1 月 1 日	A 股

续表

序号	证券公司名称	证券公司简称	新金融工具准则实施日期	股票种类
14	长江证券股份有限公司	长江证券	2019 年 1 月 1 日	A 股
15	方正证券股份有限公司	方正证券	2019 年 1 月 1 日	A 股
16	东吴证券股份有限公司	东吴证券	2019 年 1 月 1 日	A 股
17	财通证券股份有限公司	财通证券	2019 年 1 月 1 日	A 股
18	浙商证券股份有限公司	浙商证券	2019 年 1 月 1 日	A 股
19	国元证券股份有限公司	国元证券	2019 年 1 月 1 日	A 股
20	东兴证券股份有限公司	东兴证券	2019 年 1 月 1 日	A 股
21	天风证券股份有限公司	天风证券	2019 年 1 月 1 日	A 股
22	西南证券股份有限公司	西南证券	2019 年 1 月 1 日	A 股
23	华西证券股份有限公司	华西证券	2019 年 1 月 1 日	A 股
24	国海证券股份有限公司	国海证券	2019 年 1 月 1 日	A 股
25	长城证券股份有限公司	长城证券	2019 年 1 月 1 日	A 股
26	东北证券股份有限公司	东北证券	2019 年 1 月 1 日	A 股
27	国金证券股份有限公司	国金证券	2019 年 1 月 1 日	A 股
28	西部证券股份有限公司	西部证券	2019 年 1 月 1 日	A 股
29	山西证券股份有限公司	山西证券	2019 年 1 月 1 日	A 股
30	华安证券股份有限公司	华安证券	2019 年 1 月 1 日	A 股
31	中银国际证券股份有限公司	中银证券	2019 年 1 月 1 日	A 股
32	中原证券股份有限公司	中原证券	2018 年 1 月 1 日	A+H 股
33	国联证券股份有限公司	国联证券	2018 年 1 月 1 日	A+H 股
34	南京证券股份有限公司	南京证券	2019 年 1 月 1 日	A 股
35	第一创业证券股份有限公司	第一创业	2019 年 1 月 1 日	A 股
36	红塔证券股份有限公司	红塔证券	2019 年 1 月 1 日	A 股
37	华林证券股份有限公司	华林证券	2019 年 1 月 1 日	A 股
38	太平洋证券股份有限公司	太平洋证券	2019 年 1 月 1 日	A 股

截至 2019 年 1 月 1 日，我国全部 38 家上市证券公司均已完成新金融工具准则转换，其中 25 家 A 股上市证券公司的新金融工具准则转换日为 2019 年 1 月 1 日，13 家 A+H 股上市证券公司的新金融工具准则转换日均为 2018

年1月1日，基本符合证监会下发的会计部函〔2017〕524号中关于实施时间的安排："同时在境内外上市的证券公司及仅在境外上市的证券公司自2018年1月1日起执行新会计准则，其他证券公司自2019年1月1日起执行新会计准则。"

国联证券已于2014年在港交所上市，并于2020年5月取得证监会的A股发行的申请，可以从招股书中获知转换日信息，故将其纳入本章研究范围。中国国际金融股份有限公司实施新金融工具准则转换时年度报告在港交所披露，无法获得相关准确信息，不纳入本章研究范围。[1] 恒泰证券股份有限公司仅在港交所上市，不纳入本章研究范围。东海证券股份有限公司、粤开证券股份有限公司与国都证券股份有限公司在全国中小企业股份转让系统挂牌，不纳入本章研究范围。

4.1 新金融工具准则对上市证券公司金融资产分类的影响分析

4.1.1 新旧准则下金融资产分类的变化分析

根据新金融工具准则及相关实施规定，本书选取了13家A+H股上市证券公司2018年年报数据（详见图4-1、图4-2）以及适用新金融工具准则的25家A股上市证券公司2019年年报数据（详见图4-3、图4-4）进行分析。

[1] 中国国际金融股份有限公司已于2020年11月2日在上海证券交易所主板上市，公司证券代码为601995。

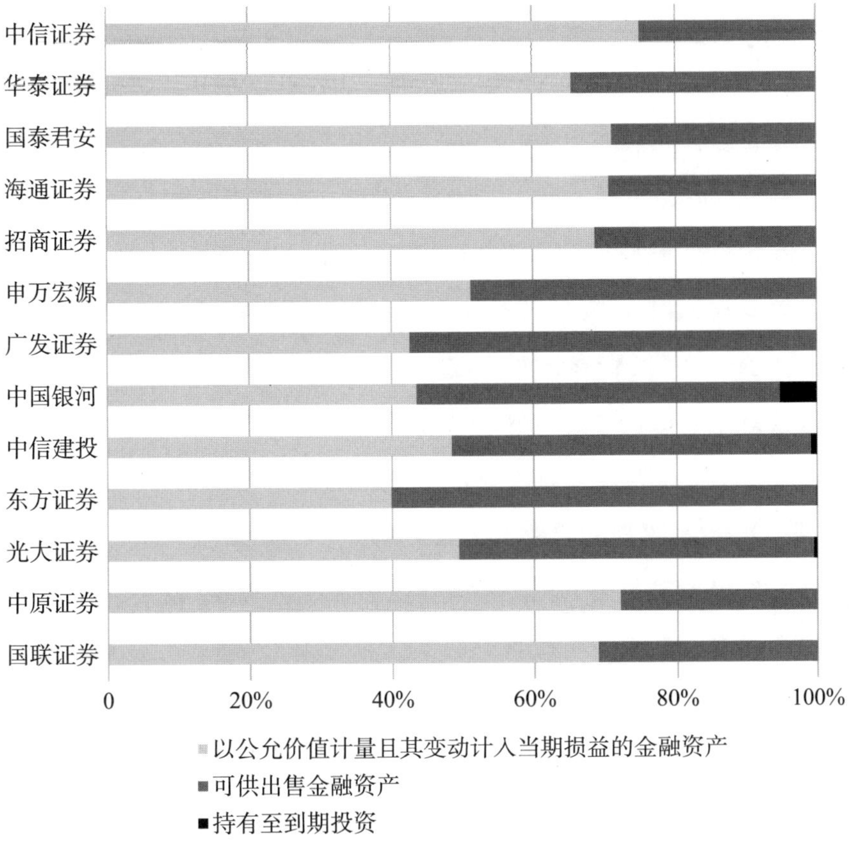

图 4–1　旧准则下 A+H 股证券公司金融资产分类占比

数据来源：2017 年年度报告。

各家 A+H 股上市证券公司旧准则下以公允价值计量且其变动计入当期损益的金融资产占金融资产投资比例在 39%~75% 之间，平均比例为 59%，中位数为 65%；可供出售金融资产占金融投资比例范围在 25%~60% 之间，平均比例为 40%，中位数为 35%；持有至到期投资占金融投资比例在 0~5% 之间，平均比例为 1%，中位数为 0。

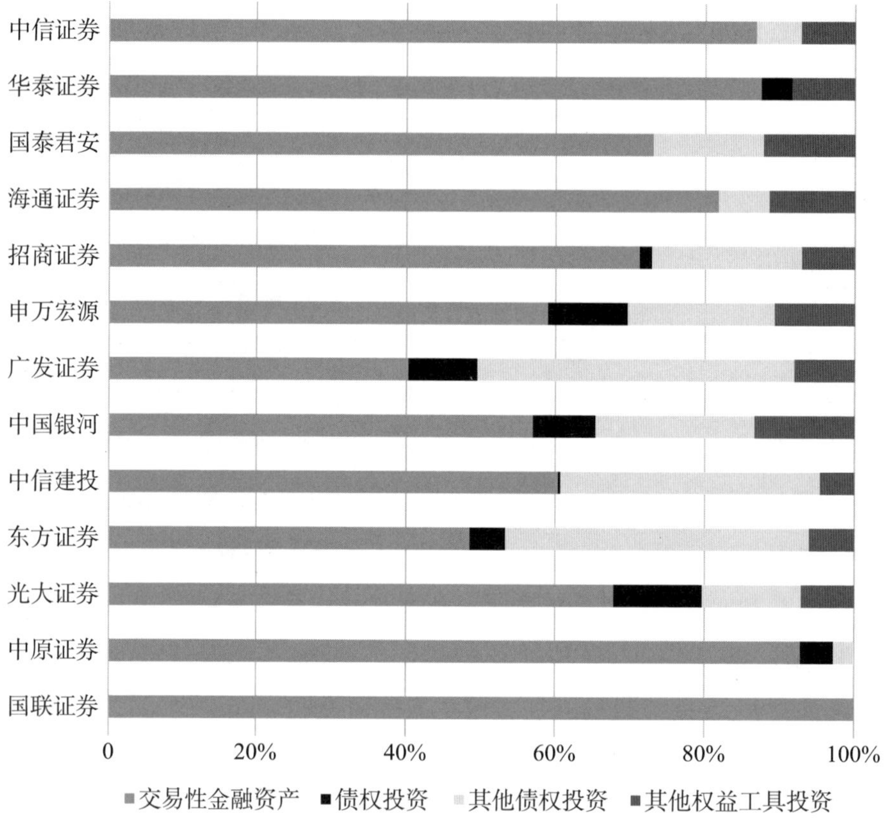

图 4-2　新准则下转换日 A+H 股证券公司金融资产分类占比

数据来源：2018 年年度报告。

各家 A+H 股上市证券公司新准则下交易性金融资产占金融投资比例在 40%~100% 之间，平均比例为 71%，中位数为 71%；债权投资占金融投资比例在 0~12% 之间，平均比例为 4%，中位数为 4%；其他债权投资占金融投资比例在 0~43% 之间，平均比例为 17%，中位数为 15%；其他权益工具投资占金融投资比例在 0~13% 之间，平均比例为 7%，中位数为 7%。

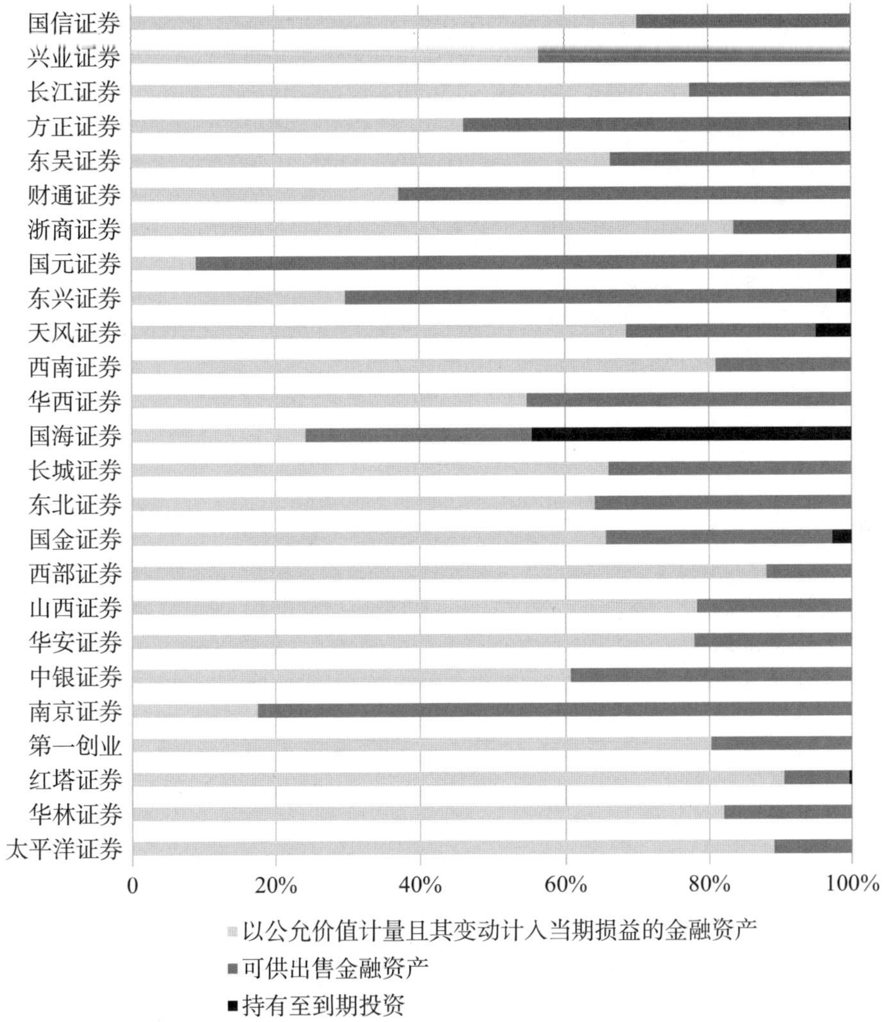

图 4–3　旧准则下 A 股证券公司金融资产分类占比

数据来源：2019 年年度报告。

各家 A 股上市证券公司旧准则下以公允价值计量且其变动计入当期损益的金融资产占金融投资比例在 9%~90% 之间，平均比例为 63%，中位数为 66%；可供出售金融资产占金融投资比例在 9%~89% 之间，平均比例为 35%，中位数为 31%；持有至到期投资占金融投资比例在 0~45% 之间，平均比例为 2%，中位数为 0。

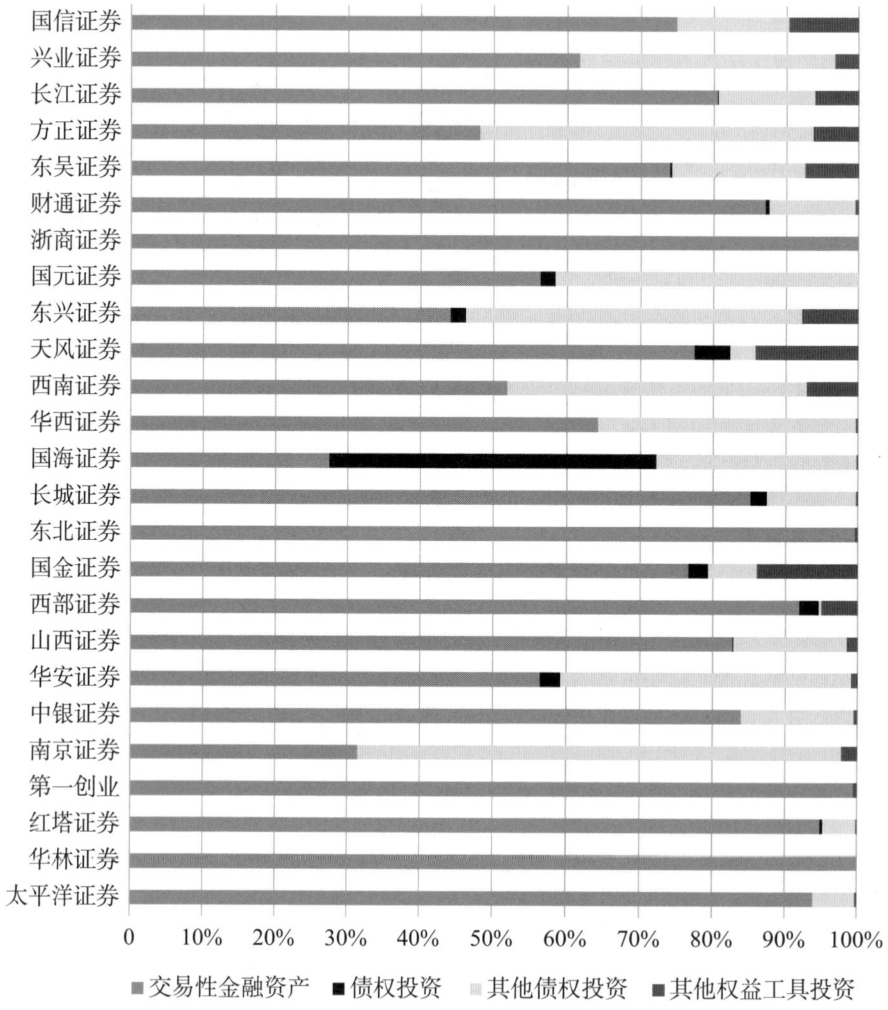

图 4-4 新准则下转换日 A 股 25 家证券公司金融资产分类占比

数据来源：2019 年年度报告。

25 家 A 股上市证券公司新准则下交易性金融资产占金融投资比例在 26%~100% 之间，平均比例为 73%，中位数为 77%；债权投资占金融投资比例在 0~45% 之间，平均比例为 3%，中位数为 1%；其他债权投资占金融投资比例在 0~67% 之间，平均比例为 20%，中位数为 15%；其他权益工具投资占金融投资比例在 0~14% 之间，平均比例为 4%，中位数为 1%。

表 4–2 显示了旧准则下上市证券公司金融资产分类占比情况。

表 4–2

旧准则下上市证券公司金融资产分类占比

金额单位：万元

证券公司	以公允价值计量且其变动计入当期损益的金融资产	占比	可供出售金融资产	占比	持有至到期投资	占比
中信证券	17 815 350	75%	5 922 693	25%		
华泰证券	8 455 042	65%	4 458 317	35%		
国泰君安	9 850 200	71%	3 997 200	29%		
海通证券	9 985 669	70%	4 122 876	29%	7 872	1%
招商证券	7 307 028	69%	3 327 535	31%		
申万宏源	4 936 252	51%	4 698 772	49%		
广发证券	6 868 966	43%	9 259 440	57%		
中国银河	2 901 030	44%	3 406 084	51%	354 517	5%
中信建投	3 264 910	48%	3 410 789	51%	57 857	1%
东方证券	4 802 945	39%	7 223 438	60%	11 050	1%
光大证券	3 744 651	49%	3 795 630	50%	37 888	1%
中原证券	762 250	72%	294 707	28%		
国联证券	236 204	69%	106 031	31%		
A+H 股证券公司小计	80 930 497	60%	54 023 512	40%	469 184	0%
国信证券	6 578 810	70%	2 796 099	30%		
兴业证券	4 047 427	57%	3 114 242	43%		
长江证券	2 950 504	77%	858 713	23%		
方正证券	3 464 356	45%	4 024 822	54%	13 983	1%
东吴证券	2 564 282	66%	1 299 090	34%		

续表

证券公司	以公允价值计量且其变动计入当期损益的金融资产	占比	可供出售金融资产	占比	持有至到期投资	占比
财通证券	931 681	37%	1 571 901	63%		
浙商证券	1 615 170	84%	318 284	16%		
国元证券	302 333	9%	2 968 512	89%	66 300	2%
东兴证券	1 273 331	30%	2 911 157	68%	87 032	2%
天风证券	1 985 295	69%	765 853	26%	143 859	5%
西南证券	2 711 556	81%	636 487	19%		
华西证券	797 017	55%	658 524	45%		
国海证券	866 983	24%	1 114 027	31%	1 592 127	45%
长城证券	1 536 956	66%	789 764	34%		
东北证券	2 004 440	64%	1 121 922	36%		
国金证券	1 166 716	65%	562 301	32%	47 652	3%
西部证券	2 620 938	88%	356 086	12%		
山西证券	2 224 017	78%	615 986	22%		
华安证券	1 717 007	78%	485 824	22%		
中银证券	569 552	61%	368 581	39%		
南京证券	142 712	18%	672 085	82%		
第一创业	1 217 129	80%	299 420	20%		
红塔证券	1 455 139	90%	147 669	9%	5 000	1%
华林证券	257 560	82%	56 212	18%		
太平洋证券	1 944 724	89%	237 739	11%		
A 股证券公司小计	46 945 635	60%	28 751 300	37%	1 955 953	3%
总计	127 876 132	60%	82 774 812	39%	2 425 137	1%

数据来源：准则转换当年年报。

表 4–3 显示了新准则下转换日上市证券公司金融资产分类占比情况。

表 4–3
新准则下转换日上市证券公司金融资产分类占比

金额单位：万元

证券公司	交易性金融资产	占比	其他债权投资	占比	其他权益工具投资	占比	债权投资	占比
中信证券	20 607 489	87%	1 408 077	6%	1 739 224	7%		
华泰证券	11 417 141	87%			1 116 162	9%	524 378	4%
国泰君安	10 115 800	73%	2 033 300	15%	1 697 700	12%		
海通证券	12 003 253	81%	991 959	7%	1 691 190	12%		
招商证券	7 570 990	71%	2 117 526	20%	763 660	7%	179 333	2%
申万宏源	5 763 353	58%	1 913 319	20%	1 056 548	11%	1 041 804	11%
广发证券	6 172 793	40%	6 501 247	43%	1 251 628	8%	1 413 752	9%
中国银河	4 065 090	58%	1 516 586	21%	957 614	13%	601 711	8%
中信建投	4 399 795	60%	2 525 632	35%	341 191	5%	24 908	0%
东方证券	5 880 636	48%	4 922 513	41%	741 234	6%	580 503	5%
光大证券	5 177 432	68%	1 001 220	13%	550 248	7%	901 047	12%
中原证券	980 121	93%	29 815	3%			47 262	4%
国联证券	350 048	100%						
A+H 股证券公司小计	94 503 941	69%	24 961 194	18%	11 906 399	9%	5 314 698	4%
国信证券	7 104 532	75%	1 463 365	15%	918 717	10%		
兴业证券	4 513 679	62%	2 575 210	35%	237 744	3%		
长江证券	3 123 867	80%	518 304	13%	235 199	6%	4 714	1%
方正证券	3 668 425	48%	3 479 858	46%	480 252	6%		
东吴证券	2 916 856	74%	725 208	18%	292 850	7%	10 754	1%
财通证券	2 202 525	86%	300 834	12%	11 881	1%	12 395	1%
浙商证券	1 968 932	100%						
国元证券	1 920 978	56%	1 419 209	42%			69 164	2%
东兴证券	1 885 947	44%	1 964 336	46%	334 204	8%	86 400	2%
天风证券	2 285 829	77%	103 464	4%	419 249	14%	145 350	5%
西南证券	1 775 778	52%	1 402 923	41%	245 042	7%		
华西证券	947 779	63%	524 577	36%	4 517	1%		

续表

证券公司	交易性金融资产	占比	其他债权投资	占比	其他权益工具投资	占比	债权投资	占比
国海证券	998 753	26%	1 003 998	28%	7 500	1%	1 625 914	45%
长城证券	2 013 545	85%	291 673	12%	5 973	1%	52 816	2%
东北证券	3 153 234	99%			11 373	1%		
国金证券	1 379 359	76%	121 756	7%	250 602	14%	48 532	3%
西部证券	2 786 799	91%	10 467	1%	152 244	5%	83 189	3%
山西证券	2 373 147	81%	449 230	16%	43 365	2%	3 323	1%
华安证券	1 264 096	56%	895 839	40%	19 068	1%	62 229	3%
中银证券	787 346	83%	146 370	16%	4 500	1%		
南京证券	260 554	31%	549 986	67%	17 922	2%		
第一创业	1 513 708	99%			8 582	1%		
红塔证券	1 548 787	93%	74 571	5%	3 000	1%	6 352	1%
华林证券	317 691	100%						
太平洋证券	2 039 649	93%	126 137	6%	6 232	1%		
A 股证券公司小计	54 751 795	69%	18 147 315	23%	3 710 016	5%	2 211 132	3%
总计	149 255 736	69%	43 108 509	20%	15 616 415	8%	7 525 830	3%

数据来源：准则转换当年年报。

根据图 4–1、图 4–2、图 4–3、图 4–4、表 4–2、表 4–3 所列示信息及数据进行整体分析，可以看出，13 家 A+H 股上市证券公司和 25 家 A 股上市证券公司金融资产分类结构（占比）相比，境内外上市证券公司总体分类情况无重大差异。同时，在新旧金融工具准则下，占比最高的均为以公允价值计量且其变动计入当期损益的金融资产，占比次之的均为以公允价值计量且其变动计入其他综合收益的金融资产（包括其他债权投资和其他权益工具投资），占比最低的均为以摊余成本计量的金融工具。这与证券公司的业务特点基本相符。

根据表 4–2、表 4–3 所列示信息及分析数据可以看出，在旧准则下，38 家上市证券公司以公允价值计量且其变动计入当期损益金融资产占金融资产比例约 60%，可供出售金融资产占比约 39%，持有至到期投资占比约 1%；在新准则下，交易性金融资产占金融资产比例上升至约 69%，其他债权投资、其他权益工具投资占比约 28%，债权投资占比约 3%，以公允价值计量且其变动计入当期损益的金融资产及以摊余成本计量的金融资产占比均有所上升。

结合图 4–1、图 4–2、图 4–3、图 4–4、表 4–2、表 4–3 进行分析，可以发现，38 家上市证券公司以公允价值计量且其变动计入当期损益的金融资产占金融资产投资的平均比例在转换日有所上升，占比区间有所扩大；以公允价值计量且其变动计入其他综合收益的金融资产占金融资产投资的平均比例在转换日有所下降，占比区间有所缩小；以摊余成本计量的金融资产占金融资产投资的平均比例在转换日有所上升，占比区间未见明显变化。由于 38 家上市证券公司的公司性质、业务范围、投资策略不同，样本之间差异较大，为了观察整体的趋势，我们做了总结分析，具体影响分析如下：

1. 以公允价值计量且其变动计入当期损益的金融资产

除广发证券、西南证券和华安证券外，其他上市证券公司新金融工具准则转换后以公允价值计量且其变动计当期损益的金融资产占金融资产比率均大于旧准则下以公允价值计量且其变动计当期损益的金融资产占金融资产比率。

以公允价值计量且其变动计入当期损益的金融资产占金融资产的比率平均值：A+H 股证券公司由旧准则下的 60% 上升至新准则下的 69%，而 A 股证券公司同样由旧准则下的 60% 上升至新准则下的 69%。以公允价值计量且其变动计入当期损益的金融资产占金融资产的比率大于50%的上市证券公司在实施旧准则时为27家，新金融工具准则转换当年增加至32家，分别占38家上市证券公司的71%、84%。

2. 以公允价值计量且其变动计入其他综合收益的金融资产（含新准则下非交易性权益工具投资）

旧准则下，所有上市证券公司均使用“可供出售金融资产”科目，新准则下使用“其他债权投资”和“其他权益工具投资”科目的上市证券公司分别为32家、33家，分别占38家上市证券公司的84%、87%。综合多家上市证券公司披露的信息，旧准则下可供出售金融资产类别主要包括上市限售股、新三板股票、非上市股权、债券、结构化主体（含公募基金、银行理财产品、资产管理计划、专户产品、信托产品、ABS、有限合伙等）等。

新准则取消了“可供出售金融资产”科目，增加了“其他债权投资”和“其他权益工具投资”两个科目。新准则下“其他债权投资”科目核算的金融资产为通过合同现金流量测试且上市证券公司持有该金融资产的目的为既收取合同现金流又出售的双重目的投资。“其他权益工具投资”科目核算的金融资产为上市证券公司以非交易目的持有的符合《企业会计准则第37号——金融工具列报》中权益工具定义的投资，且上市证券公司行使了指定选择权。

38家上市证券公司在旧准则下，39%的金融资产投资采用“可供出售金融资产”科目核算，在准则转换日后有28%的金融资产投资采用“以公允价值计量且其变动计入其他综合收益的金融资产”科目核算，其中包括20%的其他债权投资和8%的其他权益工具投资。同时，38家上市证券公司中，除西南证券和华安证券外，其他上市证券公司旧准则下可供出售金融资产占比均大于新准则下其他债权投资及其他权益工具投资两项金融资产合计占比。

由此可见，旧准则下上市证券公司在“可供出售金融资产”科目核算的金融资产，除部分符合条件的权益工具投资被指定为非交易性权益工具投资以及部分债务工具投资分类为其他债权投资外，相当比例的上市限售股、新三板股票，非上市股权、部分债券、大部分结构化主体投资均计入新准则下的交易性金融资产。

新准则下其他债权投资的会计核算方法与旧准则下“可供出售金融资产——债务工具类投资”有较大相似之处，在后续计量时公允价值变动计入其他综合收益，处置时将累计其他综合收益金额一次性转入当期损益。经过分析我们发现，上市证券公司在新准则下的其他债权投资基本来源于旧准则下可供出售金融资产债务工具投资，存在一定的对应关系。

新准则下其他权益工具投资的会计核算与旧准则下“可供出售金融资产——权益类投资”的核算差异较大，只有在收到分红和股利时可以计入投资收益，在处置日的累计利得直接计入留存收益，不再通过利润表投资收益进行核算。经过分析我们发现，旧准则下上市证券公司可供出售金融资产中的非纯债务工具投资在新准则下普遍被纳入交易性金融资产核算，仅少部分被指定为其他权益工具投资。

3. 以摊余成本计量的金融资产（旧准则指持有至到期投资，新准则指债权投资）

旧准则下使用“持有至到期投资”科目核算的上市证券公司为 12 家，占 38 家上市证券公司的 32%，新准则下使用“债权投资”科目核算的上市证券公司为22家，占38家上市证券公司的58%。海通证券、方正证券旧准则下核算持有至到期投资、新准则下债权投资金额为零，中信建投旧准则下持有至到期投资占比大于新准则下债权投资占比。其他上市证券公司旧准则下持有至到期投资占比均小于或等于新准则下债权投资占比。

综上可以看出，证券公司在实施新准则前，将其持有的大部分金融资产划分为以公允价值计量且其变动计入损益的金融资产和可供出售金融资产。在旧准则到新准则的转换中，虽然原有的金融资产的四分类并不能和现有的分类进行一一对应，但从数据中可以看出，旧准则下持有至到期投资大都被重新划分为以摊余成本计量的金融资产，可供出售金融资产权益工具大都被分类为以公允价值计量且其变动计入当期损益的金融资产及指定为以公允价值计量且其变动计入其他综合收益的金融资产，可供出售金融资产债务工具被分类为以公允价值计量且其变动计入当期损益的金融资产、其他债权投资及债权投资。

通过对准则转换日前后的分析，本研究发现：

（1）A股上市证券公司及A+H股上市证券公司在各金融资产分类的结构（占比）方面差异不大，即证券公司的金融资产分类结果与证券公司的上市地区和规模差异的关联关系不显著。

（2）在新旧金融工具准则下，以公允价值计量且其变动计入当期损益的金融资产均占比最高，新准则转换完成后，以公允价值计量且其变动计入当期损益的金融资产占比进一步提高；在新旧金融工具准则下，以摊余成本计量的金融资产投资占比均为最低，新准则转换完成后，以摊余成本计量的金融资产投资占比有所上升。同时，以公允价值计量且其变动计入其他综合收益的金融资产在新准则转换完成后占比有所下降，特别是上市证券公司对“以公允价值计量且其变动计入其他综合收益的权益工具投资”科目运用较为普遍且相对谨慎，余额占比为 8%。

（3）我们根据 38 家上市证券公司披露的年报，对首次实施新准则的上市证券公司披露数据进行统计。38 家上市证券公司对于新准则转换都不调整前期比较财务报表数据。实务中，通过研究发现，不少证券公司会在转换日进行一定的盈余管理操作。

（4）由上述分析可见，在旧准则下随意性较强的以公允价值计量且其变动计入其他综合收益的金融资产在准则转换日后占比减少，以公允价值计量且其变动计入当期损益的金融资产及以摊余成本计量的金融资产更多地反映了上市证券公司投资标的合同性质和管理模式。整体来看，新准则下上市证券公司的金融资产分类变得更加清晰，不同证券公司所持有金融资产的合同特性和管理层的业务模式可以得到更直观的展现，会计信息透明度和可比性信息有所增加。

4.1.2　新金融工具准则转换日后金融资产分类的变化分析

我们通过获取 38 家上市证券公司转换日及转换日后年报，统计各上市证券公司于转换日、2018 年 12 月 31 日、2019 年 12 月 31 日和 2020 年 12 月 31 日四个时点的金融资产“三分类”占比和转换日后金融资产“三分类”平均占比（转换日为 2018 年 1 月 1 日的上市证券公司，我们对其 2018 年 12 月 31 日、2019 年 12 月 31 日和 2020 年 12 月 31 日的金融资产占比进行平均；转换日为 2019 年 1 月 1 日的上市证券公司，我们对其 2019 年 12 月 31 日和 2020 年 12 月 31 日的金融资产占比进行平均），比较上市证券公司转换日后各类别金融资产平均占比较转换日变动情况。

A 股上市证券公司金融资产“三分类”占比及变动情况如表 4–4 所示。

表 4–4

A 股上市证券公司金融资产“三分类”占比及变动情况

金融资产“三分类”占比	转换日	2019 年 12 月 31 日	2020 年 12 月 31 日	转换日后平均	转换日后平均占比较转换日变动
以公允价值计量且其变动计入当期损益的金融资产占“三分类”的比例	69.46%	69.80%	71.28%	70.18%	0.72%
以公允价值计量且其变动计入其他综合收益的金融资产占“三分类”的比例	27.73%	27.88%	27.70%	27.77%	0.04%
以摊余成本计量的金融资产占“三分类”资产的比例	2.81%	2.32%	1.02%	2.05%	–0.76%

A+H 股上市证券公司金融资产“三分类”占比及变动情况如表 4–5 所示。

表 4–5

A+H 股上市证券公司金融资产“三分类”占比及变动情况

金融资产“三分类”占比	转换日	2018 年 12 月 31 日	2019 年 12 月 31 日	2020 年 12 月 31 日	转换日后平均	转换日后平均占比较转换日变动
以公允价值计量且其变动计入当期损益的金融资产占“三分类”的比例	69.14%	69.97%	73.65%	72.54%	71.32%	2.18%
以公允价值计量且其变动计入其他综合收益的金融资产占“三分类”的比例	26.97%	26.70%	23.98%	25.26%	25.73%	–1.24%
以摊余成本计量的金融资产占“三分类”资产的比例	3.89%	3.33%	2.37%	2.20%	2.95%	–0.94%

为进一步了解各上市证券公司金融资产“三分类”占比的波动情况，我们依据 38 家上市证券公司年报数据，对上市证券公司于转换日、2018 年 12 月 31 日、2019 年 12 月 31 日和 2020 年 12 月 31 日四个时点金融资产“三分类”占比进行方差分析。

A 股上市证券公司金融资产“三分类”占比方差如图 4–5 所示。

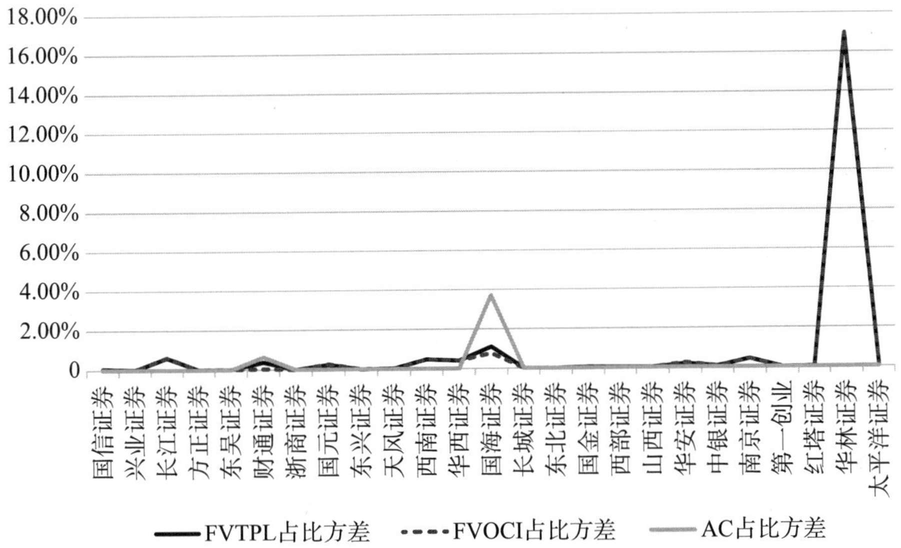

图 4–5　A 股上市证券公司在新准则下金融资产分类占比方差

数据来源：同花顺。

A+H 股上市证券公司金融资产“三分类”占比方差如图 4–6 所示。

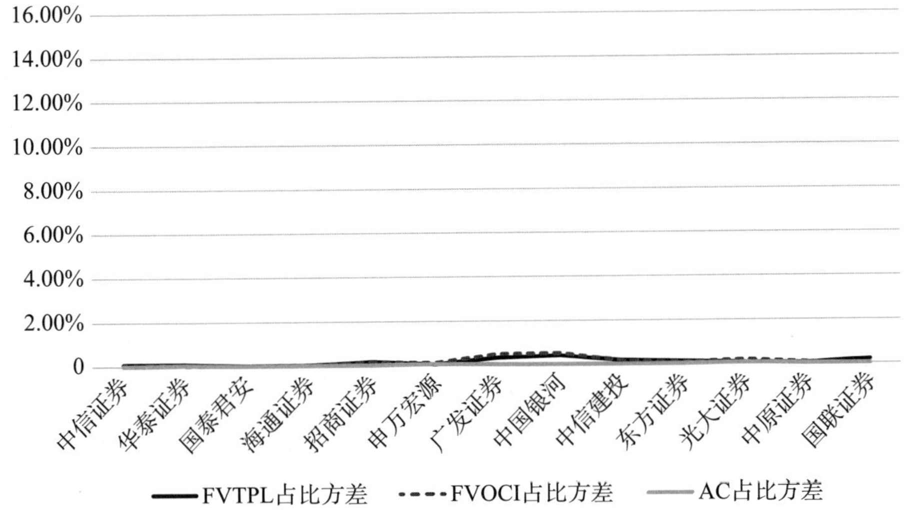

图 4–6　A+H 股上市证券公司在新准则下金融资产分类占比方差

数据来源：同花顺。

通过对 38 家上市证券公司转换日后金融资产“三分类”占比变动以及其占比方差的分析可以发现，上市证券公司金融资产分类结构相对稳定，转换日后 36 家上市证券公司“三分类”金融资产占比变动方差普遍较小，离散程度不高，仅有华林证券及国海证券“三分类”金融资产占比变化较大。我们通过查看公司年报发现，华林证券其他债权投资发生较为明显的波动，主要原因是增加固定收益类产品的投资规模所致，国海证券债权投资发生变动的主要原因是出售债权投资所致。总体来说，新金融工具准则实施后上市证券公司的金融资产分类结构相对稳定。

4.2 新金融工具准则对上市证券公司金融资产投资减值的影响分析

本节收集了来自 A+H 股及 A 股的 38 家证券公司于 2018 年及 2019 年披露的年报的数据，根据证券公司的业务特点，新金融工具准则下减值计量涉及的主要金融资产科目包括融出资金、买入返售金融资产、应收款项、债权投资和其他债权投资。由于上述五类金融资产的业务类型及风险状况各不相同，我们分别进行了研究分析。

由于部分证券公司未直接披露准则转换日影响金额，研究中通过比较准则转换当年期初及上一年度未转换报表期末数据进行分析计算。另外，由于方正证券未披露转换日减值变动信息，且无法通过对比准则转换当年及上一年度报表数据进行分析计算，因此本节进行减值研究时剔除了方正证券。本节的研究对象共计 37 家上市证券公司，其中 A+H 股上市证券公司 13 家，A 股上市证券公司 24 家。

4.2.1　新金融工具准则对上市证券公司金融资产投资减值的影响分析——融出资金

证券公司“融出资金”科目主要核算符合条件的借款人将可流通上市公司股票向证券公司质押，从证券公司借入的资金。

图 4-7、图 4-8 列出了 A+H 股及 A 股证券公司“融出资金”科目于转换日按预期信用损失法计提减值准备的影响金额。可以看出，国信证券、国元证券等 12 家 A 股证券公司在转换日执行新金融工具准则对“融出资金”

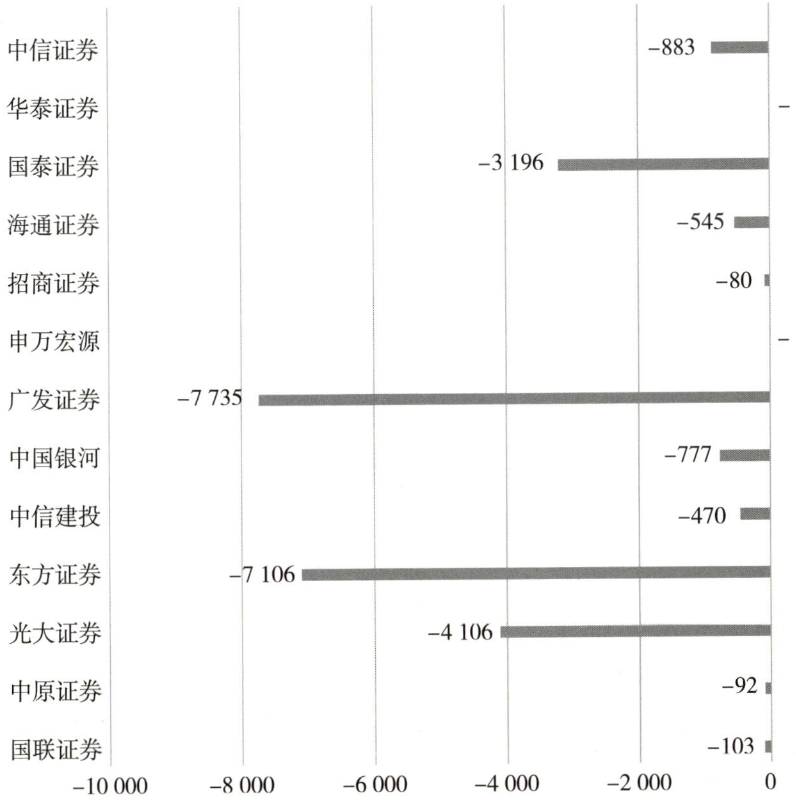

图 4-7　A+H 股证券公司重新计量预期信用损失减值准备对账面价值的影响——融出资金（万元）

数据来源：2018 年年度报告。

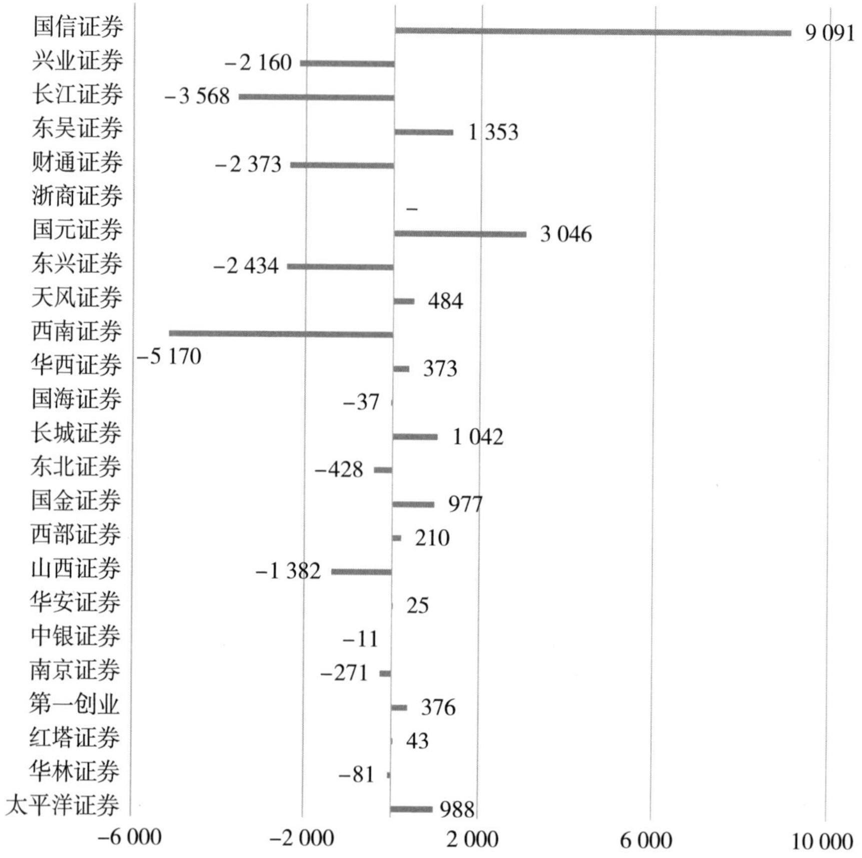

图 4–8　A 股证券公司重新计量预期信用损失减值准备对账面价值的影响——融出资金（万元）

数据来源：2019 年年度报告。

科目进行重新计量时，重新计量的预期信用损失调增了账面价值（即冲回账面计提的融出资金减值准备），而其他 11 家 A 股证券公司调减了账面价值（即补提融出资金减值准备）。有 11 家 A+H 股证券公司对准则转换日的账面价值进行了调减（即补提融出资金减值准备），浙商证券未进行减值调整。总体来看，新旧准则的转换对上市证券公司的“融出资金”科目大多带来了大小不等的影响，且多数证券公司融出资金在执行新金融工具准则后根据预期信用损失模型计算减值准备金额计提金额增加，主要系各上市证券公司在旧金融工具准则下大多根据行业指导意见要求按照一定比例（如 0.2%）计提减值准备，在新金融工具准则下根据预期信用减值损失模型重新进行减值计提，实际计提比例因各家上市证券公司的实际情况不同而异，但总体比例略有上升，可能更好地体现了各家证券公司该项业务的实际风险状况。

4.2.2　新金融工具准则对上市证券公司金融资产投资减值的影响分析——买入返售金融资产

证券公司"买入返售金融资产"科目主要核算以摊余成本计量的、金融企业按返售协议约定先买入再按固定价格返售给卖出方的票据、证券、贷款等金融资产所融出的资金。证券公司买入返售金融资产主要系债券质押式回购、债券买断式回购及股票质押式回购，其中，信用风险最高的是股票质押式回购业务。股票质押式回购业务是指符合条件的资金融入方以所持有的股票或其他证券质押，向证券公司融入资金，并约定在未来返还资金、解除质押的业务。

图 4–9、图 4–10 列出了 A+H 股及 A 股买入返售科目重新计量预期信用损失减值准备的影响金额，从图中可以看出，东方证券、国泰君安、海通证券等 3 家 A+H 股证券公司，东兴证券、国信证券、长江证券、兴业证券等 4 家 A 股证券公司在转换日执行新金融工具准则对"买入返售金融资产"科目进行重新计量时，按新准则确认的减值准备与按旧准则确认的减值准备相差的金额较大，而其他证券公司按新准则确认的减值准备对比于按旧准则确认的减值准备变动的金额相对较小，但总体均为调减买入返售的账面价值（即补提买入返售金融资产减值准备）。

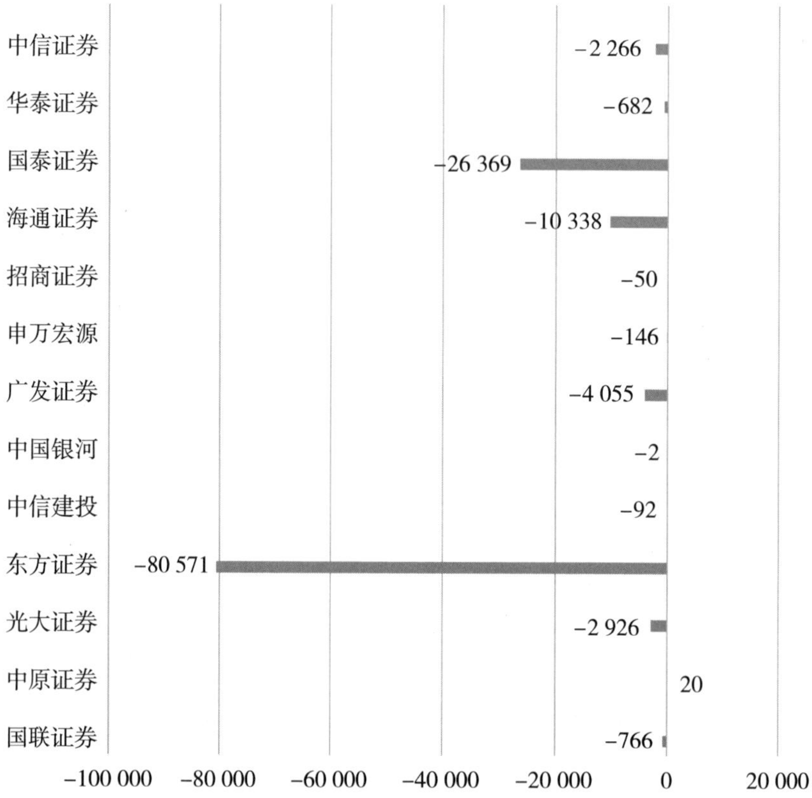

图 4-9　A+H 股证券公司重新计量预期信用损失减值准备对账面价值的影响——买入返售金融资产（万元）

数据来源：2018 年年度报告。

总体来看，在准则转换日所有 37 家上市证券公司买入返售金融资产的减值准备均有不同程度的变动。除 4 家上市证券公司（华西证券、太平洋证券、红塔证券、中原证券）采用预期信用损失模型后减值准备发生转回外，其他 33 家上市证券公司"买入返售金融资产"科目减值准备金额均进行了补提。在旧金融工具准则下，上市证券公司大多根据行业指导意见要求按照一定比例（0.5%）计提减值准备，而在新金融工具准则下需根据预期信用减值损失模型重新计算减值准备金额。实际计提比例因各家公司实际情况不同而异，但总体比例上升较为明显，与 2018 年及 2019 年证券公司股票质押式回购业务风险频发的行业动态基本一致。

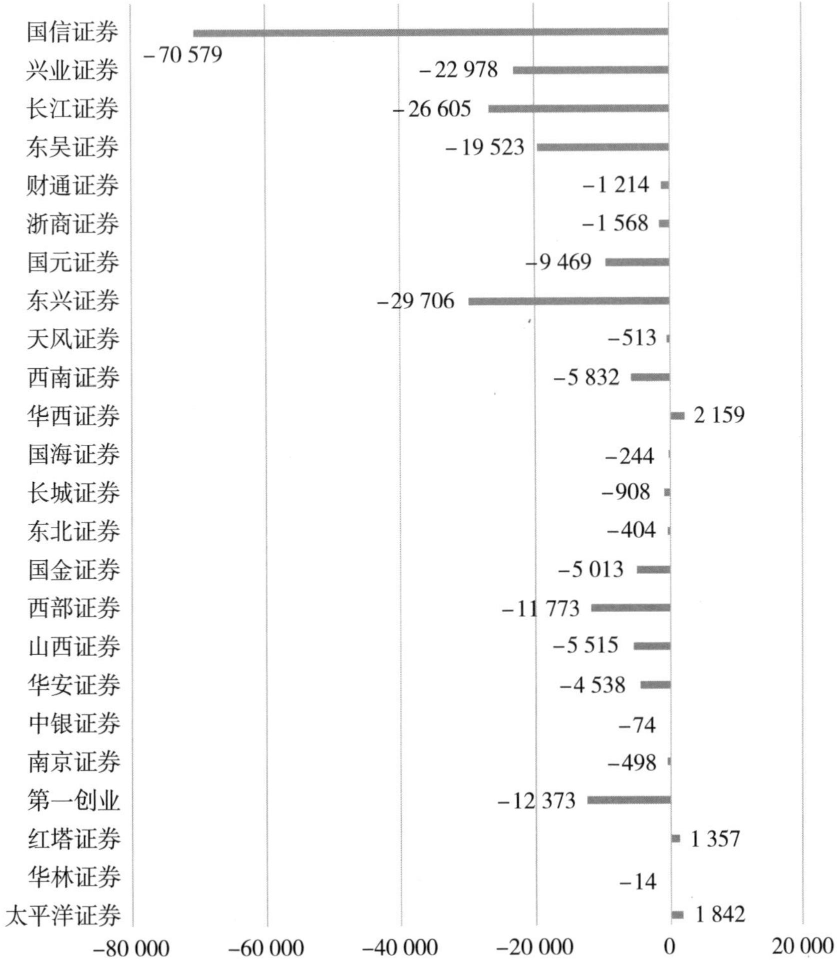

图 4–10　A 股证券公司重新计量预期信用损失减值准备对账面价值的影响——买入返售金融资产（万元）

数据来源：2019 年年度报告。

4.2.3　新金融工具准则对上市证券公司金融资产投资减值的影响分析——应收款项

证券公司“应收款项”科目主要核算应收手续费佣金、应收清算款、应收往来款等应收款项。

图 4-11 显示了 A+H 股证券公司“应收款项”科目重新计量预期信用损失减值准备的影响金额。

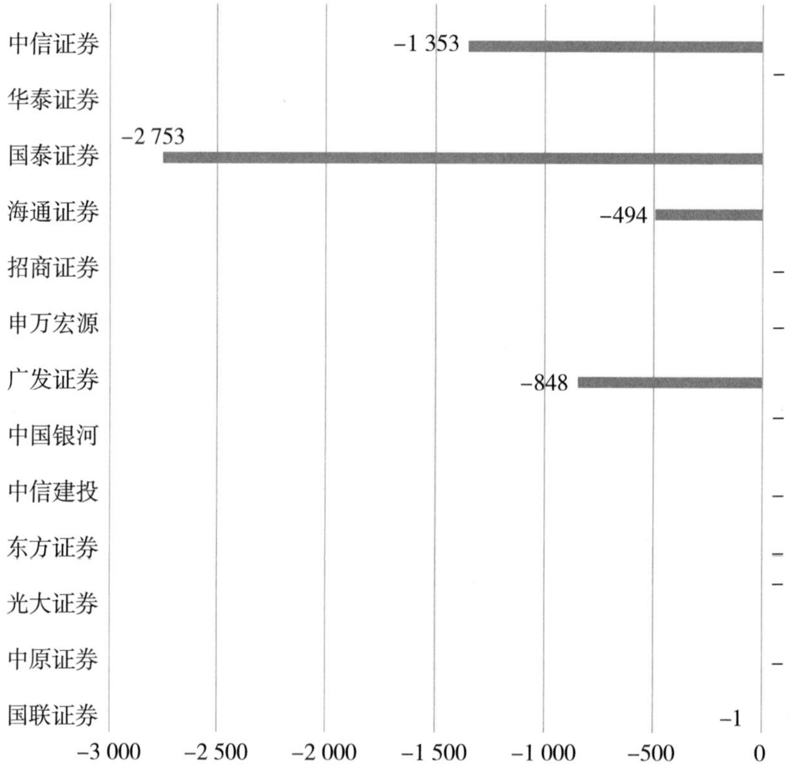

图 4-11　A+H 股证券公司重新计量预期信用损失减值对账面减值影响——应收款项（万元）

数据来源：2019 年年度报告。

图 4-12 显示了 A 股证券公司应收款项科目重新计量预期信用损失减值准备的影响金额。

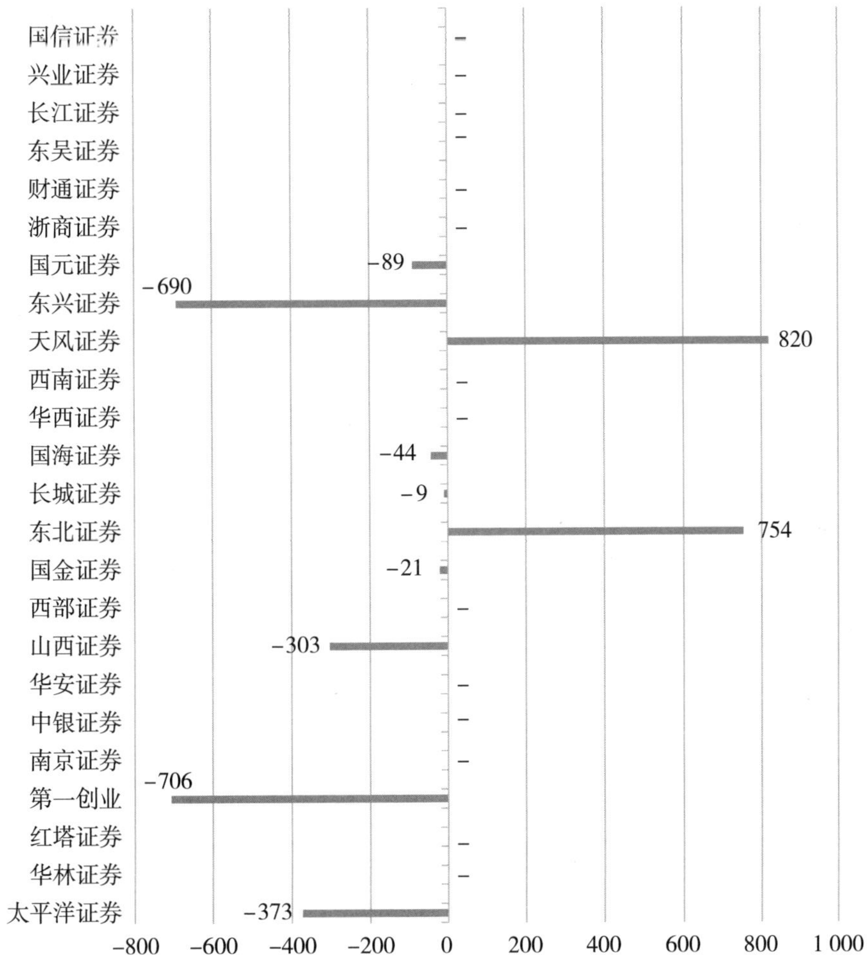

图 4–12　A 股证券公司重新计量预期信用损失减值准备对账面价值影响——应收款项（万元）

（数据来源于 2019 年年度报告）

由图 4–11、图 4–12 可知，列示的上市证券公司在新金融工具准则转换日按照新金融工具准则对“应收款项”科目进行重新计量时，有 13 家上市证券公司调增了计提的减值准备，2 家上市证券公司调减了计提的减值准备，22 家上市证券公司未对减值准备进行调整。整体来说，在新旧准则转换后，37 家上市证券公司应收款项减值准备变动比例相对较小。由此可见，很多上市证券公司没有对应收款项减值进行充分应对，或基于重要性原则没有对应收款项减值准备计提金额进行调整。

4.2.4 新金融工具准则对上市证券公司金融资产投资减值的影响分析——债权投资

证券公司“债权投资”科目主要核算的投资标的为各类债券和非标债权。

图 4–13 显示了 A+H 股证券公司“债权投资”科目重新计量预期信用损失减值准备的影响金额。

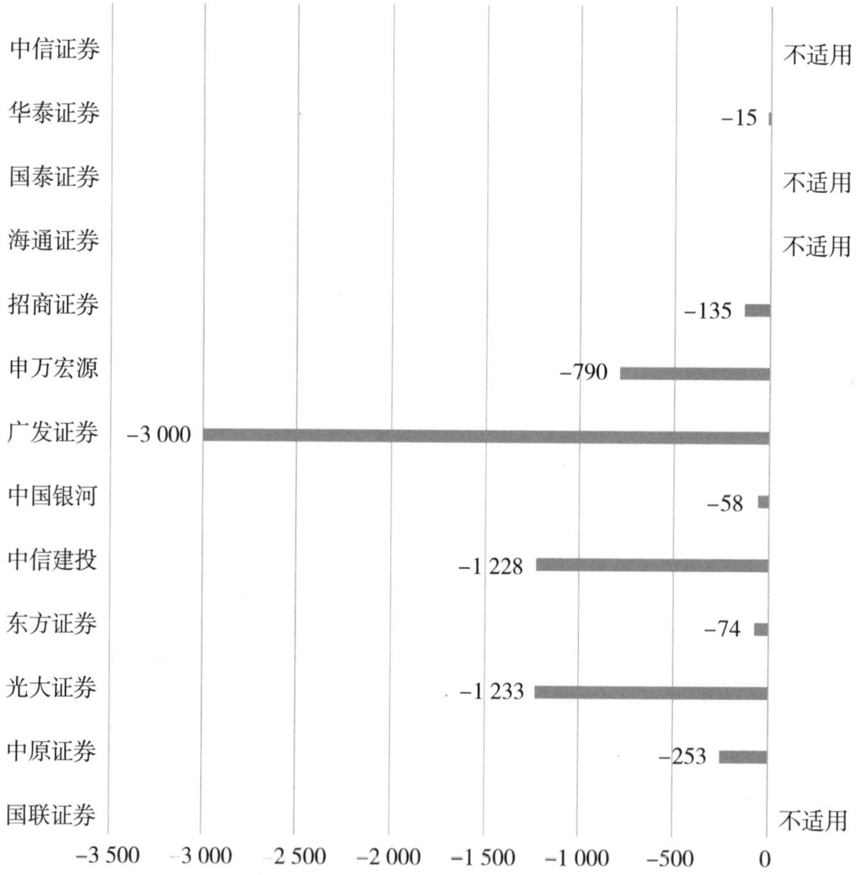

图 4–13 A+H 股证券公司重新计量预期信用损失减值准备对账面价值的影响——债权投资（万元）

数据来源：2018 年年度报告。

图 4–14 显示了 A 股证券公司债权投资科目重新计量预期信用损失减值准备的影响金额。

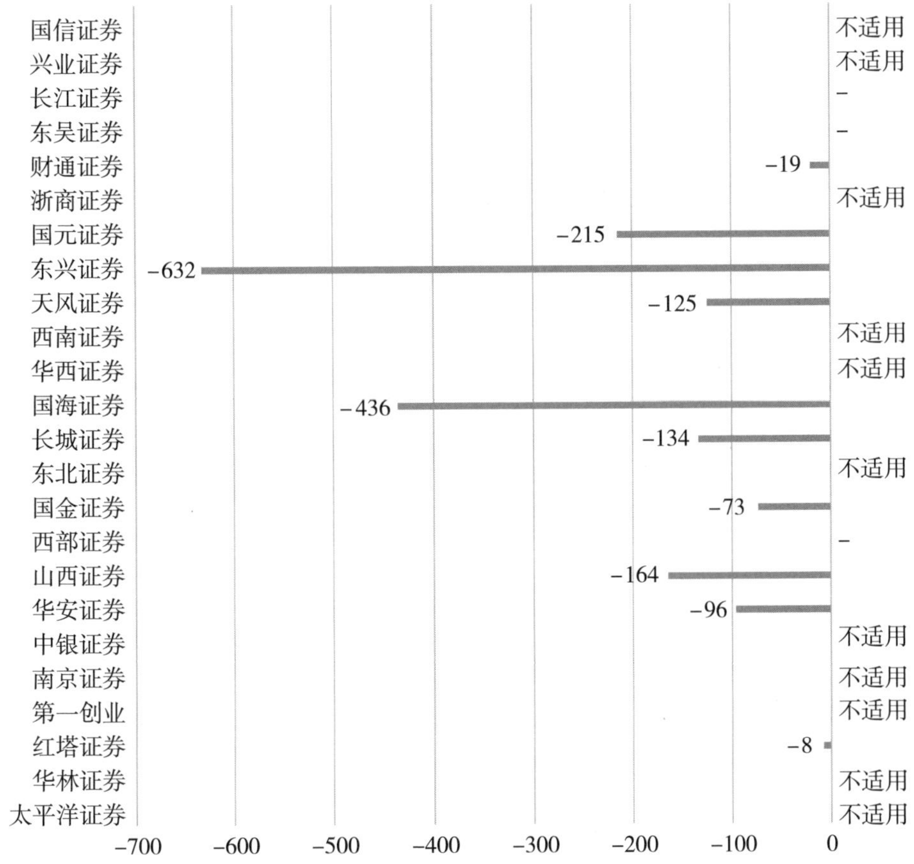

图 4–14　A 股证券公司重新计量预期信用损失减值准备对账面价值的影响——债权投资（万元）

数据来源：2019 年年度报告。

由图 4–13、图 4–14 可见，共 22 家上市证券公司使用“债权投资”科目，占本节 37 家研究对象的 59%。从图中可以看出，列示的 A+H 股及 A 股证券公司在转换日执行新金融工具准则对“债权投资”科目进行重新计量时，除长江证券、西部证券和东吴证券等 3 家上市证券公司外，其他 19 家适用

“债权投资”科目的上市证券公司均按照预期信用损失模型补提了减值准备。

4.2.5 新金融工具准则对上市证券公司金融资产投资减值的影响分析——其他债权投资

证券公司“其他债权投资”科目主要核算以双重目的业务模式持有的债权类金融资产投资，投资标的主要为同业存单和债券投资。

图 4–15 显示了 A+H 股证券公司“其他债权投资”科目重新计量预期信用损失减值准备的影响金额。

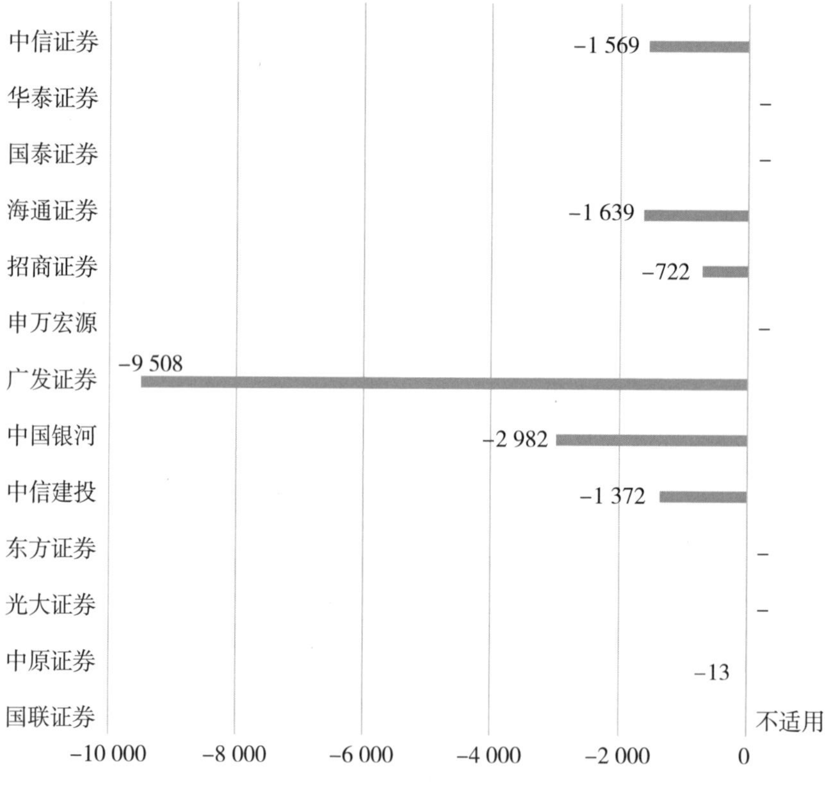

图 4–15 A+H 股证券公司重新计量预期信用损失减值准备的对账面价值影响——其他债权投资（万元）

数据来源：2018 年年度报告。

图 4-16 显示了 A 股证券公司其他债权投资科目重新计量预期信用损失减值准备的影响金额。

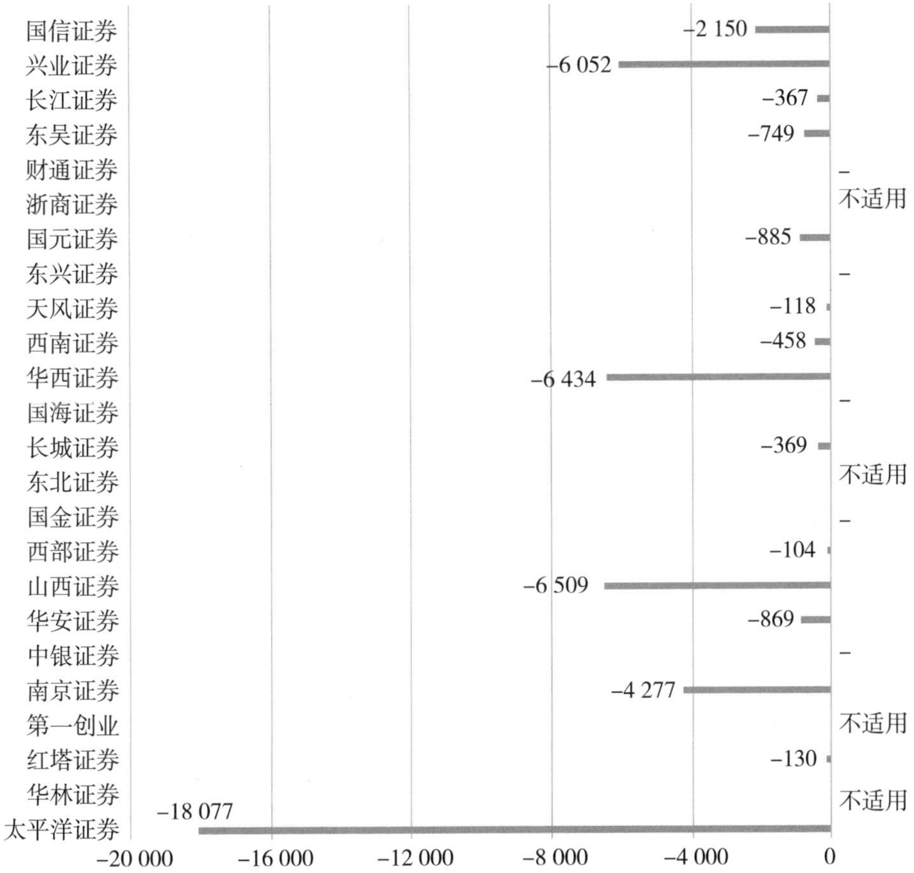

图 4-16　A 股证券公司重新计量预期信用损失减值准备对账面价值的影响——其他债权投资（万元）

数据来源：2019 年年度报告。

由图 4-15 及图 4-16 可知，共 32 家上市证券公司使用"其他债权投资"科目，占本节 37 家研究对象的 86%。从图中可以看出，上市证券公司在转换日执行新金融工具准则对"其他债权投资"科目进行重新计量时，除申万宏源、国泰君安等 9 家上市证券公司外，其他 23 家适用"其他债权投资"

科目的上市证券公司均按照预期信用损失模型补提了减值准备。

综上，通过本节研究的37家上市证券公司转换日前后金融资产减值准备影响的分析，我们可以看出：

（1）绝大部分上市证券公司在新旧金融工具准则下计提的各科目减值准备存在差异，说明绝大部分上市证券公司按照新准则要求并结合不同金融资产的信用风险特点，对减值准备的计提方法和结果进行了调整和应对。采用新准则要求的预期信用损失模型更能反映证券公司所持各类金融产品投资的实际信用风险水平。

（2）37家上市证券公司融出资金、买入返售金融资产、应收款项、债权投资、其他债权投资减值有增有减，但总体上有所增加。

（3）将减值准备计提水平与行业动态对比分析可以推断，与旧准则相比，新准则可以更好地反映各家上市证券公司的实际经营情况及信用风险变动趋势。

4.2.6 新金融工具准则下金融资产减值阶段划分标准

我们查阅了38家上市证券公司年报，因应收账款、债权投资和其他债权投资信用风险相对较小，上市证券公司年报未披露对上述三项金融资产的信用减值阶段划分标准。故本小节仅对融资融券业务（融出资金）、股票质押式回购业务（买入返售金融资产）的信用减值阶段划分标准进行分析。

1. 融资融券业务

上市证券公司主要以逾期天数和维持担保比例为标准对融资融券业务形成的金融资产进行信用减值阶段划分。

表4–6和表4–7汇总列示了相关证券公司在年度报告中披露的具体阶段划分标准，只要符合维持担保比例或逾期天数两个标准之一即划入相应的阶段。

表 4–6

融资融券信用业务减值阶段维持担保比例的划分标准

一阶段	二阶段	三阶段	证券公司数量	占比（%）
除二、三阶段外	高于平仓线，低于预警线	低于平仓线	2	5
除二、三阶段外	150%（不含）$< X <$ 130%（含）	$<$130%	5	13
除二、三阶段外	未披露	未披露	31	82

表 4–7

融资融券业务信用减值阶段逾期天数的划分标准

一阶段	二阶段	三阶段	证券公司数量	占比（%）
除二、三阶段外	30 天（不含）$< X <$ 90 天（含）	$>$90 天（不含）	15	39
除二、三阶段外	0 天（不含）$< X <$ 30 天（含）	$>$30 天（不含）	4	11
除二、三阶段外	$>$30 天（不含）	未披露	1	3
除二、三阶段外	未披露	未披露	18	47

2. 股票质押式回购业务

上市证券公司主要以逾期天数和履约保障比例为标准对股票质押式回购业务形成的金融资产进行信用减值阶段划分。

表 4–8、表 4–9 汇总列示了相关证券公司在年度报告中披露的具体阶段划分标准，只要符合履约保障比例或逾期天数两个标准之一即划入相应的阶段。

表 4–8

股票质押式回购业务信用减值阶段履约保障比例的划分标准

一阶段	二阶段	三阶段	证券公司数量	占比（%）
除二、三阶段外	高于 100%，低于平仓线或阈值	$<$100%	12	32
除二、三阶段外	高于平仓线，低于预警线	低于平仓线	4	11
除二、三阶段外	高于 140%，低于 195%	低于 140%	1	3
除二、三阶段外	未披露	未披露	21	55

注：阈值为 130%~150% 不等，根据证券公司自身业务风险情况制定。

表 4-9

股票质押式回购业务减值阶段逾期天数的划分标准

一阶段	二阶段	三阶段	证券公司数量	占比（%）
除二、三阶段外	30 天（不含）<X<90 天（含）	>90 天（不含）	17	45
除二、三阶段外	0 天（不含）<X<30 天（含）	>30 天（不含）	2	5
除二、三阶段外	>30 天（不含）	未披露	2	5
除二、三阶段外	未披露	未披露	17	45

维持担保比例：是指证券公司客户账户内担保物价值与其融资融券债务之间的比例，其计算公式为：维持担保比例 =（现金 + 信用证券账户内证券市值总和）/（融资买入金额 + 融券卖出证券数量 × 当前市价 + 利息及费用）×100%。

履约保障比例：是指证券公司客户用于质押的资产市值以及合并计算的履约保障交易等与股票质押式回购债务之间的保障倍数。其计算公式为：履约保障比例 = 质押股票市值总和 /（初始股票质押式回购债务本金 + 利息及费用）×100%。

预警线：是指某一维持担保比例（履约保障比例），当客户信用账户维持担保比例（履约保障比例）低于该值时，公司以约定的方式通知客户其信用账户已面临风险，需要追加担保物。

平仓线：是指某一维持担保比例（履约保障比例），当客户信用账户维持担保比例（履约保障比例）低于该值时，客户未能按期交足担保物或者有到期未偿还债务的，证券公司按照约定强制处置客户担保物的行为。

综上所述，大多数上市证券公司根据融资融券业务及股票质押式回购业务的固有风险特性和自身风险管理要求，以平仓线、预警线等阈值作为信用减值阶段划分标准。

以金融资产风险状况为减值阶段划分标准，意味着预期信用损失模型对证券公司各业务的风险状况的敏感性更强。通过研究，我们发现融资融券业务及股票质押式回购业务的平仓线、预警线等阈值在阶段划分中的运用是基本合理的，且上述阈值的设计与上市证券公司本身的风险管理工作具有相关性和一致性。因此，上市证券公司对金融资产的减值阶段划分有效执行了新准则的相关基本要求和指引，财务报表信息披露质量有所提高。

对于逾期天数的标准，各证券公司对融资融券业务及股票质押式回购业务的设定基本相近，但对履约保障比例（或维持担保比例）设定的标准有所不同。融资融券业务的担保物为流动性较好的二级市场股票，而股票质押式回购业务的担保物通常为流动性相对较弱、变现速度受限的二级市场股票，如前十大股东持有的股票。在其他条件相近的情况下，担保物流动性较弱的业务应该使用更谨慎的风险判断标准及信用减值阶段划分标准，而担保物流动性较强的则使用相对较宽松的信用减值阶段划分标准。但是我们发现，证券公司实际情况与此相反。因此，我们认为证券公司对股票质押式回购业务的信用减值阶段划分标准存在不合理之处，可能需进一步改进。

4.2.7　与减值相关会计估计技术的披露

根据《企业会计准则第 37 号——金融工具列报（2017 年修订）》的要求，企业应当披露金融工具减值所采用的输入值、假设和估值技术等相关信息，具体包括“确定预期信用损失时如何考虑前瞻性信息，包括宏观经济信息的使用”等。

2020 年 12 月 30 日，财政部和银保监会发布的《关于进一步贯彻落实新金融工具相关会计准则的通知》（财会〔2020〕22 号）对新金融工具准则的执行做了进一步的规定：“企业应当按照企业会计准则的要求披露确定预期信用损失所采用的估计技术、关键假设和参数等相关信息，并重点披露各经济情景中所使用的关键宏观经济参数的具体数值、管理层“叠加”调整的影响、对政府等提供的支持性政策的考虑等”。

我们查阅并分析了 A+H 股及 A 股的 38 家证券公司 2020 年年报披露的

与前瞻性调整因子相关的关键宏观经济参数信息。研究发现，13 家 A+H 股上市证券公司中，招商证券、国联证券、东方证券、海通证券、申万宏源等 5 家证券公司在 2020 年年报中说明了与前瞻性调整因子相关的关键宏观经济参数信息，占 13 家 A+H 股上市证券公司的 38%。其中海通证券、申万宏源仅披露了考虑的关键宏观经济参数指标的名称；国联证券、东方证券披露了考虑的关键宏观经济参数指标的取值范围；招商证券披露了考虑的关键宏观经济参数指标的准确取值。25 家 A 股上市证券公司在 2020 年年报中均未说明与前瞻性调整因子相关的关键宏观经济参数信息。

我们查阅并分析了 A+H 股及 A 股上市的 38 家证券公司 2020 年年报披露的与新冠肺炎疫情影响金融资产减值相关的信息。研究发现，13 家 A+H 股上市证券公司中，国联证券、国泰君安、广发证券、东方证券、申万宏源、中信建投等 6 家证券公司在年报中说明了在前瞻性调整中考虑了新冠肺炎疫情的影响，占 13 家 A+H 股上市证券公司的 46%；25 家 A 股上市证券公司中，仅山西证券和长江证券 2 家证券公司在年报中说明了在前瞻性调整中考虑了新冠肺炎疫情的影响，占 25 家 A 股上市证券公司的 8%。但上述 8 家证券公司均未披露新冠肺炎疫情对前瞻性调整因子及减值的定量影响。

由此可见，上市证券公司对于与前瞻性调整因子相关的关键宏观经济参数信息以及新冠肺炎疫情对上市证券公司减值计量影响的披露总体不充分，相关的会计信息质量存在一定的提升空间。

4.3 新金融工具准则对上市证券公司估值变化的影响分析

4.3.1 新旧准则下金融工具估值范围的变化

在新金融工具准则实施之后，旧准则下“可供出售金融资产”科目不再适用，同时权益工具金融资产以成本计量的简化核算模式不再被允许，故采用以公允价值模式计量的金融资产适用范围进一步扩大。在新金融工具准则下，原以可供出售金融资产核算的场外权益工具投资和流动性欠佳的新三板挂牌公司的股权投资，因无法继续以成本法计量，需采用估计技术对其公允价值进行估值。这对于各证券公司的风险管理部门、财务部门与业务部门等相关部门而言，成为新金融工具准则转换带来的一项重要挑战。

因东方证券、光大证券、海通证券、华泰证券、招商证券、中信证券及申万宏源等 7 家 A+H 股证券公司，东兴证券、南京证券、红塔证券、财通证券、长城证券及华安证券等 6 家 A 股证券公司年度报告中未披露可供出售金融资产中以成本模式计量的金额，故未对其进行统计。本节统计了 6 家 A+H 股及 19 家 A 股上市证券公司转换日可供出售金融资产中以成本模式计量的金额（见图 4–17 和图 4–18）。

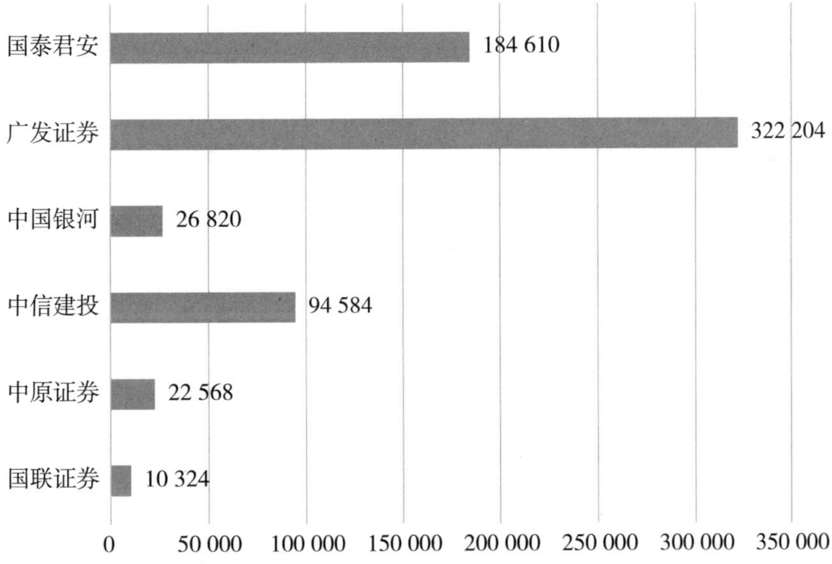

图 4–17　A+H 股上市证券公司转换日可供出售金融资产中以成本模式计量的金额（万元）

数据来源：2018 年年度报告。

图 4–18 A 股上市证券公司转换日可供出售金融资产中以成本模式计量的金额（万元）

数据来源：2019 年年度报告。

图 4–17、图 4–18 统计的 25 家上市证券公司以成本模式计量的可供出售金融资产总额为 240 亿元（其中 A+H 股证券公司 66 亿元，A 股证券公司 174 亿元），占可供出售金融资产账面价值总额（8289 亿元）比率为 3%，其中第一创业占比 20%，华林证券占比 26%，太平洋证券占比 27%，天风证券占比 58%，其余上市证券公司占比在 1%~10% 之间，相对较小。但是这些上市证券公司均不同程度面临以成本模式计量的可供出售金融资产需转换为以公允价值计量并持续重新估值的问题。

经过分析，我们认为，上市证券公司在新金融工具准则下对金融资产重新估值所面临的主要难题为第三层次公允价值如何获取和计量，具体困难有两点：

其一，不可观察输入值的确定，即在无法取得可观察输入值时，证券公司需要采用估值技术并通过获取不可观察输入值确定金融资产的公允价值，但是由于估值参数选择空间一般较大，即使不同证券公司对同一标的资产采用同一估值方法进行估值，模型假设和参数的不同仍可能导致估值结果存在较大差异。行业自律机构中国证券业协会发布了《证券公司金融工具估值指引》、《非上市公司股权估值指引》和《证券公司金融工具估值案例》，中国证券投资基金业协会发布了《证券投资基金投资流通受限股票估值指引（试行）》、《私募投资基金非上市股权投资估值指引（试行）》和《基金中基金估值指引（试行）》，中国银行业协会、中国保险资产管理业协会、中国信托业协会等也相继发布了相关指导性文件，指导、规范、明确和统一了很多常见估值场景下金融机构需遵循的原则和可选择的方法，但实务中的一些估值难题仍未得到全面解决。

其二，证券公司若委托其他第三方机构对公允价值进行评估，则可能会大大增加证券公司编制财务报表所需的时间并提高估值工作的经济成本。

综上所述，建议准则制定机构和金融监管机构更多了解金融机构在估值中遇到的疑惑以及困难，拟定并发布具有较强实操性的估值指引以及估值技术标准。

4.3.2　新金融工具准则转换日对上市证券公司估值调整的分析

本小节回顾 38 家上市证券公司在新金融工具准则转换日对金融资产估

值的调整情况，从公允价值计量的角度对证券行业的新金融工具准则的转换影响进行进一步分析。

表 4–10

A+H 股证券公司转换日对估值的调整金额（万元）

证券公司	对交易性金融资产调整估值的金额	对其他债权投资调整估值的金额	对其他权益工具投资调整估值的影响	调整估值的金额合计
中信证券	16 814			16 814
华泰证券	–6 798			–6 798
国泰君安	–678			–678
海通证券		–191		–191
招商证券	未对估值金额进行调整			
申万宏源	未对估值金额进行调整			
广发证券	–3 728			–3 728
银河证券	6 911			6 911
中信建投	10 140			10 140
东方证券	–20 196			–20 196
光大证券	–177			–177
中原证券	492			492
国联证券	1 790			1 790

数据来源：2018 年年度报告。

表 4–10、图 4–19 统计了 13 家 A+H 股上市证券公司新金融工具准则转换日对金融资产各报表科目（交易性金融资产、其他债权投资、其他权益工具投资）估值的调整金额。13 家 A+H 股上市证券公司年度报告中均披露了转换日估值调整信息，其中 2 家上市证券公司（申万宏源、招商证券）转换日估值金额调整为零，海通证券仅披露了其他债权投资调整金额，其他 10 家上市证券公司披露了对交易性金融资产估值的调整金额（5 家调减了金融资产估值，5 家调增了金融资产估值）。

25 家 A 股上市证券公司中第一创业、长江证券、东北证券、东吴证券、方正证券、华林证券、南京证券、天风证券及浙商证券共 9 家对估值调整金额未进行单独列示，因此本小节分析未统计上述 9 家证券公司的相关信息，以其余 15 家 A 股上市证券公司在新金融工具准则转换日估值的调整作为研究对象。

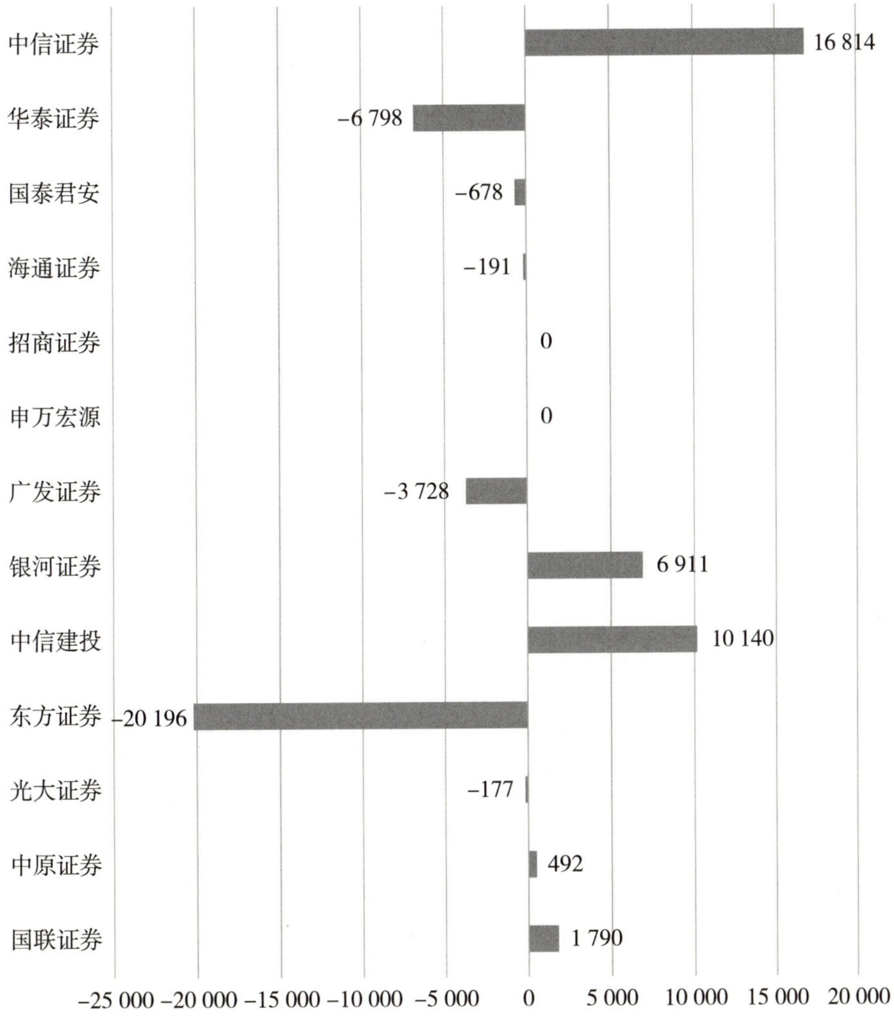

图 4−19　A+H 股证券公司转换日对估值的调整金额（万元）

数据来源：2018 年年度报告。

表 4-11

A 股证券公司转换日对估值的调整金额（万元）

证券公司	对交易性金融资产调整估值的金额	对其他债权投资调整估值的金额	对其他权益工具投资调整估值的影响	调整估值的金额合计
国信证券	−14 961		−1 451	−16 412
兴业证券	43 757			43 757
财通证券	53		421	474
国元证券	5 127			5 127
东兴证券	未对估值金额进行调整			
西南证券	21 123			21 123
华西证券	−690		17	−673
国海证券	1 067			1 067
长城证券	未对估值金额进行调整			
国金证券	未对估值金额进行调整			
西部证券	未对估值金额进行调整			
山西证券	未对估值金额进行调整			
华安证券	−1 905	523	−395	−1 777
中银证券	未对估值金额进行调整			
红塔证券	未对估值金额进行调整			
太平洋证券	−43 752	−15 764		−59 516

数据来源：2019 年年度报告。

表 4-11、图 4-20 显示了 15 家 A 股证券公司对金融资产各报表科目（交易性金融资产、其他债权投资、其他权益工具投资）估值的调整金额，东兴证券、长城证券、西部证券、红塔证券、山西证券、国金证券、中银证券等 7 家证券公司未对估值进行调整，其他 8 家证券公司披露了对金融资产估值的调整金额（其中 5 家调增了金融资产估值，3 家调减了金融资产估值）。

通过上述统计分析，我们可以看出：

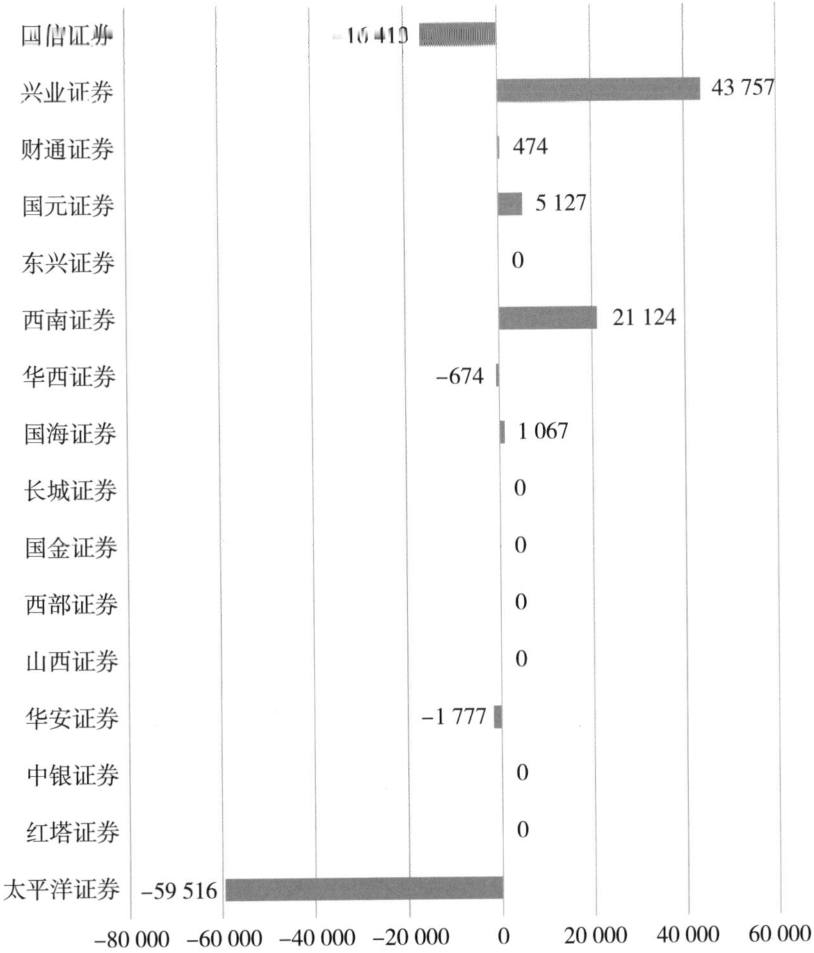

图 4–20　A 股证券公司转换日对估值的调整金额（万元）

数据来源：2019 年年度报告。

一是上市证券公司在新金融工具准则转换日估值信息披露方面有待提升，而 A+H 股证券公司信息披露较 A 股上市证券公司信息披露更完整、完善。

二是针对转换日已经披露估值影响的 29 家上市证券公司，其中 9 家（A+H 股 2 家，A 股 7 家）披露转换日估值影响金额为零，海通证券仅披露了其他债权投资估值调整金额。上述上市证券公司可能存在在准则转换日应估值而未估值的情形，这也从一定程度上反映了新准则要求证券公司以公允价值计量部分金融资产时，给实务操作带来了不少困难。同时，由于估值结果的可比性可能较低，证券行业均希望权威机构能够进一步给出更加详细的估值指引与案例。

三是在新金融工具准则转换日，东方证券、国信证券、太平洋证券等 3 家证券公司估值下调金额较大，可能存在管理层倾向于在转换日以更保守的估值方法减计净资产而换取转换日后利润增加的情况。

4.4 上市证券公司新旧金融工具准则转换对净资产的影响

实施新金融工具准则后，上市证券公司净资产的变动情况见表 4–12。

表 4–12

实施新金融工具准则后上市证券公司净资产的变动情况

项　　目	A+H 股证券公司	A 股证券公司
净资产变动金额（万元）	–174 874	–215 953
净资产变动比例（%）	–0.18	–0.46
重新计量产生的公允价值变动金额（万元）	4 379	–6 831

实施新金融工具准则后，大部分上市证券公司的净资产有所减少，同时 A+H 股证券公司的减少金额和比例均低于 A 股证券公司。新准则的实施对证券公司净资产的影响主要表现在两个方面：一方面，上市证券公司按照预期信用减值损失模型增加了减值准备计提，进而减少了净资产；另一方面，实际上以公允价值计量的金融资产的比例增加，相关金融资产因估值结果的变化不同程度地影响了净资产水平。

4.5　新金融工具准则对上市证券公司利润表的影响

4.5.1　利润表结构分析

我们获取上市证券公司 2015—2020 年的年报数据，对各上市证券公司转换日前后 2~3 年利润表平均指标进行分析（转换日为 2018 年 1 月 1 日的上市证券公司，我们选用转换日前后各 3 年的数据，转换日为 2019 年 1 月 1 日的上市证券公司，我们选用转换日前后各 2 年的数据），分析的指标分别为利息收入占营业收入的比例、投资收益和公允价值变动收益占营业收入的比例（见表 4–13）。由于证券公司投资收益核算范围不仅包括证券公司持有的以公允价值计量的金融工具公允价值处置及持有期间损益，还包括了以权益法核算长期股权投资损益，由于长期股权投资不属于本次研究范畴，且占比相对较大，故将权益法核算长期股权投资损益予以扣除。

表 4–13

上市证券公司利息收入、投资收益和公允价值变动损益占营业收入比例

项　目	转换日后平均	转换日前平均	变动	变动比率
利息收入占营业收入比例	30.30%	31.34%	–1.04%	–3.32%
投资收益和公允价值变动损益合计占营业收入比例	20.76%	19.76%	1.00%	5.07%

通过分析发现，新金融工具准则的实施总体上改变了利润表的结构，同等投资规模和结构条件下，上市证券公司利息收入占比下降，投资收益和公允价值变动损益占比上升，该结论与上市银行的相关情况一致。发生上述现象的主要原因是，新金融工具准则下，以公允价值计量且其变动计入当期损益金融资产持有期间利息收入不再记入“利息收入”科目，转为通过“投资收益”科目核算。同时，部分上市证券公司业务结构发生了变化，可能

导致部分上市证券公司在上述两个指标上的变化与其他上市证券公司存在差异。

旧准则下，多数证券公司的债务工具投资在持有期间收到的利息记入“投资收益”科目，而新准则下，证券公司持有的以公允价值计量且其变动计入其他综合收益和以摊余成本计量的债务工具投资在持有期间收到的利息记入“利息收入”科目，其他因业务模式或无法通过合同现金流量特征测试的其他债务工具投资在持有期间收到的利息仍然在“投资收益”科目核算。实务中，如证券公司持有的部分公司债，因发债条款中存在无条件递延支付（且对递延支付利息部分不支付利息）而发行人视同不违约的相关条款，因无法通过合同现金流量特征测试的债务工具投资，从投资管理的角度来看，其在很大程度上与以摊余成本计量的金融资产及以公允价值计量且其变动计入其他综合收益的债务工具投资类似。刚性地将持有这种债务工具投资所获得的收益全部记入“投资收益”科目核算，可能低估了证券公司真实的利息净收入水平，可能导致会计信息质量的降低。

我们认为，应当对证券公司以公允价值计量且其变动计入当期损益的金融资产中的债务工具投资持有期间收到的利息加以区分并做进一步规范：一是因业务模式被分类为以公允价值计量且其变动计入当期损益的债务工具投资持有期间的利息记入“投资收益”科目；二是仅因无法通过“合同现金流量特征”测试而被分类为以公允价值计量且其变动计入当期损益的债务工具投资持有期间的利息记入“利息收入”科目。

4.5.2 以摊余成本计量的金融资产终止确认收益变动分析

我们查看 A+H 股上市证券公司及 A 股上市证券公司的报表发现，13 家 A+H 股上市证券公司于 2018 年均未确认以摊余成本计量的金融资产终止确认收益，2019 年及 2020 年各有 5 家 A+H 股上市证券公司确认了以摊余成本计量的金融资产终止确认收益。25 家 A 股上市证券公司中，有 3 家 A 股上市证券公司于 2019 年确认了以摊余成本计量的金融资产终止确认收益，4 家 A 股上市证券公司于 2020 年确认了以摊余成本计量的金融资产终止确认收益。由此可见，发生处置以摊余成本计量的金融资产交易的证券公司数量逐年增加。

我们统计了上市证券公司在执行新金融工具准则后以摊余成本计量的金融资产终止确认收益占营业收入的比例，结果如表 4–14 所示。

表 4–14

上市证券公司 AC 处置损益占营业收入比例

证券公司类型	2018 年度 AC 处置损益占营业收入平均比例	2019 年度 AC 处置损益占营业收入平均比例	2020 年度 AC 处置损益占营业收入平均比例
A+H 股上市证券公司	0.00%	0.36%	不重大
A 股上市证券公司	不适用	0.22%	0.28%
平均占比	不适用	0.33%	0.10%

A+H 股上市证券公司以摊余成本计量的金融资产终止确认收益占营业收入的平均比例在 2019 年达到最大后于 2020 年减少，A 股上市证券公司以摊余成本计量的金融资产终止确认收益占营业收入的平均比例在执行新金融工具准则后逐年增大，但所有上市证券公司均未披露详细的终止确认信息。

4.6　新金融工具准则对上市证券公司管理模式的影响

1. 新准则对证券公司业务开展的影响

新准则实施后，证券公司所投资的金融资产更多地在资产负债表上列报为以公允价值计量且其变动计入当期损益的金融资产，相关金融资产公允价值波动将会直接影响证券公司的利润、每股收益等重要业绩指标。同时，与其他类型金融机构相比，证券公司缺乏类似贷款拨备、保险责任准备金等可通过主观判断以管理财务报表盈余的手段，从而导致在新准则下证券公司财务报表的利润波动性更高、预算可控性降低。

为了应对以上新情况，证券公司管理层在选择投资策略时，更倾向于投资以公允价值计量且其变动计入其他综合收益的债务工具或以摊余成本计量的债务工具，同时减少缺乏有效公允价值对冲工具的权益性投资。特别是对于公允价值直接由市场波动决定、公允价值层次为第一层次和第二层次的权益类金融工具（如上市公司股票投资和新三板挂牌企业股票投资等），证券公司会设置更低的风险阈值和投资限额来控制相关资产规模占比。

通过观察，我们发现，截至 2021 年 6 月底共有 67 家证券公司为新三板挂牌公司提供做市报价服务，较 2018 年的 91 家减少 24 家，减少幅度达 26%。证券公司退出做市业务的主要原因有两点，一是市场原因：三板市场缺乏流动性，交易量少，随着股价的普遍走低导致证券公司因自营及做市业务持有的相关投资出现亏损；二是新金融工具准则的影响：旧准则下大部分证券公司将自营及因做市持有的新三板股票以可供出售金融资产核算，且多数以成本计量而未以公允价值估值进行后续计量。但是，新准则要求证券公司对这些投资持续以公允价值计量，且在实务中证券公司根据监管指引要求多选用可比公司法等市场法估值技术进行估值，相关估值结果受 A 股市场股票的波动影响较大，可控性较低。另外通过公开市场信息，在新准则实施前后，部分证券公司和投资公司将权益（新三板）投资部门的相关人员进行了分流和调岗，这也体现了新金融工具准则对金融机构相关业务开展的重大影响。

2. 引入“业务模式”和“合同现金流量特征测试”概念的影响

新金融工具准则金融资产的分类改变了原有金融资产按其持有目的分类的要求，引入了“业务模式”和“合同现金流量特征测试”。这两个概念的引入改变了旧准则下金融资产分类较高地依赖管理层对其金融资产持有目的意图评价的现状，减少了旧准则下金融资产分类的可调节性，但对业务人员及财务人员的能力提出了更高的要求。新准则下，在金融资产的投资过程中，证券公司的前台人员需要提前对所投资金融资产执行“合同现金流量特征测试”，即需要根据金融资产合同约定的条款去判断金融资产的现金流量属性是否能够与基本借贷安排相一致。这便意味着金融资产的分类工作不仅需要前台业务人员的参与，也需要参与分类工作的前台业务人员能够很好地学习并掌握“合同现金流量特征测试”的概念。这无疑对很多会计知识储备不是很丰富的前台业务人员提出了一定的挑战。

3. 建立和完善“预期信用损失模型”的影响

在旧准则的已发生损失模型下，证券公司对于金融工具的减值计算较为简单，只有在客观证据表明金融资产存在减值迹象时，证券公司才需要计提减值。为了保证证券公司对于融资融券业务以及股票质押式回购业务减值准备计提的充分性和可比性，行业监管机构甚至曾对上述两项业务的计提比例进行窗口指导，如建议融资融券业务的减值准备按资产负债表日相关资产余额的 0.2% 进行计提。

在新金融工具准则引入的“预期损失模型”下，证券公司不仅需要对已触发客观减值事件的金融资产进行减值测试，而且需要对所有适用减值的金融资产的未来 12 个月或整个存续期的预期现金流进行测算。在此过程中，证券公司需要考虑更多的因素，例如，金融资产的抵押物、借款人信用评级等，甚至需要对未来这些因素的变化趋势及对违约损失的影响做出判断。这些新增工作需要更多部门的协作，同时需要更多熟悉业务、了解业务的人员参与。这些都会增加证券公司金融工具减值核算工作的难度。

不仅不同的证券公司有着不同的风险管理发展阶段和水平，事实上同一家证券公司对于不同业务形成的金融资产也可能有着不同的风险管理水平。新金融工具准则要求金融机构在信用风险计量的基础上对金融工具的减值进行核算。在实务中，我们更多看到的是证券公司迫于新金融工具准则合规要求的压力，倒逼风险管理部门建立预期信用损失模型的情形。不难想象，在这样的情形下，一些证券公司最终选择了较为简化的模型对预期信用损失进行计量。在简化模型下，证券公司只需要对公司历史上发生的违约损失事件进行一般性的回顾，推导或推定出历史违约率及违约损失率，结合对未来宏观经济预期的判断做出定性的前瞻性调整，即可作为预期信用损失的计量结果。但即使在这种简化模型下，减值计量的工作仍比在“已发生损失模型”下需要更多部门和人员的参与，这无疑增加了证券公司执行新金融工具准则所付出的成本。

同时我们注意到，部分金融机构已在努力地完善自身预期损失模型，从而更为真实地反映其风险管理的结果。以融资融券为例，部分证券公司会以交易对手的年龄、职业、地域作为区分维度，对历史数据进行分类统计回归，以了解不同的客户群体呈现出的违约率、违约损失率特点。这样，新金融工具准则的执行实际上促进了证券公司风险管理水平的提升，体现了一定的外部效应。

4. 金融资产的估值工作要求提高带来的影响

随着“业务模式”和“合同现金流量特征测试”概念的引入，证券公司持有的金融资产更多地必须被纳入以公允价值计量且其变动计入当期损益的金融资产的类别，这就意味着财务报表的内外部使用者会比以外更加关注金融资产的估值结果。

金融资产的公允价值估值是一项会计估计，会计估计是对结果不确定的交易或事项以最近可利用的信息为基础所做出的判断。这便意味着金融资产的公允价值估值是证券公司管理层基于客观事实做出的对其自身影响重大的判断。由于在新金融工具准则下，大多数金融资产的公允价值变动直接影响了证券公司的净利润，而净利润通常影响着证券公司内部的绩效考核或者外部的评价（如股价的表现），公允价值计量的结果就成了证券公司前台业务部门与后台监督部门、证券公司管理层及证券公司外部报表使用者的重要关注点。

因此，与旧金融工具准则相比，新金融工具准则要求证券公司对其金融资产估值的工作投入更多的成本，如估值技术的选用、估值模型的建立、参数的选择等均需建立相应的估值管理制度和内控体系。

5. 新金融工具准则对证券公司绩效考核的影响

净利润指标或者已实现收益指标通常是证券公司绩效考核体系内的最重要的参数指标，而绩效考核体系的设计直接影响证券公司各业务部门的行为方式。

新金融工具准则下，更多的金融资产需要以公允价值计量，并且公允价值的变动直接计入净利润。这个变化直接影响了证券公司各个部门乃至各个员工的绩效考核结果，公允价值变动的波动性便意味着证券公司各个部门乃至各个员工绩效考核结果的波动性。这可能会引发逆向选择和道德风险的问题，即为了个人或者部门利益而损害公司利益的情况，如业务部门人员为了短期绩效的结果去选择更容易产生高估值结果的估值方法或者能短期提高净利润的业务模式等。

为了避免这种情况的发生，证券公司需要根据新金融工具准则对其产生的影响而修改绩效考核模式，如更多地增加递延支付，并考虑将公允价值变动计入权益的部分也纳入绩效考核的指标范围。事实上，一些原使用已实现收益作为唯一考核指标的证券公司，已经将或正在考虑将金融资产公允价值计量产生的浮盈或浮亏纳入考核指标范围。

6. 新金融工具准则促进证券公司提升自身的风险管理水平

首先，由于越来越多证券公司自营业务部门持有的金融资产被纳入以公允价值核算且其变动计入当期损益的金融资产范围，市场风险的波动通常意味着公允价值的波动，那也意味着执行新金融工具准则后，市场风险会更全面地反映到估值模型和财务报表中，并对利润造成更大的波动影响。证券公司除了需要加强资产估值职能、方法和流程之外，为了更好地管理利润波动，还需要对投资策略和资产选取标准进行调整。譬如，一般分类到 FVPL 类的净值型基金和无重大影响的公开市场股票投资，由于对损益波动影响太大，需要通过设置风险阈值或限额以减少配置比例。

其次，风险管理部门主导或参与估值工作已经成为新金融工具准则实施后的行业共识。风险管理部门通过设计估值模型、管理估值频次、监测金融资产风险并出具风控报告等方式，对业务部门设定金融资产交易策略、资金管理部门投放及筹措资金、财务部门核算及披露信息提供专业、全面且独立的监督指导。一些证券公司为此调整了自身的组织架构，建立了高级管理层下属的估值委员会以监督和管理估值工作的运行，并对估值结果加以干涉。

同时，信用风险的识别、评估、计量和报告流程需要相应调整和优化，譬如更全面的内部信用评级覆盖，将预期信用损失的影响和考虑因素嵌入信用资产的投前决策和投后管理流程。

7. 新金融工具准则对证券公司 IT 信息系统建设的影响

新金融工具准则下的金融资产的分类、减值以及估值工作需要前中后台业务部门的参与，这对信息系统也提出了更高的要求，例如，核算系统、内控系统、业务系统、管理系统等，均面临不同程度的升级和改造。这些系统需要更新改造以增加新的模块并对系统内设置的参数、阈值进行修改。系统的更新迭代无疑也需要证券公司的员工花费更多的精力去学习和适应。

8. 新金融工具准则有助于提升证券公司会计信息质量

从金融工具分类与计量的角度来看，新金融工具准则将金融工具的分类与证券公司投资资产的类型和业务模式进行匹配，这使得金融工具的分类更加透明、更加不易被任意操纵。同时，金融资产分类的改变使金融工具的公允价值计量范围更广，旧金融工具准则下只有以公允价值模式计量且其变动计入当期损益的金融资产和可供出售金融资产两类金融资产以公允价值模式计量，且可供出售金融资产的公允价值变动计入其他综合收益，而新金融工具准则下更多地要求使用公允价值模式计量，对摊余成本的使用要求更严格，指定为以公允价值计量且其变动计入其他综合收益的金融资产，只允许将股息红利部分计入当期损益，处置时公允价值变动的利得与损失部分不允许结转至当期损益。新金融工具准则拓宽了公允价值计量的使用范围，一定程度上减少了证券公司进行净利润盈余管理的可能性。而新金融工具准则下“预期信用损失模型”使证券公司更多、更早地反映信用风险的变化。这三个变化都缩小了证券公司利润操纵的空间，有助于提升证券公司财务报表会计信息质量。

第 5 章

新金融工具准则对财务报表影响的研究总结

Changes and Impacts of
New Financial
Instruments Accounting Standards

FINANCE

银行及证券公司等金融机构的经营活动所形成的资产和负债主要为金融工具，因此新金融工具准则的实施对银行及证券公司等金融机构的财务及业务影响巨大而深远。综合前文的研究和分析，我们将所发现的我国上市银行及上市证券公司执行新准则的总体情况和特点归纳如下：

第一，新准则下金融资产分类更加客观和可比。

如本书第 3 章 3.1 节 3.1.3 及第 4 章 4.1 节 4.1.1 所述，虽然银行与证券公司主营业务不同，持有的金融资产结构不同，但本研究发现，上市银行及上市证券公司于转换日的金融资产结构变化有明显一致的趋势性：以公允价值计量且其变动计入当期损益的金融资产占比均有所上升，以公允价值计量且其变动计入其他综合收益的金融资产占比均有所下降，以摊余成本计量的金融资产占比基本持平。当然，由于银行和证券公司业务特点不同，前者持有以摊余成本计量的金融资产占比最高，后者持有以公允价值计量且其变动计入当期损益的金融资产占比最高。

在对金融机构所持各类金融资产受新准则不同影响的进一步分析中，我们发现，单一分类模型所要求的两个测试中，“合同现金流量特征”测试更为客观和严格，对金融机构分类的影响更大，也使得金融机构的分类结果更加能够体现各自的业务特点。

如本书第 3 章 3.1 节 3.1.4 及第 4 章 4.1 节 4.1.2 所述，本书跟踪了转换日后至 2020 年上市银行及上市证券公司的金融资产分类结构的变动情况。可以看到，不论是银行还是证券公司，各大类金融资产的分类结构于转换日后基本平稳。

第二，新准则下预期信用损失模型的应用使得减值准备计提更科学、范围更完整且信息更可比。

如本书第 3 章 3.2 节 3.2.1 及第 4 章 4.2 节 4.2.1 至 4.2.5 所述，通过数据分析，我们观察到，上市银行及上市证券公司于转换日的减值准备均有所上升，绝大多数金融机构均按照新准则要求并结合不同金融资产的信用风险特点，对减值准备的计提方法和结果进行了调整和应对。相较于旧准则的已发生损失模型，采用新准则要求的预期信用损失模型更能反映银行和证券公司所持各类金融产品投资的实际信用风险水平。例如，金融机构开始对未出险的债券投资计提减值准备，银行将贷款承诺、保函、信用证等具有信用风险的表外业务纳入了减值范围，而证券公司融资融券业务及股票质押回购业务的信用风险通过不同的减值准备比例得到更好的区分。

如本书第 3 章 3.2 节 3.2.2 及第 4 章 4.2 节 4.2.6 所述，我们通过研究上市银行不良贷款偏离度和逾期贷款偏离度以及上市证券公司的相关会计政策披露，发现两类金融机构对金融资产的减值阶段划分均严守准则底线，有效执行了新准则的相关基本要求和指引，尤其是银行对金融资产的阶段划分执行程度更为严格。

如本书第 3 章 3.2 节 3.2.3 至 3.2.4 所述，我们通过跟踪分析上市银行转换日后各阶段贷款资产的减值准备计提情况，观察到金融机构减值准备计提比例总体稳定，预期信用损失模型得到一贯执行，未出现减值准备比例大幅波动的情况。如本书第 3 章 3.2 节 3.2.5 及第 4 章 4.2 节 4.2.7 所述，上市银行及上市证券公司披露的减值政策愈加丰富及详尽，不少银行披露了减值模型的量化信息并考虑了新冠肺炎疫情的影响，财务报表披露信息质量有所提高。

第三，新准则的实施要求企业进行追溯调整，对于是否调整前期比较财务报表数据则由企业根据实际情况自行选择，但所有上市银行及上市证券公司都选择了实际操作中较为简便的方法，即不调整前期比较财务报表数据。

如本书第 3 章 3.3 节及第 4 章 4.4 节所述，新准则的实施导致上市银行及上市证券公司的净资产均有不同程度的减少，主要是由于减值准备的增加。另外，原以成本计量的金融资产因分类改变而采用公允价值计量也对净资产产生了一定影响，其中上市银行净资产因公允价值计量有所增加，上市证券公司则有增有减。

第四，如本书第 2 章 2.6 节、第 3 章 3.4 节及第 4 章 4.5 节所述，新金融工具准则下金融机构财务报表格式更好地反映了业务模式、持有目的、是否运用公允价值选择权、风险管理的要求等细节。同时，新准则的实施导致上市银行及上市证券公司的利润表结构发生改变。新金融工具准则实施后，以公允价值计量且其变动计入当期损益金融资产持有期间利息收入计入投资收益核算，因此同等投资规模和结构条件下，导致利息收入占比下降，投资收益占比上升。上市银行及上市证券公司的相关情况一致。

第五，如本书第 3 章 3.1 节 3.1.3、3.2 节 3.2.5 及第 4 章 4.6 节所述，新准则的实施对企业管理提出了更高的要求，业务部门、风险管理部门、估值部门、财务会计部门及信息科技部门需加强协同合作。新准则的实施深刻影响了传统财务会计部门的记账方式，要求业务部门参与到财务管理工作及风险管理工作中，促使企业经营管理做出相关业务决策时增加对财务报告影响的考量，从而对企业财务管理工作产生积极影响。

最后，我们结合研究过程中观察到的部分现象提出以下几点建议，供相关监管部门及研究者参考。

1. 准则转换日对于历史数据是否进行追溯调整的考虑

通常情况下，一项新准则施行日之前的资产负债科目确认和计量在新准则实施前后要求不一致的，企业应当追溯调整，但如果该项目在新准则施行日已经终止确认，则该项目不适用新准则。

但本次新金融工具准则的转换要求是比较特殊的。在新金融工具准则施行日，企业应当按照新金融工具准则的要求对金融工具进行分类和重新计量，但是可以选择无须调整涉及前期比较财务报表数据与新金融工具准则要求不一致的内容。因使用新金融工具准则计量导致的企业持有的现有金融工具原账面价值和在新准则施行日的新账面价值之间的差额，企业应当在实施新金融工具准则的当年计入期初留存收益或其他综合收益。

如本书第 3 章 3.1 节 3.1.3 所述，实务中，通过研究发现，不少金融机构会在转换日进行一定的盈余管理操作，比较典型的操作有如下几种：

（1）准则转换日，部分金融机构将原可供出售金融资产中的债务工具中浮亏的金融资产在新准则下直接分类为 FVTPL，截至转换日累计的浮亏未来都不会通过以后年度的损益实现。

（2）准则转换日，部分金融机构将原交易性债务工具中浮盈的金融资产在新准则下直接分类为 FVOCI，截至转换日累计的浮盈在以后年度的损益中重复实现。

为了避免此类通过准则转换的特殊规定进行盈余管理的行为，建议以后再发布新准则时，应要求企业进行历史数据的追溯调整或披露由于采用不完全的追溯调整方法给未来会计期间综合收益带来的潜在影响。

2. 金融资产的估值需要更明确的指引文件

如本书第 4 章 4.4 节 4.4.3 所述，随着新金融工具准则的实施，越来越多的金融资产需要以公允价值计量。在实务中，无公开报价的非标准债权资产以及非上市股权的估值问题困扰着不少金融机构的财务人员，其原因在于，无论是《企业会计准则第 39 号——公允价值计量》还是证券业协会、基金业协会、银保监会等监管机构发布的估值指引，对于非标准债权资产以及非上市股权的估值方法论都过于理论化，对于关键参数的设置也未明确统一的要求。以非标债权为例，金融机构一般会采用现金流折现的方式进行估值，但利率曲线如何构建、折现率如何选择等并无明确的标准。此类标准的不明确导致不少金融机构在金融资产的估值过程中，会进行参数的调节来达到盈余管理的目的。

建议监管机构听取更多金融机构在估值中遇到的疑惑以及困难，尽快拟定更具有实操性的估值指引以及更明确的估值技术标准。

3. 交易性金融资产中债务工具的利息收入的列报以及息差利差的计算与披露

根据《关于修订印发 2018 年度金融机构财务报表格式的通知》的规定，“利息收入”科目只核算分类为以摊余成本计量的金融资产和分类为以公允价值计量且其变动计入其他综合收益的金融资产按照实际利率法计算的利息收入。其他项目的利息收入不得计入该项目。财政部、国资委、银保监会、证监会于 2021 年 1 月印发的《关于严格执行企业会计准则切实加强企业 2020 年年报工作的通知》要求“以公允价值计量且其变动计入当期损益的金融资产的利息收入，不得记入‘利息收入’科目”。也就是说，分类为以公允价值计量且其变动计入当期损益的金融资产的利息收入将会计入投资收益而不是利息收入。

如本书第 3 章 3.1 节及第 4 章 4.1 节所述，实务中，不少债务工具因业务模式或无法通过合同现金流量特征测试的原因被纳入以公允价值计量且其变动计入当期损益的金融资产的范围。由于这些债务工具产生的收益目前均需以“投资收益”科目内列报于利润表，因此相关金融资产可能完全不再被认定为生息资产，一方面改变了金融机构的利润结构，另一方面可能低估了金融机构真实的息差利差。

本书认为，应当对以公允价值计量且其变动计入当期损益的金融资产加以区分，主要分为两类：一是因业务模式被分类为以公允价值计量且其变动计入当期损益的金融资产；二是仅因无法通过“合同现金流量特征”测试而被分类为以公允价值计量且其变动计入当期损益的金融资产。对于部分第一种资产和大部分第二种资产，从投资管理的角度来看，其产生的利息收入很大程度上是与以摊余成本计量的金融资产及以公允价值计量且其变动计入其他综合收益的金融资产类似的。刚性地将持有这两种资产所获得的收益全部置于“投资收益”核算，且对投资收益的披露形式不做进一步规范，可能导致会计信息质量的降低。

根据会计信息的可比性原则，并考虑到已发布的相关文件规定，建议准则制定机构进一步要求企业在会计列报或披露中区分不同原因对以公允价值计量且其变动计入当期损益的金融资产持有期间收到的收益进行分类。

当然，若能修改现行要求，财务报表可能将更为可比和直观。即因业务模式被分类为以公允价值计量且其变动计入当期损益的金融资产持有期间的利息收入记入“投资收益”科目；允许仅因无法通过“合同现金流量特征”测试被分类为以公允价值计量且其变动计入当期损益的金融资产持有期间的收益记入“利息收入”科目；同时要求在财务报表附注中“投资收益”和“利息收入”科目部分单独列示相关收益的金额。

4. 进一步明确出售以摊余成本计量的金融资产的相关规定

如本书第 3 章 3.4 节及第 4 章 4.5 节所述，出售以摊余成本计量的金融资产的交易在市场上弥漫性越来越强，而披露的信息却十分有限。这样的情形可能不利于准则的有效执行。

新准则中，对通过“现金流测试”且业务模式是以收取合同现金流量为目标的金融资产可以划分为以摊余成本计量的金融资产。相对于业务模式，“现金流测试”比较客观，当企业出售以摊余成本计量的金融资产时，是否能够满足准则对业务模式的要求，值得进一步探讨。

根据新准则应用指南，当企业满足以下四种“豁免标准”，金融资产的业务模式仍然可能是以收取合同现金流量为目标的业务模式：

（1）金融资产的信用风险增加时为减少信用损失而出售以摊余成本计量的金融资产。

（2）在金融资产到期日前出售金融资产，且出售只是偶然发生（即使价值重大）。

（3）在金融资产到期日前出售金融资产，且出售独及汇总而言出售的价值非常小（即使频繁发生）。

（4）如果出售发生在金融资产临近到期时，且出售所得接近待收取的剩余合同现金流量。

由此可以看出，尽管新准则下企业持有以摊余成本计量的金融资产是以收取合同现金流量为目标的，但是企业无须将所有此类金融资产持有至到期。企业在出售该类资产时，应当综合考虑金融资产到期日、出售的原因、频率和出售的价值等因素，来判断其出售的行为是否导致业务模式的改变。然而，本研究认为，新准则虽然对“豁免标准”进行了说明，但仍然不够明确：如“偶然发生”如何界定，又如“出售价值非常小”如何判断等。“豁免标准”的不明确会使企业在实务操作中产生困惑，可能给一些企业营造滥用会计准则的空间。

同时，当出售以摊余成本计量的金融资产不满足“豁免标准”时，没有明确对应的“惩戒机制”。在旧准则中《企业会计准则第 22 号——金融工具确认和计量》（2016）第十六条规定：企业将尚未到期的某项持有至到期投资在本会计年度内出售或重分类为可供出售金融资产的金额，相对于该类投资在出售或重分类前的总额较大时，应当将该类投资的剩余部分重分类为可供出售金融资产，且在本会计年度及以后两个完整的会计年度内不得再将该金融资产划分为持有至到期投资。因此，旧准则中对出售持有至到期投资有明确的限制性规定，而在新准则下没有类似的要求。

此外，新旧准则对以摊余成本计量的金融资产的出售信息的会计列报及披露要求不同。在新准则实施后，上市银行出售以摊余成本计量的金融资产信息仅在利润表的“摊余成本计量的金融资产终止确认收益”项目列报或在投资收益附注明细中进行披露。而旧准则进一步要求披露面值、处置前占比及对业务模式的影响等，可能旧准则对披露的要求更加详尽。

综上所述，在“豁免标准”（如出售频率、价值的界定）及披露要求不够明确且缺乏“惩戒机制”的情况下，各金融机构对出售以摊余成本计量的金融资产判断标准不同，可能产生“劣币驱逐良币”效应。如本书第三章 3.4 节及第四章 4.6 节所述，出售以摊余成本计量的金融资产的交易在市场上弥漫性越来越强，而披露的信息却十分有限。这样的情形可能不利于准则的有效执行，建议准则制定部门进一步明确对于出售以摊余成本计量的金融资产“豁免标准”“惩戒机制”和披露要求。

参考文献

［1］朱金凤，李瑾文，张坦，2020. 新金融工具准则发布对金融业上市公司股价的影响［J］. 国际商务财会（4）.

［2］贾文，2021. 金融工具公允价值计量对金融统计的影响研究［J］. 金融纵横（2）.

［3］邵丽丽，高路，2020. 新冠肺炎疫情冲击下新金融工具准则实施的国际经验与国内现状［J］. 金融会计（6）.

［4］康吉言，2021. 金融业务计量及估值管理分析——基于新金融工具会计准则视角［J］. 新会计（2）.

［5］高诚，2021. 新金融工具准则在企业减值管理中的应用研究［J］. 财务与会计（2）.

［6］金智，2010. 新会计准则，会计信息质量与股价同步性［J］. 会计研究（7）.

［7］王华，顾先英，2018. 新金融工具准则对企业的影响及建议——基于四大行 2018 年一季报的分析［J］. 财务与会计（12）.

［8］姜国华，饶品贵，2011. 宏观经济政策与微观企业行为——拓展会计与财务研究新领域［J］. 会计研究（3）.

［9］Marchini P L，Carlotta D’Este，2015. Comprehensive Income and

Financial Performance Ratios: Which Potential Effects on ROE and on Firm's Performance Evaluation? [J] . Procedia Economics & Finance (32): 1724–1739.

[10] Landini S, Uberti M, Casellina S, 2018. Credit risk migration rates modeling as open systems: A micro–simulation approach [J] . Communications in Nonlinear Science & Numerical Simulations (58): 147–166.

[11] Hashim N, Li W, O'Hanlon J, 2019. Reflections on the development of the FASB's and lASB's expected–loss methods of accounting for credit losses [J] . Accounting and Business Research (1): 1–44.

[12] Justin Jin, Kiridaran Kanagaretnam, Gerald J. Lobo, 2018. Discretion in bank loan loss allowance, risk taking and earnings management [J] . Accounting & Finance (58): 1–33.

[13] Begofia Giner, Araceli Mora, 2019. Bank loan loss accounting and its contracting effects: the new expected loss models [J] . Accounting and Business Research, 49 (6): 726–752.

[14] KundA G, Rugilo D, 2018.Assessing the Implications of IFRS 9 on Financial Stability using Bank Stress Tests [J] . SSRV Electronic Journal (1): 1–48.

[15] Hrvoje V, Mario V, 2018. Internal model for FRS 9—expected credit losses calculation [J] . Ekonomski pregled, 69 (3): 269–297.

[16] Mohamed G, Kiridaran K, Stuart M, et al., 2019. Testing the Efficacy of Replacing the Incurred Credit Loss Model with the Expected Credit Loss Model [J] . European Accounting Review, 28 (2): 309–334.

Chapter 1

Introduction

1.1 Research Background and Significance

1.1.1 Research Background

1. Overview

In the aftermath of the 2008 global financial crisis, experts and academics coming from in major countries around the world generally agreed that the former financial instruments accounting standards, namely International Accounting Standards No.39—Financial Instruments (IAS 39), had problems such as complex valuation of financial assets, too little impairment valuation, and prominent pro-cyclical characteristics, which would increase the systematic risks for financial institutions. This has prompted the relevant standard-setting authoritative organizations to improve the original standards on financial instruments to address the above issues. After several years of research and preparation, the International Accounting Standards Board (IASB) revised the original standards on financial instruments accounting standards and officially issued International Financial Reporting Standards No.9 (IFRS 9) in July 2014, which came into effect on January 1, 2018, to replace the original IAS 39. Compared to IAS 39, it reflects convergence with US GAAP, simplifies the classification of financial assets from four categories to three, and introduces the expected credit loss method as the basis for impairment of financial instruments, which simplifies the accounting treatment of embedded derivatives and improves the applicability of hedge accounting.

With the deepening of economic globalization, China's Accounting Standards for Business Enterprises remains growing convergence with the International Accounting Standards, which plays an important role in reducing the financing costs of Chinese enterprises and promoting the development of multinational enterprises. In recent years, thanks to the continuous improvement of Chinese capital market, constant introduction of financial products and further opening up to the outside world, a bunch of new problems have cropped up as financial institutions conducted their accounting works. As a member of IASB, China's Ministry of Finance (MOF), in view of the actual situation of economic development, makes full reference to the relevant articles of IFRS 9 suited to China's economic system and improves China's accounting system. The relevant departments lead communication with IASB concerning China's demands and preferences, so that the new accounting standards can better adapt to the requirements of China's economic development and enhance China's international status.

2. Promulgation and Implementation of the New Financial Instruments Standards

On March 31, 2017, the Ministry of Finance revised and issued Accounting Standards for Business Enterprises No.22—Recognition and Measurement of Financial Instruments, Accounting Standards for Business Enterprises No.23—Transfer of Financial Assets and Accounting Standards for Business Enterprises No.24—Hedge Accounting, and issued Accounting Standards for Business

Enterprises No.37—Presentation of Financial Instruments on May 2, 2017 (These four items are collectively referred to as the new financial instruments accounting standards or the new standards), which replaced Accounting Standards for Business Enterprises No.22—Recognition and Measurement of Financial Instruments issued in 2006 (referred to as the old financial instruments accounting standards or the old standards) .

The MOF has stipulated that enterprises listed both at home and abroad, as well as enterprises listed abroad that prepare financial reports by using IFRS or Accounting Standards for Business Enterprises, should apply the new standard from January 1, 2018. In order to avoid differences between domestic and overseas accounting, this provision is in accordance with the start of the official implementation of IFRS 9. Other companies listed at home should implement the new standards from January 1, 2019, and non-listed companies implementing Accounting Standards for Business Enterprises should implement the new standards from January 1, 2021. At the same time, companies are encouraged to exercise the new standards beforehand.

This means that China's banking and securities industries have comprehensively stepped into the track of formal implementation of accounting standards for new financial instruments.

3. Publication of Relevant Guidance Documents of the New Financial Instruments Standards

On March 4, 2021, the Accounting Standards Advisory Forum (ASAF) released the session agenda document—The stage I—to review the classification and measurement after the implementation of International Financial Reporting Standards No. 9 (IFRS 9) . The purpose of this forum was to invite members of the organization to share their overall experience in the implementation of IFRS 9 and to present important issues that should be considered by the IASB during reviewing classification and measurement requirements after the implementation of IFRS 9.

On December 30 2020, the Ministry of Finance and China Banking and Insurance Regulatory Commission (CBIRC) issued the Circular of the Ministry of Finance and the China Banking and Insurance Regulatory Commission on Further Implementing the Accounting Standards Related to New Financial Instruments (Caikuai 〔2020〕 No.22) . On January 26, 2021, the Ministry of Finance issued the Accounting Standards for Business Interpretation No. 14 (Caikuai 〔2021〕 No.1) . On January 27, 2021, the Ministry of Finance, the State–owned Assets Supervision and Administration Commission of the State Council (SASAC), the CBIRC and the China Securities Regulatory Commission (CSRC) issued the Circular on Strictly Implementing Accounting Standards for Business Enterprises and Effectively Strengthening the Work of Enterprises' 2020 Annual Reports (Caikuai 〔2021〕 No.2) . Since March 2, 2021, the Ministry of Finance has successively issued 19 Series of Questions and Answers on the implementation of financial instrument standards. The above Circulars, explanations and guidelines further strengthen the guidance for enterprises to implement accounting standards related to new financial instruments, from the impact of COVID—19 pandemic on the application of expected credit loss method, the impact on the characteristics of contract cash flows by reforming the benchmark interest rates, and the impact on the collection of contract cash flows for the financial assets selling businesses.

1.1.2 Research Significance

From the perspective of financial regulation, it is necessary to observe the impact of the new financial instruments standards on various aspects of the financial industry. The CBIRC and the CSRC are more concerned about whether the impairment charges of banks and securities companies reasonably reflect the asset quality. The MOF is more concerned about the implementation of the new standards and further standardization for the application of the new standards to ensure the reliability and comparability of accounting information and to improve the transparency and internal control of information disclosure. The financial regulation generally believes that the new standards has the function of early warning of financial risks and raise the level of credit risk control of financial institutions, which is important for preventing systemic financial risks, maintaining stable capital market order, and deepening macro-prudential supervision and management.

From the perspective of financial enterprises, it is necessary to fully understand the policy and systematic differences between Accounting Standards for Business Enterprises and the corresponding IFRS, to perform in-depth analysis of the impact on financial statements, and to compare and refer to the implementation of new standards with other enterprises in the same industry, so that the enterprise accounting can serve better for the company's development. At the same time, under the new standards, financial management and risk management can be better integrated to make a reasonable assessment of future credit risk losses, so that financial risks can be controlled at a lower level through effective measurements, which is conducive to financial institutions risk control ability.

From the point of view of other statement users, the new standards expand the scope of accounting estimates, such as fair value and expected loss, which can better reflect the current financial situations of enterprises and the evaluation results of the market, thushelp statement users with economic decision-making as well as better evaluation and forecast of the enterprise status.

By collecting and analyzing the data from the financial statements of these representative financial institutions before and after the implementation of the new standards, this book studies how listed banks and securities companies implement the new standards and the impact of the implementation on the financial industry. The analysis and results of this book will lay a solid foundation for the judgment and decision-making of regulators, enterprises and other statement users, and provide a better platform for other future research. At the same time, it has important reference significance for the revision and improvement of the following standards.

MOF and the CBIRC successively issued the Circular on Transitional Measures Relating to the Implementation of Accounting Standards Relating to New Financial Instruments by Insurance Companies (Caikuai〔2017〕No.20) and the Circular on Further Implementation of Accounting Standards Relating to New Financial Instruments (Caikuai〔2020〕No.22), which allow insurance companies to defer the implementation date of the new financial instruments standard until the implementation date of Enterprise Accounting Standard No.25—Insurance Contracts (Caikuai〔2020〕No.20). The vast majority of domestic insurance companies have chosen to defer the implementation of the new financial instruments standard, and therefore insurance companies are not included as the research object in this book.

The case studies in this book are more comprehensive than others with a follow-up research on these banks' and companies' financial situations after the implementation of the new standards. In addition, securities companies are studied as a subgroup in this book, which is exclusive comparing to any other previous studies.

1.2 Research Status and Literature Review at Home and Abroad

After the release of the standards on new financial instruments, more and more studies on the impact of the new financial instruments standards on banks have been published at home and abroad, which provide the theoretical basis for this book.

1.2.1 Domestic Research Status and Literature Review

The People's Bank of China Accounting Standards Research Group (2017) surveyed and analyzed legal entities under its jurisdiction and concluded that the impact of the new financial instruments standards was limited for rural banks with single business and low non-performing ratio, but could lead to an increase in provisioning and a greater impact on net profit for joint-stock banks with diversified businesses and high non-performing ratio. new financial instruments standards.

Cai Yanzhen (2017), in the context of the revision of the new accounting standards for financial instruments, took the Industrial and Commercial Bank of China as an example to study the impact on the reclassification of financial assets and the provision of impairment losses, and made a comparative analysis between the value of financial assets filtered through financial statements and the value calculated under the old standards. The conclusion was that the total assets calculated under the old and new standards may not vary significantly, but the total financial assets measured at fair value had visibly increased after the adjustment of the new accounting standards for financial instruments. And there was also fluctuations in profit indexes.

Through an empirical analysis of five listed state-owned commercial banks, Song Feijie (2018) concluded that the new financial instruments standards had a profound impact on banks' surplus management, budget management, product pricing and other various aspects.

Xu Zongyu and Wang Xiaojing (2018) argued that the implementation of the new financial instruments standards would improve the quality of accounting information and increase the comparability of financial statements in China, while it would lead to large fluctuations in the income statements of commercial banks and requires higher performance in credit risk management.

Gu Jifeng (2018) studied the possible impact of the new financial instruments standards on thc daily operation and business management of commercial banks and found that the accounting, investment structure, risk control model and surplus management would be affected to some extent.

Cheng Lili et al. (2018), by studying the impaired loan data of 24 domestic A-share listed banks, classified the loans and advances structure into self-impaired loans, overdue non-impaired loans, and non-overdue non-impaired loans, and measured the overall impact of the banking industry affected by the adoption of the expected loss method for impairment loss measurement under the new standards by analyzing the impairment provisioning method of these three types of loans under the new standards, and calculating the weighted average amount of risk loss by relying on the method of assigning risk value.

Wang Hua and Gu Xianying (2018) discussed the impact of the implementation of the new standards on the financial situation and operating results of enterprises through the analysis of the quarterly reports of the four major banks. The implementation plans of the new financial instruments standards of the four major banks were similar, but each of them had slightly differences about the investment strategies and asset management models. In view of the significant changes, several banks disclosed that the reason was not the impact of the implementation of the new financial instruments standards.

Lin Liyan et al. (2019), by analyzing the data from the annual reports of 26 listed banks in 2018, concluded that after the implementation of the new standards, there was a small decline in the owner's equity in the banking industry, and the proportion of financial assets measured at fair value through profit or loss after reclassification increased. The asset impairment losses of each bank increased rapidly after the application of the expected credit loss model.

Cao Cuizhen (2019) described two core elements of the changes to the new financial instruments standards: One was the reclassification of financial assets and the other was the use of expected impairment loss provision for financial assets. The specific empirical analysis showed that the most significant impact on banks was the use of expected impairment models, which could lead to a significant increase in the provisioning of banks' financial assets for impairment. For small and medium-sized banks, the increase in the provisioning base would inevitably influence the capitals, which would cause profit fluctuation.

Chen Peng (2020) analyzed the implementation of the new standards for five major banks and concluded that the impact of the new standards on net assets at the beginning of the first implementation date was limited and equity investments that could be designated as financial assets at fair value through other comprehensive income generally declined.

Based on the private information transaction theory, Jin Zhi (2020) analyzed how the quality of accounting information affected stock price synchronization and how the reform of new accounting standards affected the correlation between the two based on the sample of A-share listed companies in China from 2004 to 2008. The results suggest that there is a positive correlation between the quality of accounting information and stock price synchronization, and this positive correlation only exists in the case of negative earnings management, but not obvious in the case of positive earnings management. This is related to the short selling restrictions in China's stock market. In addition, the improvement of the quality of the new accounting standards in 2007 has significantly weakened the positive correlation between the quality of accounting information and the synchronization of stock prices.

Zhu Jinfeng et al. (2020) analyzed listed commercial banks as the object of analysis and used the event research method to test the short–term capital market reaction caused by the issuance of my country's new financial instrument standards on March 31, 2017, with the release of the new financial instrument standards by the Ministry of Finance as the event day. The study implies that the new financial instrument standards have a significant negative impact on the stock prices of listed companies in the financial industry, which reflects the impact of the possible implementation costs of the new financial instruments standards on the stock prices of commercial banks.

Shao Lili et al. (2020) consider that the outbreak of COVID–19 pandemic may magnify the negative impact of the implementation of new financial instruments standards on commercial banks by analyzing the international experience and domestic status quo of the implementation under the impact of COVID—19 pandemic, and that even may widen the difference in the provision for impairment of financial assets, increase the fluctuation of asset impairment subjects, and deteriorate the quality of financial assets.

Kang Jiyan (2021) reports that the ratio of bank assets to liabilities both measured at fair value increased slightly after the transition date of the new standard. The result reflects the enhancement of the matching degree of bank assets and liabilities after the implementation of the new standard, and the implicit requirements for asset–liability maturity matching. After the implementation of the new standard, the financial asset structure of the two measurement models is analyzed from the financial statements of financial enterprises, which can roughly outline the investment strategy and risk preference of financial enterprises. Also, fair value measurement will be more fully used in the measurement of financial instruments, so as to better reflect the banks' management preference for the diversification and variability of the current market.

1.2.2 Overseas Research Status and Literature Review

With the gradual integration of the world capital market, the convergence of accounting standards is becoming more and more obvious. As for the impact of new financial instruments standards on enterprises, foreign research has been carried out earlier compared to the domestic situation, since the standards was implemented long time ago. In recent years, the research has been more in-depth and detailed.

Regarding the study on the impact of IFRS 9 on the banking sector, the European Banking Authority (EBA) conducted the first round of research in 2016 to assess the impact on banks in EU member states both qualitatively and quantitatively. In 2017, based on the assessment of the first round of research, the second round of research and assessment was launched to provide reference guidance in terms of the difficulties of the implementation and the linkage between IFRS 9 and macro-prudential regulation, with the aim of assisting banks during the transition period. The IASB conducted a quantitative assessment of banks' impairment provisioning in 2013 in response to the introduction of the expected credit loss model in IFRS 9, and concluded that the expected credit loss model would lead to a significant increase in impairment provisioning by banks in the second phase. In 2015, the Basel Committee on Banking Supervision (BCBS) issued guidance on credit risk and accounting for expected credit losses, which focused on analyzing the impact of IFRS 9 on the credit risk management framework for the banking industry and provided guidance for the banking industry on risk management and disclosure, as well as accounting professional judgement.

Marchini and Carlotta (2015) confirm that although there is a significant unrelated price difference between net profit and the book value of comprehensive income, the presentation of comprehensive income in the financial report for the first time does have a significant impact on the company's performance.

Andini S et al. (2018) argue that the lag in the recognition of loan credit losses should be solved, and the provision of impairment losses should be considered forward-looking.

Justin, Kiridaran and Gerald (2018) report that the new model gives enterprises discretion and suggest that it be used as a risk management tool rather than an earnings management tool in order to reduce the risks faced by banks before the financial crisis by establishing sufficient credit losses in the transitional stage of the impairment model, so as to ensure the stability of bank operations.

Kund and Rugilo (2018) hold that IFRS 9 has profoundly changed the method of impairment of credit losses and has had a significant impact on the financial sector. The sudden increase in losses may cause a "cliff effect" because IAS 39 credit losses are only recognized when they occur, and IFRS 9 adopts the installment method to gradually confirm the losses during the loan period to alleviate this problem. However, early recognition of losses may adversely affect bank flexibility as capital levels decrease.

Hrvoje and Mario（2018）studied the impairment model of new financial instruments and provided suggestions for determining the basic variables of the model：exposure at default（EAD），loss given default（LGD）and probability of default（PD）.

Hashim N et al.(2019)conclude through a series of studies that the "expected loss" accrual improves credit loss accounting.

Begonia and Araceli（2019）hold the new model which emphasizes forward-looking information and improves the robustness of provision，but it allows impairment losses to turn back，which may lead to earnings management problems and reduce the quality of accounting information，thus reducing the effectiveness of the model. In addition，the practice of recognizing impairment losses in advance in the new model may exert a significant impact on product pricing and the design of contract terms as well as lending policies and risk management models in bank credit business.

Mohamed et al.（2019）has proved empirically that using IFRS 9's expected credit loss model instead of IAS 39's occurred credit loss model to calculate credit impairment loss can make financial instrument accounting more effective.

1.3 Research Content，Research Thought and Research Method

1.3.1 Research Content

The first question addressed in this book is the theoretical changes of the implementation of the new financial instruments standards，and the impact of the implementation of the new standards on the classification of financial assets, financial asset impairment provision, profit and income structure, net assets and capital adequacy ratio of listed banks and securities companies. At the same time, the statistical data and the reclassification and measurement of financial assets before and after the implementation of the new standards, as well as the provision for impairment were also studied, which led to an in-depth analysis of the impact of the implementation of the standards on their balance sheets, income statements, the quality of financial reports and business management.

This book is mainly divided into four parts: The first part is the background introduction and literature review. It introduces the research background, significance as well as research content, thought and method, and summarizes the literature review related to the current research status at home and abroad. The second part analyzes the changes in financial instruments standards from a theoretical point of view. By comparing the main contents of the old and new standards, the classification and measurement of financial instruments, impairment of financial instruments, accounting treatment of embedded derivatives, transfer of financial assets, applicability of hedge accounting and presentation of financial instruments have been reviewed. The third part analyzes the application and impact of the implementation of the new standards on listed banks and analyzes the reclassification of financial assets on the first implementation date of these banks and its impact, the remeasurement of loan impairment provision and its impact, the impact of the implementation of the new standard on the profit and income structure of the banking industry, and the impact on net assets and capital adequacy ratio by taking A+H share and H-share listed banks as the objects of study. The fourth part is an analysis of the application and impact of the new financial instruments standard on A+H share, A-share and H-share listed securities companies (H-share listed securities companies have limited information disclosure, so they are excluded from the scope of this book), including the analysis of the classification and measurement of financial assets, the analysis of impairment, the impact of the implementation of the new standards on the profit and income structure of securities companies, and the impact on net assets and capital adequacy ratio, etc.

1.3.2 Research Thought

This book focuses on the studies that based on public disclosure of information such as annual reports, financial statements, regulatory disclosures and other public information. The research thought includes the following aspects:

The impact of the new financial instruments standards on the financial statements on the first implementation day, including the amount and proportion of the change in net assets, the amount and reasons for reclassification by asset class, the amount and impact of remeasurement via provision for impairment, and the amount and impact of remeasurement via fair value. On this basis, this book further analyzes the changes in retained earnings and other comprehensive income on the first implementation day, and discusses whether there is a subjective preference of management for accounting judgments from a fairness perspective.

The book also studies the changes in impairment provision after the implementation of the new standards, and the impact of the implementation of the new standards on the profit and revenue structure of listed banks and securities companies by analyzing and comparing the financial statements of listed banks and securities companies before and after the implementation of the new financial instruments standard.

Thirdly, the book analyzes and compares the disclosure of accounting policies for financial instruments, financial assets and risk management of domestic listed banks and securities companies under the new standards, and explore whether the quality of information disclosure has been improved in terms of integrity and accuracy.

Finally, the book compares the disclosure quality of financial reports of domestic and foreign financial institutions that have implemented the new standards.

1.3.3 Research Method

The main research methods used in this book are literature research, comparative analysis, empirical research and so on.

(1) Literature research method: As the basic method of theoretical research, this study has summarized relevant research results from domestic and foreign academic studies as solid theoretical foundation.

(2) Comparative analysis method: This study refines the core research content, raises problems, develops targeted solutions, and carries out in-depth analysis based on these problems to reach a final conclusion.

(3) Empirical research method: This study takes listed banks and securities companies as the main object to carry out empirical research. In order to study the implementation of the new financial instruments accounting standards on China's

financial institutions, this book applied the empirical research by collecting and analyzing financial data from of various financial institutions, introducing the expected loss model with corresponding impact analysis. Empirical research is the main research method of this book.

FINANCE

Chapter 2

Main Contents and Changes in New Financial Instruments Standards

Changes and Impacts of
New Financial
Instruments Accounting Standards

2.1 Changes in the Classification and Measurement of Financial Instruments

2.1.1 Changes in the Classification and Measurement of Financial Instruments under the Old and New Financial Instruments Standards

In the old standards on recognition and measurement of financial instruments there are four categories of financial assets according to the intention and purpose of holding: financial assets measured at fair value and changes recorded into current period profit or loss (HFT), held-to-maturity investments (HTM), loans and receivables (L&R) and available-for-sale financial assets (AFS). From the effect of the implementation of the standards, the classification method of the old standards is more complex, since multiple factors have to be taken into consideration, such as subjective intent, availability on active markets, fixed maturity date and others. It is subjective and affects the comparability of accounting information.

In the process of gradual improvement of the standards on financial instruments, the Ministry of Finance has complied with the principle of substantial convergence. According to the relevant contents of IFRS 9, it has proposed a classification method based on the "business model" and "contractual cash flow characteristics of financial assets" of the financial assets held by enterprises, instead of taking the management's intention and purpose of holding as the basis for the classification of financial assets. Financial assets have been classified into three categories: financial assets at amortized cost (AC), financial assets at fair value through other comprehensive income (FVOCI) and financial assets at fair value through profit or loss (FVTPL) .

Compared with the three-way classification method of the new financial instruments standards, the classification method of the former accounting standards for financial instruments is rule-oriented and strongly subjective with complex method and difficult application, resulting in low comparability of financial statements. In contrast, the classification based on the business model and contractual cash flow characteristics test of financial assets in the new financial instruments standards not only builds a more complete and scientific judgment framework for financial enterprises, but also helps clarify the classification logic of financial instruments, so as to reflect the structural condition of financial assets of enterprises more authentically and reduce the burden of practical operation.

The new financial instruments standards classify financial assets based on the business model of the financial assets held by enterprises and the contractual cash flow characteristics of the financial assets. The cash flow characteristics test for financial asset means that enterprises need to determine whether the contractual cash flows generated by the financial asset at a specific date are solely payments of principal and interest based on the outstanding principal amount (SPPI), and whether it is consistent with the underlying lending arrangement. If the financial asset passes the SPPI test requirements, with it's business model the classification can be determined whether it's AC, FVOCI or FVTPL. Otherwise, the financial asset will be directly classified as FVTPL.

(1) The financial asset is classified as the financial asset at amortized cost (AC) if the enterprise manages the financial asset primarily to collect the contractual cash flows and generates cash flows on a given date solely for the purpose of paying the principal and interest on the outstanding principal amount, and the enterprise does not designate a classification for the financial asset.

(2) The financial asset is classified as the financial asset at fair value through other comprehensive income (FVOCI) if the enterprise manages the financial asset both for the purpose of collecting the contractual cash flows and selling the financial asset, and the cash flows from the financial asset are generated at a specific date and are solely for the payment of the principal and interest on the outstanding principal amount.

(3) The financial asset should be classified as the financial asset at fair value through profit or loss (FVTPL) if it is neither qualified for classification as a financial asset at amortized cost nor as a financial asset at fair value through other comprehensive income (FVOCI).

From the contents of the above related standards, we can find that the classification of assets in the new standards on financial instruments is based on the results of the contractual cash flow test and business model test, which changes the previous classification process based on management's intention or statement. It suggests that the classification should be based on objective facts, taking into account information such as the frequency and amount of sales, and should not be based on subjective expectations. The new standards also stipulate that investments in non-trading equity instruments may be designated as financial assets at fair value through other comprehensive income, and that gains and losses arising during the period of holding the financial assets, except for impairment losses or gains and losses on exchange, shall be recognized in other comprehensive income. When the financial asset is derecognized, the accumulated gains or losses previously recognized in other comprehensive income should be transferred from other comprehensive income and recognized in retained earnings. That is, for certain equity investments that are not traded, once the designation of financial asset at fair value through other comprehensive income is made, it cannot be revoked and the difference between the sale price and the disposal price can no longer be recognized in profit or loss. The new financial instruments standards also state that when the enterprise considers designating the non-trading equity instrument investment as a financial asset at fair value through other comprehensive income, the financial asset in a merger under different control should be classified as a financial asset at fair value through profit or loss, not through other comprehensive income. At the same time, special financial instruments conformed to the definition of financial liability but classified as equity instruments (including puttable instruments and financial instruments where the issuer is obligated to deliver its proportionate share of net assets to the other party only upon liquidation) can not serve as equity instrument and therefore do not qualify for designation as financial assets at fair value through other comprehensive income from the investor's perspective.

The main differences between the old and new standards for classification and measurement of financial assets are shown in Table 2-1.

Table 2-1

Comparison of the old and new standards for classification and measurement of financial assets

	Classification principle	Classification result	Measurement basis
New standards	Apply the same classification method to all financial assets, i.e., the classification of the asset class is based on the entity's business model for managing the financial asset and the contractual cash flow characteristics of the financial asset	There are three categories: financial assets at amortized cost (AC); financial assets at fair value through profit or loss (FVTPL); and financial assets at fair value through other comprehensive income (FVOCI)	All equity instruments are measured at fair value. There are two types of debt instruments: financial assets that meet both the business model test and the contractual cash flow characteristics test are measured at amortized cost. Those that do not meet both tests are measured at fair value
Old standards	Each category has specific criteria, such as whether it is intended to be held to maturity or for short-term profit from trading spreads, whether it is derivatives, loans and receivables, or whether it is managed as a category based on certain constraints, which combine the nature of the instrument, usage and management's intent	There are four categories: financial assets at fair value through profit or loss (HFT), held-to-maturity investments (HTM), loans and receivables (L&R), and available-for-sale financial assets (AFS)	Held-to-maturity investments, loans and receivables are measured at amortized cost, while the other categories are measured at fair value, with the exception that unquoted equity instruments whose fair value cannot be reliably obtained are measured at cost

2.1.2 Changes in the Reclassification of Financial Assets

The old standards are extremely restrictive on reclassification, and once a financial asset category is recognized, it cannot be changed at will. The old accounting standards on financial instruments only recognizes the reclassification of "held-to-maturity investments" as "available-for-sale financial assets", but does not allow the reclassification of FVTPL or other types of financial assets. The reclassification under the old standards also provides that if enterprises want to reclassify or sell held-to-maturity relatively big investment assets before the maturity date, the remaining portion should be reclassified as available-for-sale financial assets immediately after disposal and subsequently measured at fair value.

The new standards on financial instruments remove the strict restriction on reclassification, give entities more space for reclassification but make the requirements for reclassification more stringent, requiring entities to reclassify financial assets only when there is a significant change in the business model. Usually the reasons for such changes are significant to the entity, influenced by internal or external circumstances, and at the same time are "obvious" or "demonstrable" from the outside. The new accounting standards on financial instruments allow reclassification of financial assets, but prohibit reclassification of all financial liabilities. Moreover, it cannot be revoked once any of the following designation requirements are made: (1) The accounting mismatch can be reduced or even eliminated, enterprises may designate the financial asset as FVTPL at initial recognition; (2) non-trading equity instruments are designated as FVOCI at initial recognition. In addition, the new financial instruments standards also specify the changes in the amounts, types, and business models of reclassification, thus making financial reports easier to understand for users and enhancing the integrity of financial reporting. However, the new financial instruments standards do not impose penalties on the sale or reclassification of large amounts of financial assets measured at amortized cost before the maturity date, which brings a certain difficulty to accounting practice.

Under the new standards, it is explicit that changes in management's intention are not considered changes in business model and cannot be reclassified as financial assets. Changes in management's subjective intention cannot change the measurement model of financial assets, and subsequent measurement of financial assets is more consistent.

The main differences of the reclassification of financial assets under the old and new standards are shown in Table 2–2.

Table 2–2

Comparison of the old and new standards for the reclassification of financial assets

	Reclassification
New standards	When the enterprise changes its business model for managing financial assets, it should reclassify all affected underlying financial assets
Old standards	Entities are not permitted to reclassify financial assets at fair value through profit or loss into the other three categories after initial classification, and reclassification between the categories of held–to–maturity investments and available–for–sale financial assets is permitted under certain conditions

2.1.3 Changes in the Classification and Measurement of Financial Liabilities

The former standards on financial instruments requires both trading financial liabilities and financial liabilities designated as at fair value through profit or loss use fair value as the measurement, and changes in fair value during the holding period should be recognized in the income statement through profit or loss. The remaining financial liabilities should be measured at amortized cost.

Financial liabilities under the new financial instruments standards include the following four classifications: The first one is financial liabilities at fair value through profit or loss, including trading financial liabilities (including derivatives belonging to financial liabilities) and financial liabilities designated at fair value through profit or loss. The financial liability can be designated at fair value in either one of the following two scenarios. First, the designation eliminates or significantly reduces accounting mismatches; and second, the management and performance of a portfolio of financial liabilities or a portfolio of financial assets and financial liabilities are evaluated on a fair value basis in accordance with the enterprise risk management or investment strategy set out in a formal written document and reported internally to key management. The second type is financial liabilities resulting from the transfer of financial assets that do not meet the conditions for derecognition or from continued involvement in the transferred financial assets. Enterprises should measure such financial liabilities in accordance with the relevant provisions of Accounting Standards for Business Enterprises No. 23—Transfer of Financial Assets. The third type is financial guarantee contracts and loan commitments to lend at below-market interest rates that do not fall under the first or second of the above-mentioned circumstances. Such financial liabilities shall be measured on the higher one of the followings: loss allowance after initial recognition determined by measurement of impairment of financial instruments in accordance with Accounting Standards for Business Enterprises No.22—Recognition, and the amount initially recognized excluding the accumulated amortization determined in accordance with Accounting Standards for Business Enterprises No.14—Income. Fourthly, other financial liabilities that are not mentioned in above should be classified as financial liabilities measured at amortizcd cost.

The new standards on financial instruments also state that in a merger under different control, the financial liability should be accounted for at fair value through profit or loss, either recognized by the purchaser or recognized as consideration.

In addition, the new financial instruments standards stipulate that if the financial liability is designated at fair value through profit or loss, the profit or loss arising from the financial liability should be recognized in other comprehensive income if the change in the fair value of the financial liability is caused by the change in the enterprise's own credit risk, and the change in the fair value of the financial liability should be recognized in current profit or loss.

In conclusion, the classification and measurement of financial liabilities remain basically unchanged under the new and old financial instruments standards. Therefore, this book will not focus on this issue.

2.2 Changes in Impairment of Financial Instruments

After the 2008 international financial crisis, the G20 requested the IASB to intensify its efforts to revise accounting standards for financial instruments. One of the key issues was that the incurred loss model under the old standards would cause the delayed and inadequate impairment losses on financial instruments. Accordingly, the new standards introduced the expected credit loss method to deal with the impairment of financial instruments to ensure the timeliness and foresight of impairment loss provision.

2.2.1 Comparison of Impairment Models for Old and New Financial Instruments

Under the old standards, impairment of financial instruments requires the use of the incurred loss model, and the core idea is to write down the carrying value of a financial instrument to the present value of estimated future cash flows. The difference between the present value of future cash flows and the carrying value of the financial instrument is recognized as the assets impairment loss. The model requires objective evidence of impairment to be recognized before an impairment loss is recognized, i.e., a corresponding loss can only be recognized if there is objective evidence that an impairment of the financial instrument exists.

The old standards specify objective evidence of impairment of financial instruments, and require enterprise to identify whether there is an indication of impairment of a financial instrument and considers portfolio and individual recognition of impairment provisions for financial instruments. Objective evidence of impairment is assessed individually for individual financial assets with significant amount. For individual financial assets with not significant amount, the assessment can be carried out individually or with other similar financial assets.

The incurred loss model used under the old standards requires that the relevant loss can only be recognized on the basis of the risk event. Since it is based on objective evidence, the approach is generally reliable and the risk of intervention and manipulation by human subjective factors is relatively low. However, the model has problems of delayed incurred losses, cliff effect and pro-cyclical effect. Therefore, the new standards aim to eliminate these drawbacks by introducing the expected loss model.

The expected loss model is a concept that corresponds to the incurred loss model and its guiding principles, which aims to reflect past events, current circumstances and expected factors of deterioration or improvement in the credit quality of financial instruments, where the full consideration of expected factors is not explicitly reflected in the incurred loss model of the old standards. The approach requires that potential credit losses on financial instruments should be measured to ensure more accurate and reliable of impairment of financial instruments thereby reflects the financial assets risks more comprehensively and makes preparations in advance. Under the expected credit loss model, the amount of the impairment loss depends on the degree of credit deterioration since initial recognition and the credit loss of the financial asset as a result.

The new standards use the expected loss model, instead of the incurred loss model, as the method of accounting for impairment of financial instruments. Financial instruments can be classified into three distinct phases based on changes in the credit quality of the instrument, with each phase using different measures of impairment and interest income.

The new standards impose higher requirements on the provision for impairment of financial assets, and in order to meet these requirements, forward-looking factors or future losses must be considered. The new accounting standards propose three stages of impairment of financial instruments in addition to the existing impairment method for recognizing credit risk. Stage 1: The credit risk has not increased significantly since initial recognition has been confirmed. Stage 2: The credit risk has increased significantly since initial recognition has been confirmed but credit impairment has not yet occurred. Stage 3: The credit impairment has occurred since initial recognition has been confirmed.

The new standards require enterprises to provide full and timely impairment of financial instruments, while the impairment amount of the provision will increase significantly when the financial instrument begins to exhibit credit risk characteristics as on the second stage. The most notable feature of the expected credit loss model under the new standards is that it comes with a three-stage model, with provision for credit losses based on credit losses over the duration of the instrument or expected credit losses within 12-month period respectively, and based on whether there has been a significant increase in credit risk since initial recognition. Considering the complexity, new standards also provide some simplified methods, such as impairment provisions on contract assets, accounts receivable, lease receivables and financial instruments with low risk based on credit losses over the entire duration of the asset. No matter how the stages are divided, the new standards require immediate recognition upon provision for impairment. In this book, we argue that the new standards require consideration of the results of risk management instruments when recognizing impairment of financial instruments and should not ignore the previous method of recognizing bad debt provisions, although this is not absolutely suitable in practice.

It is noteworthy that the analysis of impairment of available-for-sale financial assets under the old standards focuses on the combined consideration of market risk and credit risk of the financial assets. The new standards assess the credit risk of financial assets at fair value through other comprehensive income in accordance with the expected credit loss model, and does not consider the market risk of the financial assets in the impairment assessment.

From the theoretical perspective, the expected credit loss model is undoubted one of the advances about the new accounting standards, which is also a manifestation of its active response to the financial crisis. It has replaced the incurred loss model and requires that expected losses should be taken into account when recognizing impairment, so that impairment losses on financial assets in the first and second stages can be recognized in advance. On the third stage, the expectation of losses over the entire duration of the financial assets also demonstrates a certain degree of advancement and is more in line with macroeconomic trends.

2.2.2 Changes in the Scope of Impairment of Financial Instruments

With respect to the scope of impairment of financial instruments, while the threshold for impairment under the old standards for financial instruments is that "the reliable evidence that the target financial asset is impaired can be provided", the new standards introduce an innovative requirement to measure the portion of a financial asset that may be impaired even if there is no indication. This is the "expected credit loss" model, and a "three-stage model" has been proposed for the same period. In terms of the subjects to be impaired, the old accounting standards require impairment of subjects other than FVTPL, while the new standards require impairment of "debt instruments classified as FVOCI" and "financial assets measured at amortized cost", but no impairment of "non-trading equity instruments classified exclusively as FVOCI". At the same time, the new standards include lease receivables and contract assets as defined in Accounting Standards for Business Enterprises No.14—Income in the scope of impairment of financial instruments, and the scope of impairment of financial instruments is larger than the scope of classification of financial instruments. In addition, the new standards clarify the need for impairment of off-balance-sheet operations such as loan commitments and financial guarantees.

2.3 Changes in Accounting Treatment for Embedded Derivatives

Compared to the old standards, the new standards on financial instruments simplify the accounting treatment for embedded derivatives.

Under the old standards, if a mixed instrument is not designated to be measured at fair value and its changes are classified among the financial asset or liability at fair value through profit or loss, furthermore, the economic characteristics and risks of the embedded derivative are not closely related to the main contract, and the separate instrument with the same terms as the embedded derivative conform to the definition as a derivative, the embedded derivative should be separated from the hybrid contract and treated as a separate derivative. If it is not possible to measure the embedded derivative separately, the hybrid contract as a whole should be designated as measured at fair value with changes in fair value recognized in profit or loss. As the regulations involve a large number of professional judgments and the understanding and grasp of enterprises differ, the newly revised standards on recognition and measurement of financial instruments have simplified the accounting treatment of embedded derivatives.

The new standards on financial instruments provide that if the main contract of a mixed contract is a financial asset, the mixed contract should be accounted for as a whole and no longer be split. Otherwise, if the hybrid instrument is not designated at fair value through profit or loss, and the economic characteristics and risks of the embedded derivative are not closely related to the host contract, while a separate instrument with the same terms as the embedded derivative meets the definition of a derivative, the embedded derivative should be spun off from the mixed contract and treated as a separate derivative. If it is not possible to measure the embedded derivatives separately, the mixed contract as a whole should be designated at fair value through profit or loss, that is, for mixed contracts where the master contract is a financial asset, the old and new standards have different accounting treatments. For mixed contracts where the master contract is a financial liability or where the master contract is a mixed contract of non–financial instrument, it is necessary to assess whether the embedded derivative is closely related to the master contract and determine whether it should be split under either the old or new standards.

From another perspective, under the new standards, embedded derivatives are asymmetric for financial instruments where the master contract is the financial asset and financial liability.

2.4 Changes in Transfer and Derecognition of Financial Assets

Firstly, the principles of judgment for the transfer of financial assets and their derecognition has been clarified. While keeping the principle of judgment unchanged, the new standards clarify the conditions for derecognition of the transfer of financial assets and highlight the process of judgment, in which the conditions for derecognition do not meet the following two aspects: First, the transferor still bears the corresponding risks and enjoys its rights and interests, which means that it still retains ownership of the relevant assets. Second, the transferor has not fully transferred the risks and benefits. Generally speaking, if the risk–reward is almost fully retained, recognition should be terminated. If the risk–reward is almost fully transferred, recognition should be derecognized. If it is partially retained, recognition of the asset or liability should be based on the status of the rights and obligations after the transfer; and if control is retained, recognition of the asset or liability should be based on the degree of continued involvement. Otherwise, derecognition of the financial asset is required.

Secondly, the measurement of the related liability in the case of continued involvement has been clearly set. Although the new standards increase the measurement method for related liabilities, the measurement methods and principles remain unchanged and provide more detailed guidance on relevant practical issues, such as the determination of whether to continue to control the transferred assets. As far as measurement methods are concerned, the new standards provide two measurement methods, namely amortized cost method and fair value method. At the same time, in order to make accounting information comparable, the new standards also stipulate that the measurement basis of assets and liabilities should be consistent before and after the transfer.

Thirdly, the recognition and measurement of transferee has been clarified when the conditions for derecognition are not met. In the event of failure to derecognize, the new standards stipulate that the transferee should not repeatedly recognize the assets and liabilities, derivatives or contractual rights and obligations related to the transfer. At the same time, the new standards also stipulate that if almost all rights of control and risk-reward are not obtained, the transferee should treat the consideration paid as receivables. When certain conditions are met, the tronsferee can measure the receivables at amortized cost.

Considering the modest impact on financial institutions of changes in the transfer and derecognition of financial assets, this book will not focus on this issue.

2.5 Changes in the Applicability of Hedge Accounting

The hedge accounting is aimed at reflecting the risk management effect by using financial instruments in financial statements. The new financial instruments standards enhance the integrity of hedge accounting with risk management and its strong link with business management. Compared to the current standard, the new financial instruments standards have changed in the following six aspects to improve the applicability of hedge accounting.

First, the scope of eligible hedged items and hedging instruments has expanded, and flexibility in the designation of hedging relationships is enhanced. Under the current standards, derivatives are prohibited as hedged items, while the new financial instrument standards allow exposures formed by a combination of derivatives and non-derivatives to be designated as hedged items. At the same time, the new financial instruments standards allow business units to apply a broader range of hedging instruments to hedge more types of risks, and the use of derivatives will be a major breakthrough. The expanded range of eligible hedging instruments and hedged items increases the flexibility in designating hedging relationships, allowing business units to formulate more flexible hedging strategies and hedge risk exposures by using derivative instruments to lock in future cash flows or offset the impact of fair value changes on profit or loss.

Second, hedge effectiveness assessment requirements are changed to emphasize the economic relevance of the hedge relationship. The current standard has relatively strict requirements for hedge accounting effectiveness, resulting in increased cost of interpretation, since effetive hedging activities for risk management purposes cannot be accounted or shown in the financial statement due to its failure of passing the effectiveness test. Under the new financial instruments standards, the rigid ratio requirement of 80% to 125% and the retrospective validity test are eliminated, and the validity assessment of three dimensions, namely economic correlation, credit risk impact and hedging ratio, is introduced to facilitate the interpretation of the effect of hedging activities from the perspective of risk management, thus strengthening the integration of accounting and risk management, reflecting the effect of risk management in the financial statements through the implementation of hedge accounting and improving the decision-making effectiveness of bank financial statements.

Third, the concept of hedging costs is introduced to reduce the impact on profit or loss due to the hedge implementation. The current standards allow the intrinsic value of options, the spot element of forward contracts or the spot element of swap contracts to be stripped out and used as the hedging instrument, but do not fully consider the volatility in profit or loss caused by the time value of options, the forward element of forward contract and the basis difference component of swap contracts. The new financial instruments standards introduce the concept of hedging cost, which means that when the intrinsic value of options, the spot element of forward contracts or the spot element of swap contracts is designated as the hedging instrument, the time value of options, the forward element of forward contracts and the basis difference of swap contracts can be treated as the hedging cost and the resulting change in fair value can be recognized in other comprehensive income, thus reflecting more fully the economic substance of the transaction.

Fourth, hedge rebalancing is introduced to ensure the continuity of the hedge relationship without changes in risk management objectives. The current standards do not allow adjustments that are not explicitly stated at the time of designation of the hedging relationship to be considered as adjustments to the continuing hedging relationship, which is inconsistent with risk management practices. Under the new financial instrument standards, adjustments to the number of hedged items or hedging instruments assigned to maintain hedge ratios that meet the requirements of the hedge effectiveness evaluation reflect changes in implementation and can be considered as the continuation of the hedging relationship under the circumstance of unchanged risk management objectives. The rebalancing mechanism of the hedging relationship has replaced the termination and reassignment of the former hedging relationship.

Fifth, the requirements for terminating hedge accounting have been raised, thus further enhancing the integrity of hedge accounting and risk management. Under the current standards, the termination requirements for hedge accounting are less stringent. Under the new financial instruments standards, voluntary termination of hedge accounting is prohibited when the risk management objective of a particular hedging relationship remains unchanged and other criterion for the use of hedge accounting are still met. By reducing the discretionary use of hedge accounting, it ensures that the risk management information is effectively exchanged through hedge accounting.

Sixth, more extensive and complex disclosure requirements for financial statements have been introduced to improve the transparency of hedge accounting. In addition to the disclosure of the financial effects of hedge accounting required by existing standards, the new financial instruments standards increase the qualitative and quantitative disclosures on hedge accounting, requiring information such as hedging strategies, management's critical judgments and assumptions. As a result, the risk management, the hedging activities, as well as the application of hedge accounting become more transparent.

Considering that hedge accounting is optional and its impact on China's financial institutions may have not fully emerged, this book will not focus on this issue.

2.6 Changes in the Presentation of Financial Instruments

The Ministry of Finance issued Accounting Standards for Business Enterprises No.37—Presentation of Financial Instruments (Revised in 2017) on May 2, 2017, and in order to further standardize the disclosure of financial statements and the quality of accounting information. Meanwhile, it issued the Circular on the Modification and Issuance of Financial Statement Format for Financial Enterprises in 2018 on December 26, 2018 to unify the financial statements form of financial institutions. The following paragraph is a summary of the main changes in the presentation of financial statements of financial institutions under the new financial instruments standards.

2.6.1 Changes in Balance Sheet

(1) As for the item "loans and advances granted" that reflects the ending carrying value of financial assets resulting from the bank's loans and advances granted, including loans and advances granted at amortized cost, loans and advances at fair value through other comprehensive income, and loans and advances at fair value through profit or loss, enterprises should disclose the carrying value of each item in the notes in accordance with the provisions of Article 39 of Accounting Standards for Business Enterprises No.37—Presentation of Financial Instruments.

(2) The four categories of financial asset accounts under the previous standards have been deleted: trading financial assets (HFT), held-to-maturity investments (HTM), loans and receivables (L&R) and available-for-sale financial assets (AFS). The new standards require enterprises based on their business model for managing financial assets and the cash flow characteristics of the financial assets to classify financial assets in three categories: financial assets at amortized cost (AC), financial assets at fair value through other

comprehensive income (FVOCI) and financial assets at fair value through profit or loss (FVTPL) .

The item of financial investment has been added:

Item "Financial investments: trading financial assets" reflects investments classified as FVTPL equity instruments, hybrid financial instruments, etc., and, at acquisition, investments classified as FVTPL debt instruments according to business models and cash flow characteristics and fair value option;

Item "Financial investment: debt investment" reflects the carrying value of investments classified as AC debt instruments at acquisition (deducting provision for loss), based on business models and cash flow characteristics and fair value option. "Financial investment: other creditors' investments" reflects investments in debt instruments classified as FVOCI at acquisition by business models and cash flow characteristics and fair value option;

Item "Financial investment: investments in other equity instruments" reflects the holding of investments designated as FVOCI equity instruments that are attributable to financial instruments.

It should be noted that the item "Financial investment: trading financial assets" in the *2018 Financial Statements Format of Financial Enterprises* is in compliance with Article 16 (3) of Accounting Standards for Business Enterprises No.22—Recognition and Measurement of Financial Instruments. Financial investments classified as financial assets stipulated in Article 16 (3) include the carrying value at the balance sheet date of the following enterprise-owned assets under financial investments: financial assets held for trading purposes, financial assets held by the enterprise designated as at fair value through profit or loss, and financial assets held for trading because they do not meet the criteria for classification as amortized cost measurement. This book finds out that only 11 of 51 listed banks have the above mentioned three categories of presentation disclosure for this item. The financial assets held by enterprises designated as financial assets at fair value through profit or loss refer to the non-trading financial assets that can be designated as financial assets at fair value through profit or loss if the accounting mismatch can be eliminated or significantly reduced. This book believes that the disclosure classification can better reflect details such as the business model, holding purposes, application of the fair value option, risk management requirements and so on.

(3) For interest income and interest expense, interest on financial instruments based on the effective interest method should be included in the carrying amount of the corresponding financial instrument and reflected in the relevant items of "Lending funds", "Financial investment: debt investment", "Financial investment: other debt investments", "Loans and advances granted", "Bonds payable", "Long-term loans", etc., instead of presenting a separate item for "Interest receivable" or "Interest payable" . The accounts "Interest receivable" and "Interest payable" should reflect only the interest payables and receivables on the relevant financial instrument that have already become due but not yet been received or paid at the balance sheet date. They should normally be shown in the "Other assets" or "Other liabilities" because of the relatively small amount.

(4) As for financial liabilities, the classification of financial liabilities under the new standards has not changed substantially comparing to the classification of financial liabilities under the existing standards. They are still classified as

financial liabilities at fair value through profit or loss and financial liabilities at amortized cost.

2.6.2 Changes in Income Statement

(1) Item "Investment income: wherein: gain on derecognition of financial assets measured at amortized cost" has been added, reflecting gains and losses arising from the derecognition of financial assets measured at amortized cost due to the transference by the enterprise. However, the Ministry of Finance does not further clarify whether the cumulative fair value change is necessary to be transferred to investment income upon derecognition of FVTPL's financial assets.

(2) Item "Credit impairment loss" and item "impairment loss on other assets" have been added, "Impairment loss on assets" has been deleted, reflecting the credit loss recognized when the enterprise makes provision for credit losses on financial instruments in accordance with Accounting Standards for Business Enterprises No.22—Recognition and Measurement of Financial Instruments, and the impairment loss recognized when the enterprise makes provision for impairment of other assets in accordance with the relevant enterprise accounting standards.

(3) The following items have been added: "Other comprehensive income to be reclassified in profit or loss: Changes in fair value of other debt investments", "Other comprehensive income to be reclassified in profit or loss: provision for impairment of other creditors' investments", "Other comprehensive income that cannot be reclassified in profit or loss: changes in fair value of investment in other equity instruments". Item "Other comprehensive income to be reclassified in

profit or loss: gain on change in fair value of available–for–sale financial assets" has been deleted.

2.6.3 Changes in Statement of Change in Equity

Item "Other comprehensive income carryforward retained earnings" has been added, which mainly reflects: (1) The amount of accumulated gains or losses included previously in other comprehensive income transferred to retained earnings from other comprehensive income upon termination of investment in non–trading equity instruments designated by the enterprise as at fair value through profit or loss; (2) Upon derecognition of a financial liability designated by the enterprise as at fair value through profit or loss, the amount of accumulated gains or losses recognized previously in other comprehensive income due to changes in the enterprise's own credit risk is transferred from other comprehensive income to retained earnings.

This book finds out that the changes in the classification and measurement of the new financial instruments standards address the overly complex classification and measurement criteria that existed in the old standards with a more concise and clearer presentation of financial assets. At the same time, in terms of the measurement properties of financial instruments, a large number of financial assets, including available–for–sale financial assets measured at historical cost, have been changed to FVTPL, making the income statements of financial enterprises more volatile and making budget management and earnings forecasting more difficult.

Chapter 3

Application and Impact Analysis of New Financial Instruments Standards in Listed Banks

Changes and Impacts of

New Financial

Instruments Accounting Standards

FINANCE

This chapter analyzes the impact of the implementation of the new financial instruments standards on listed banks from five aspects: classification of financial instruments, impairment, profit and earnings structure of listed banks, net assets and capital adequacy ratio, and financial statement disclosure. According to the annual reports disclosed by listed banks and the information obtained from other public channels, the annual report data of listed banks from 2018 to 2020 are selected for analysis. The subjects of the study include 14 banks listed either on the Shanghai Stock Exchange (SSE) or Shenzhen Stock Exchange (SZSE) while listed on Hong Kong Exchanges and Clearing Limited (HKEx). (Hereinafter referred to as "A+H shares"), 22 banks listed on the SSE or SZSE (hereinafter referred to as "A shares"), and 15 banks listed on the HKEx (hereinafter referred to as "H shares"), a total of 51 listed banks.

Based on the annual reports of the listed banks for 2018 and 2019, the implementation dates of the new financial instruments standards for each bank are shown in Table 3-1.

Table 3-1

Implementation dates of new financial instruments by listed banks

No.	Bank name	Nature of bank	Implementation date of new financial instruments	Trading market
1	Industrial and Commercial Bank of China	Large state-owned commercial bank	January 1, 2018	A+H Shares
2	China Construction Bank	Large state-owned commercial bank	January 1, 2018	A+H Shares
3	The Agricultural Bank of China	Large state-owned commercial bank	January 1, 2018	A+H Shares
4	Bank of China	Large state-owned commercial bank	January 1, 2018	A+H Shares
5	Bank of Communications	Large state-owned commercial bank	January 1, 2018	A+H Shares
6	Postal Savings Bank of China	Large state-owned commercial bank	January 1, 2018	A+H Shares
7	China Merchants Bank	National joint-stock commercial bank	January 1, 2018	A+H Shares
8	Industrial Bank	National joint-stock commercial bank	January 1, 2019	A-shares
9	Shanghai Pudong Development Bank	National joint-stock commercial bank	January 1, 2018	A-shares
10	China Minsheng Bank	National joint-stock commercial bank	January 1, 2018	A+H Shares
11	China Citic Bank	National joint-stock commercial bank	January 1, 2018	A+H Shares
12	China Everbright Bank	National joint-stock commercial bank	January 1, 2018	A+H Shares
13	Ping An Bank	National joint-stock commercial bank	January 1, 2018	A-shares
14	Hua Xia Bank	National joint-stock commercial bank	January 1, 2019	A-shares
15	China Zheshang Bank	National joint-stock commercial bank	January 1, 2018	A+H Shares

Table 3–1 Continued

No.	Bank name	Nature of bank	Implementation date of new financial instruments	Trading market
16	Bank of Beijing	City commercial bank	January 1, 2019	A–shares
17	Bank of Shanghai	City commercial bank	January 1, 2019	A–shares
18	Bank of Jiangsu	City commercial bank	January 1, 2019	A–shares
19	Bank of Ningbo	City commercial bank	January 1, 2019	A–shares
20	Bank of Nanjing	City commercial bank	January 1, 2019	A–shares
21	Bank of Hangzhou	City commercial bank	January 1, 2019	A–shares
22	Bank of Guiyang	City commercial bank	January 1, 2019	A–shares
23	Bank of Chengdu	City commercial bank	January 1, 2019	A–shares
24	Bank of Changsha	City commercial bank	January 1, 2019	A–shares
25	Bank of Xi'an	City commercial bank	January 1, 2019	A–shares
26	Bank of Suzhou	City commercial bank	January 1, 2019	A–shares
27	Bank of Zhengzhou	City commercial bank	January 1, 2018	A+H Shares
28	Bank of Qingdao	City commercial bank	January 1, 2018	A+H Shares
29	Huishang Bank	City commercial bank	January 1, 2018	H–shares
30	Shengjing Bank	City commercial bank	January 1, 2018	H–shares
31	Harbin Bank	City commercial bank	January 1, 2018	H–shares
32	Bank of Tianjin	City commercial bank	January 1, 2018	H–shares
33	Bank of Jinzhou	City commercial bank	January 1, 2018	H–shares
34	Zhongyuan Bank	City commercial bank	January 1, 2018	H–shares
35	Bank of Chongqing	City commercial bank	January 1, 2018	H–shares
36	Bank of Gansu	City commercial bank	January 1, 2018	H–shares
37	Bank of Jiangxi	City commercial bank	January 1, 2018	H–shares
38	Bank of Jiujiang	City commercial bank	January 1, 2018	H–shares
39	Bank of Luzhou	City commercial bank	January 1, 2018	H–shares
40	Jinshang Bank	City commercial bank	January 1, 2018	H–shares
41	Bank of Guizhou	City commercial bank	January 1, 2018	H–shares
42	Zijin Rural Commercial Bank	Rural commercial bank	January 1, 2019	A–shares

Table 3–1 Continued

No.	Bank name	Nature of bank	Implementation date of new financial instruments	Trading market
43	Changshu Rural Commercial Bank	Rural commercial bank	January 1, 2019	A–shares
44	Wuxi Rural Commercial Bank	Rural commercial bank	January 1, 2019	A–shares
45	Jiangyin Rural Commercial Bank	Rural commercial bank	January 1, 2019	A–shares
46	Rural Commercial Bank of Zhangjiagang	Rural commercial bank	January 1, 2019	A–shares
47	Suzhou Rural Commercial Bank	Rural commercial bank	January 1, 2019	A–shares
48	Qingdao Rural Commercial Bank	Rural commercial bank	January 1, 2019	A–shares
49	Chongqing Rural Commercial Bank	Rural commercial bank	January 1, 2018	A+H Shares
50	Guangzhou Rural Commercial Bank	Rural commercial bank	January 1, 2018	H–shares
51	Jiutai Rural Commercial Bank	Rural commercial bank	January 1, 2018	H–shares

3.1 Impact Analysis of the New Financial Instruments Standards on the Classification of Financial Assets of Listed Banks

This chapter examines the changes in the two main business areas of banks under the old and new financial instruments standards.

3.1.1 Analysis of the Classification of Credit Business

The issuance of loans and advances by Chinese banks basically conforms to the characteristics of financial assets measured by amortized cost under the new standards. Measurement by amortized cost is still mostly adopted and has little change with the current standards.

However, part of the loans may be due to variable interest rates, right of anticipation, extension options and other provisions of the contractual cash flow does not satisfy the "only the principal and interest on the unpaid principal" criteria that cannot be classified as amortized cost measurement, can only be classified as a financial asset at fair value through profit or loss and its changes. For example, a bank extends a loan to an oil exploration company with an interest rate pegged to the price of oil. When the price of crude oil rises, interest is charged at Libor + 1.5%. When the price of crude oil falls, no interest is charged. Under the current standards, the asset is classified as a loan at amortized cost based on the intent to hold and the absence of an active market, but under the new standards, due to the special interest rate structure, the contractual cash flows do not meet the criterion of "principal and interest on outstanding principal only" and should be classified as a financial asset at fair value through profit or loss.

In addition, some traditional businesses with "sale" scenarios, such as bill discounting (formerly classified as L&R), should be reclassified as FVOCI or even FVTPL under the new standard due to their business model of receiving contractual cash flows and selling. At the same time, some banks need to pay ongoing attention to the business model determination of such portfolios when they engage in large-scale and frequent credit asset transfers or securitization transactions.

In summary, under the new standards, the credit business that commercial banks need to reclassify financial assets is mainly the loan business that cannot pass the "contractual cash flow test" and the bill discount business that manages the financial asset both for the purpose of collecting the contractual cash flows and selling the financial asset. Compared with the old standards, the classification results of banks' credit assets under the new standards can better reflect and distinguish the business characteristics of different credit products.

3.1.2 Analysis of the Classification of Investments

1. Analysis of the Classification of Equity Instruments

Due to the restrictions of the Commercial Bank Law, the equity instruments investment scale held by commercial banks in China are limited and mostly consist of unlisted equity investments with specific purposes. Of course, with the development of financial conglomerate of commercial banks, some banks also have listed shares and other equity investments within the scope of consolidated statements.

For investments in equity instruments which are previously included by most banks in "available-for-sale financial assets" under the old standards, the new financial instruments standard require equity investments to be classified as FVTPL since they could not pass the contractual cash flow test. However, for non-trading equity instruments investments, the bank is allowed to decide to classify financial assets at fair value through other comprehensive income on initial recognition or the transition date of standards; but once the designation is made, it cannot be withdrew. At the same time, the regulation under the previous standards that unlisted equity investments can be measured at cost has been removed, and all investments in equity instruments should be measured only at fair value. If cost is determined to be the best representation of fair value, more stringent conditions and costs need to be met. Therefore, banks holding investments in equity instruments (such as equity acquired through debt–for–equity swaps or stock replacing bonds) have to face the challenges of choosing the accounting classification of fair value through profit or loss or equity, as well as fair value measurement. Management needs to consider the characteristics and intent of the bank's equity holdings and the impact of the accounting classification on the financial statements, to ensure that the choice is as objective as possible and avoid making an overly subjective choice due to concerns about the impact of changes in fair value on the income statement.

Under the old standards, changes in profit and loss on available–for–sale financial assets are recognized in other comprehensive income and the cumulative profit and loss on fair value changes and profit and loss on disposals are included in the income statement when disposing the sales. Therefore, banks prefer to classify part of financial assets as available–for–sale financial assets in order to avoid sharp fluctuations in profits, and when it is necessary to adjust current profits, as long as the available–for–sale financial assets are disposed of, the accumulated gains and losses on changes previously included in other comprehensive income can be transferred to current profits for the purpose of profit control and surplus management. However, under the new standards, changes in the fair value of investments in such equity instruments reclassified to FVTPL will directly affect profits. For non–trading equity investments designated as FVOCI, gains and losses incurred during the period of holding should be included in other comprehensive income, other than interest, dividends, impairment losses or gains and exchange gains and losses, and the related gains and losses should not be included in the income statement upon disposal. This change in classification makes it impossible for banks to regulate profits by disposing of available-for-sale financial assets, which can compress the profit manipulation space of banks, help standardizing the investment management of banks, enhance the effectiveness and efficiency of financial regulation, and therefore improve the transparency, comparability and usefulness of bank accounting information.

2. Analysis of the Classification of Debt Instruments

According to the annual report data of 51 listed Banks, debt investments has a relatively high proportion. Comparing with other types of assets, debt instruments have become the most important investment choice for banks because of their wide range of options, stable income, low risk and low capital occupation requirement. The largest component of debt investments is bonds, which can be classified according to the issuer as government bonds, financial bonds and corporate bonds. Most banks are able to make a smooth transition between the old and new rules by "shifting" the debt instruments on their balance sheets without changing their accounting measurement properties.

3. Analysis of the Classification of Non-Standard Investments

Non-standard investment is a unique product of China's financial market and regulatory environment. According to the definition of the People's Bank of China's Standardized Debt Assets Determination Rules, standardized debt assets are "fixed-income securities such as bonds and asset-backed securities issued in accordance with the law" . Non-standard assets are generally defined as debt instrument assets that are not traded in the interbank market and stock exchange market, including but not limited to credit assets, trusts and loans, cntrusted claims, accounts receivable, various types of beneficial interests (rights to earnings), equity financing with buy-back clauses and so on. In the financial markets of developed countries, securities investments are usually referred to as stocks or bonds, while China's non-standard investment is dominated by trust plans, asset management plans, fund investments, wealth management products and structured principal investments. Therefore, for financial assets with Chinese characteristics such as non-standard investments, it may be necessary to open up step by step, depending on the contractual cash flow characteristics of the underlying assets to classify and determine financial assets. However, due to the restriction of non-standard asset product design, legal relationships and information, it is difficult to practice penetration analysis of these products. Due to the inability to pass the contractual cash flow test or the choice of the business models, a significant part of the bank's non-standard investments is classified by financial assets at fair value through profit or loss under the new standards instead of the receivables investment subject under the old standard. As a consequence, the proportion of FVTPL assets in the bank's balance sheet and the impact of fluctuations in the valuation of these assets on the bank's profit and loss statement increase. Since different banks have different asset allocation strategies in their financial portfolios (e.g., non-standard asset ratios and duration), the corresponding degree of financial impact varies.

In summary, under the new standards, the changes in the classification of commercial banks' investment business are the investment business which cannot pass the "contractual cash flow test" need to be reclassified and the accounting profit can no longer be adjusted through disposal the non-trading equity investments designated as FVOCI. Compared with the old standards, the classification principles of financial assets under the new standards can reflect and distinguish the characteristics of different investment businesses, and the quality of accounting information has been improved.

3.1.3 Analysis of Changes in the Classification of Financial Assets under the Old and New Financial Instruments Standards

The changes in the classification of financial assets from "four–way classification" to "three–way classification" means that the bank's accounting subject system need to be reconstructed, and the original accounting subjects of held–to–maturity investments, available–for–sale financial assets and receivables will no longer exist.

(1) For trading financial assets under the old standards, if banks hold financial assets for trading purposes or initially designate them as FVTPL, they should be classified as FVTPL under the new standards, which is not a significant change from the classification treatment under the old standards.

(2) For banks, held–to–maturity investments under the old standards are mostly mid– and long–term bonds, which basically have the characteristics of financial assets measured at amortized cost under the new standards and are still valued at amortized cost, with little change from the current standard. However, it is subject to change as a result of the choice of the bank's business model.

(3) Under the old standards, bank loans and receivables are mostly presented in subjects such as interbank deposits, redemptory monetary capitals for sale, loans and advances granted and receivables investments, which basically have the

characteristics of financial assets at amortized cost under the new standard and are still valued at amortized cost. However, as mentioned above, some loans may not fit the standard of "principal and interest on unpaid principal only" due to variable interest rate, prepayment right, rollover option, etc. They can only be classified as FVTPL. In addition, traditional businesses with frequent sales in loans such as note discounting and forfaiting will no longer be measured at amortized cost and will be classified as FVOCI or FVTPL by the choice of their business model.

(4) Under the old standards, the types of financial assets accounted for in available-for-sale financial assets are more diversified and need to be decided separately under the new standards according to their business models and contractual cash flow characteristics, with varying classification results. Available-for-sale equity instruments and hybrid financial instruments can be classified as FVTPL. It is important to notice that some non-trading available-for-sale equity instruments can be designated as FVOCI according to the options of the bank management, but this designation is irrevocable. Available-for-sale debt instruments that can be measured at fair value through other comprehensive income can be classified as such financial assets.

In summary, for listed banks, the new standards have the greatest impact on available-for-sale financial assets and receivables. A large proportion of financial assets previously accounted for under these two subjects has to be reclassified as fair value through profit or loss. The impact of the reclassification of trading financial assets and held-to-maturity investments due to the change in accounting standards should be insignificant. Therefore, it can be inferred under the new standards that there is an increase in the balance of the financial assets at fair value through profit or loss account on the balance sheet of listed banks and a decrease in the size of the financial assets at amortized cost and fair value through comprehensive income. The analysis of the reclassification is shown in Table 3-2.

Table 3-2

The analysis of the reclassification of financial assets under the new standards

Accounting subject	Measurement method under the old standards	Subclassification	Measurement method under the new standards	Note
Financial assets at fair value through profit or loss	Measured at fair value through profit or loss	Bonds	AC or FVOCI or FVTPL	Reclassification shall not be carried out after equity instruments are designated as FVOCI
		Equity instruments	FVTPL or FVOCI	
		Funds	FVTPL	
Customer loans and advances	Measured at amortized cost	Loans	AC or FVOCI or FVTPL	Notes discounted mainly transfer to be measured at fair value
		Notes discounted	AC or FVOCI or FVTPL	
Available-for-sale financial assets	Measured at fair value with changes in other comprehensive income	Bonds	AC or FVOCI or FVTPL	Some equity instruments may be converted to FVTPL and funds will be converted to FVTPL
		Equity instruments	FVTPL or FVOCI	
		Funds and others	FVTPL	
Receivables investment	Measured at amortized cost	Bonds	AC or FVOCI or FVTPL	Funds and financial products in other banks may be measured at fair value while structured products needs to be penetrated
		Funds	FVTPL	
		Structured products	AC or FVOCI or FVTPL	
		Financial products in other banks	AC or FVTPL	
Held-to-maturity investment	Measured at amortized cost	Bonds	AC or FVOCI or FVTPL	Little change

Before the transition of new financial instruments standards, the proportion of the financial assets classification of the 51 listed banks is as follows:

Financial assets at fair value through profit or loss account for 2.06% of total assets and the derivative financial assets have the smallest proportion, with the proportion of 0.34%. The total proportion of assets at fair value through profit or loss is 2.40%. Available-for-sale financial assets account for 7.98%. In summary, the proportion of financial assets at fair value to total assets is 10.38%.

Loans and advances granted have the largest proportion, reaching up to 49.67%. The proportion of held-to-maturity investments is closer to that of receivables, with 11.69% and 7.70% of total assets respectively. Redemptory monetary capital for sale accounts for 1.82%, and the total proportion of financial assets measured at amortized cost is 70.87%.

In accordance with the new financial instruments standards and related implementation regulations, this section selects data from the 2018 annual reports of 31 listed banks implementing the new standards in 2018 (see Figure 3-1 and Figure 3-2 for details) and the 2019 annual reports of 20 listed banks implementing the new standards in 2019 (see Figure 3-3 and Figure 3-4 for details), and uses information on financial investments held by each of the 51 listed banks in China as disclosed in their financial reports, to analyze the impact of the classification of financial investments (loans and advances excluded) on our banking sector under the new standards.

Figure 3–1 Proportion of financial assets classification of listed banks implementing the new standards under the old financial instruments standards in 2018

Source: 2018 annual reports of banks

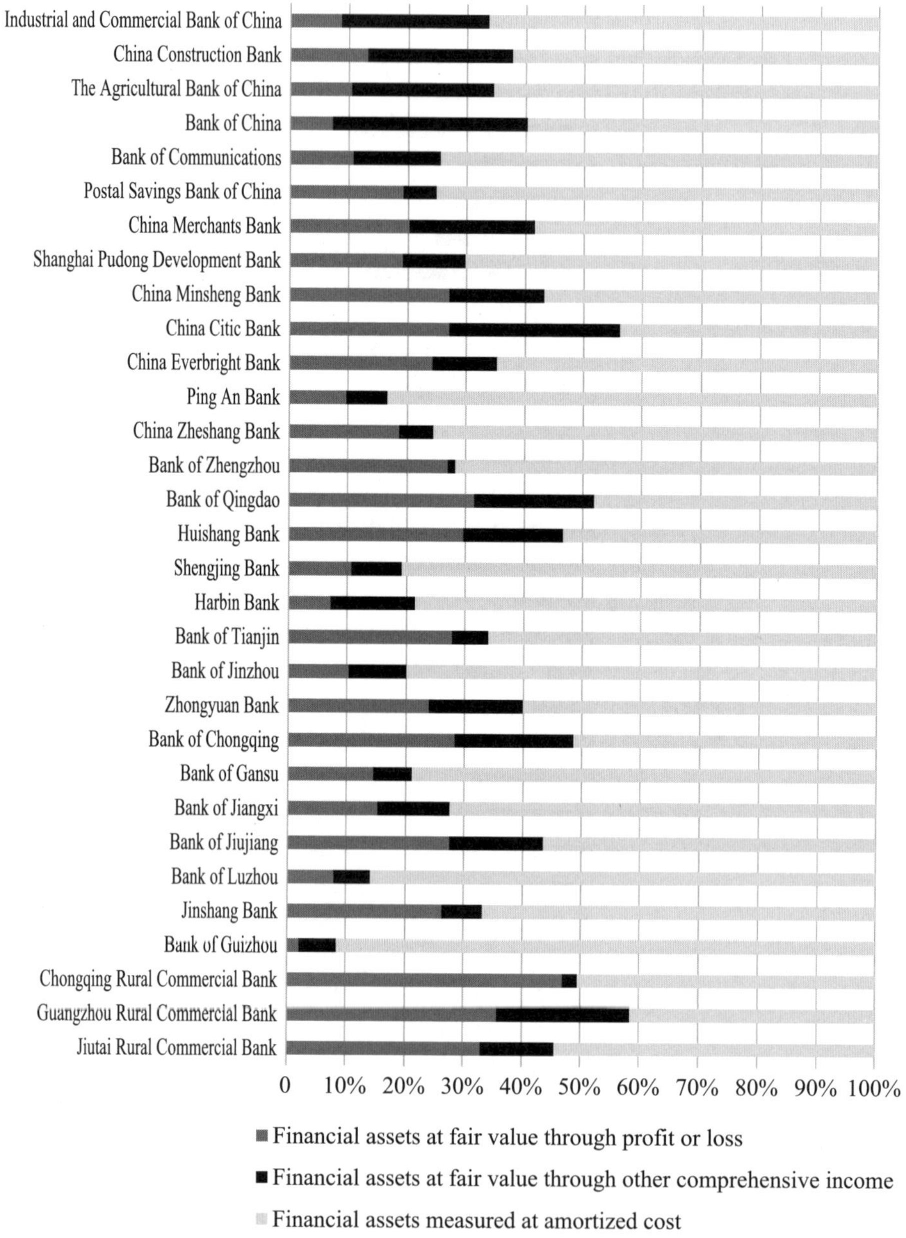

Figure 3–2 Proportion of financial assets classification of listed banks implementing the new standards under the new financial instruments standards in 2018

Source: 2018 annual reports of banks

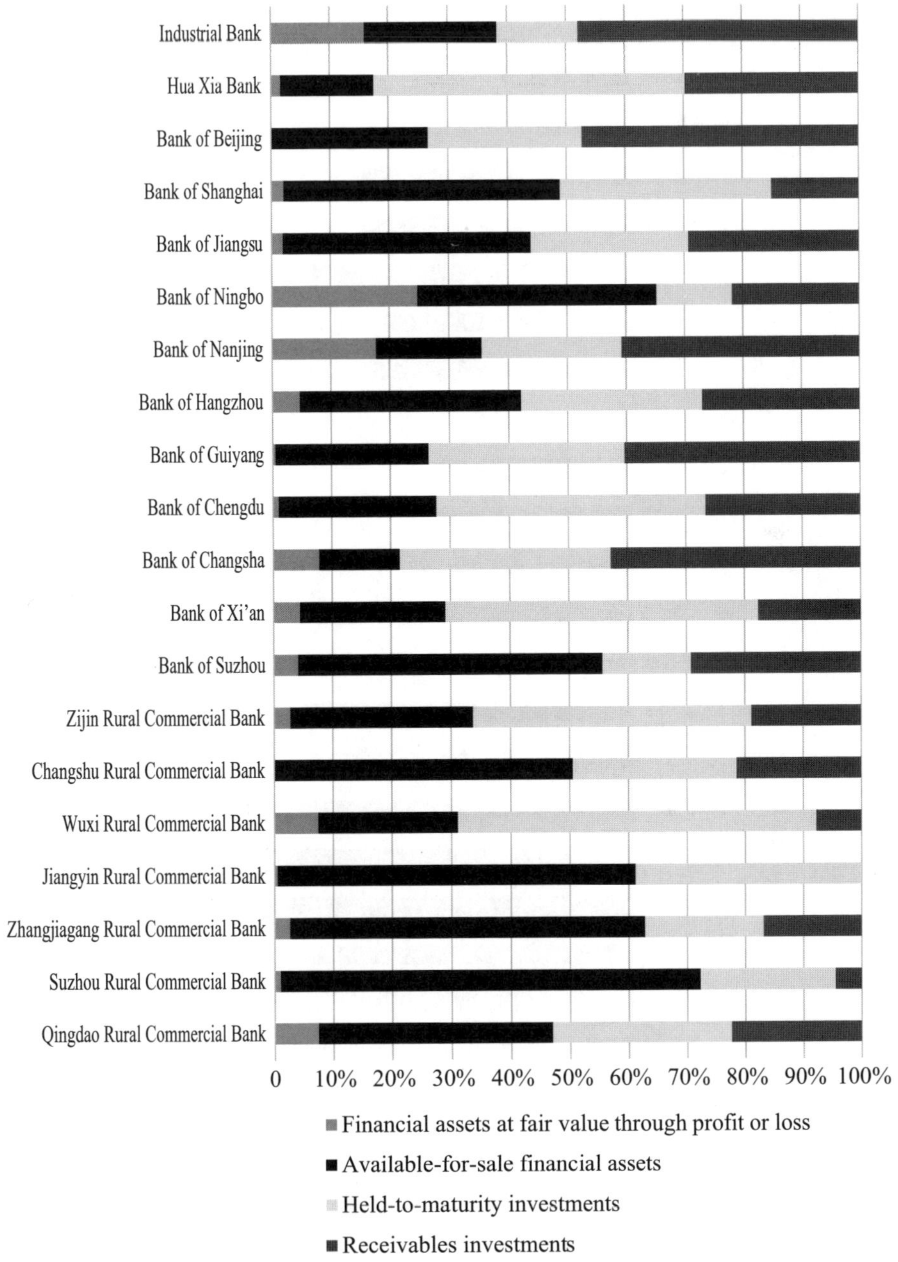

Figure 3–3 Proportion of financial assets classification of listed banks implementing the new standards under the old financial instruments standards in 2019

Source: 2019 annual reports of banks

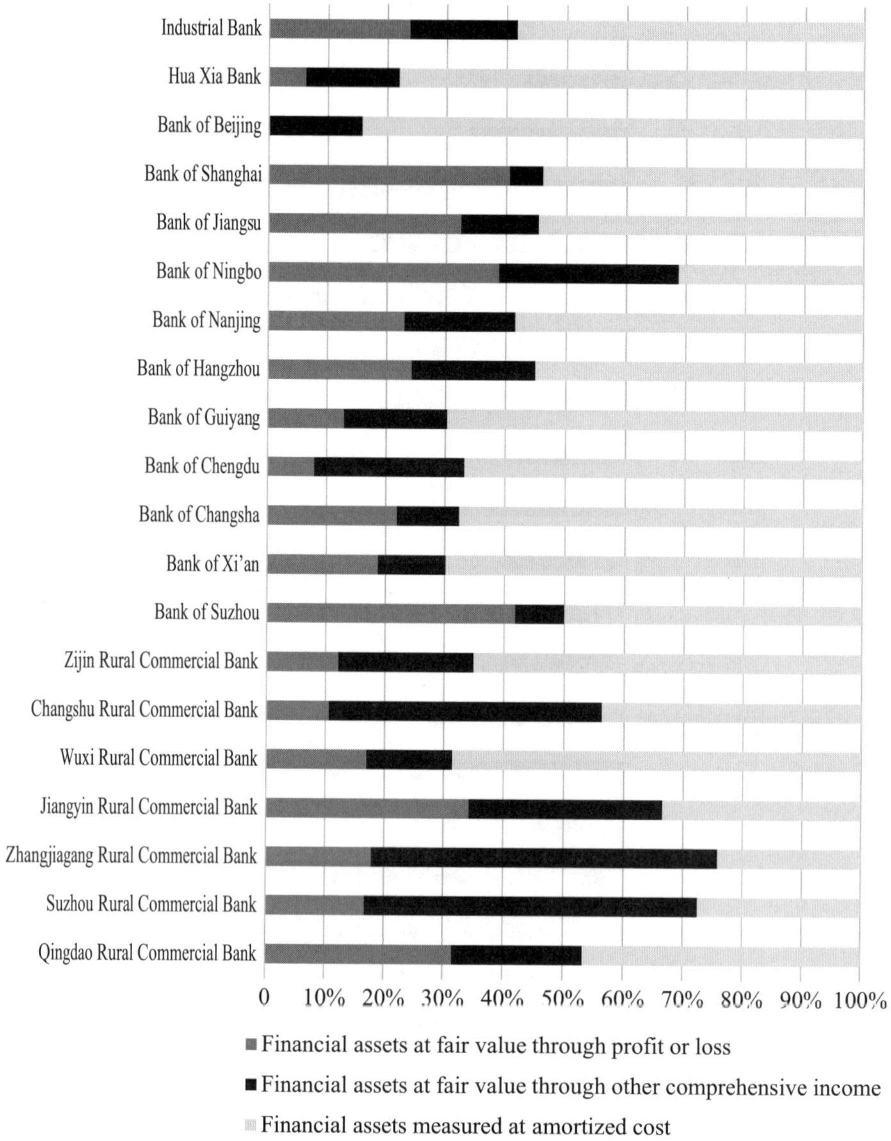

Figure 3–4 Proportion of financial assets classification of listed banks implementing the new standards under the new financial instruments standards in 2019

Source: 2019 annual reports of banks

Among listed banks implementing the new standards in 2018: Financial assets at fair value through profit or loss under the old standards range from 0~27.5% of financial investments, with an average ratio of 3.9% and a median of 1.7%. Available-for-sale financial assets range from 4.6%~52.2% of financial investments, with an average ratio [1] of 23% and a median of 19.2%. Held-to-maturity investments as a percentage of financial investments range from 0~44.4%, with an average ratio of 18.3% and a median of 14.8%, while investments in the receivables category range from 24.8% to 81.3%, with an average ratio of 54.7% and a median of 55.4%. Under the new standards, the range of financial assets at fair value through profit or loss is between 2.1%~46.9%, with an average ratio of 21.7% and a median of 25.1%. The range of financial investments in financial assets at fair value through other comprehensive income is between 1.3%~22.7%, with an average ratio of 10.9% and a median of 9.1%. The range of financial investments in financial assets at amortized cost is between 41.6%~91.6%, with an average ratio of 67.4% and a median of 69.3%.

Among listed banks implementing the new standards in 2019: Financial assets at fair value through profit or loss under the old standards range from 0~24.7% of financial investments, with an average ratio of 5.4% and a median of 2.7%. Available-for-sale financial assets range from 13.6%~71.3% of financial investments, with an average ratio of 36.4% and a median of 34.2%. Held-to-maturity investments as a percentage of financial investments range from

[1] Unless otherwise specified, the average ratio mentioned in this book is arithmetic average ratio.

12.9%~61.1%, with an average ratio of 32.8% and a median of 30.7%, while investments in the receivables category range from 0 to 48%, with an average ratio of 25.4% and a median of 24.5%. Under the new standards, the range of financial assets at fair value through profit or loss is between 0.2%~41.8%, with an average ratio of 21.6% and a median of 20.3%. The range of financial investments in financial assets at fair value through other comprehensive income is between 5.5%~58%, with an average ratio of 23% and a median of 18.3%. The range of financial investments in financial assets at amortized cost is between 24.2%~84.3%, with an average ratio of 55.4% and a median of 56.7%.

Combined with the above four charts above, the average proportion of financial assets to financial investment of 51 listed banks measured at fair value and their changes included in the current period is higher than that after the transition date, and the proportion distribution range has expanded. The average proportion of financial assets measured at fair value and whose changes are included in other comprehensive income in financial investment is lower than that after the transition date, and the proportion distribution range is narrowed. The average proportion of financial assets measured by amortized cost to financial investment has decreased compared with that after transition date, and the proportion distribution has not changed significantly. Although the property, management policy and investment strategy of the 51 listed banks are different, there is still an obvious trend in the change of each subject of the "three categories". A summary and analysis with details are shown below.

The composition of the overall financial investments of listed banks implementing the new standards in 2018 is as follows:

Among the financial investments under the old standards, financial assets at fair value through profit or loss account for 6.6% of financial investments at fair value. Available-for-sale financial assets account for 26.6% of financial investments at fair value, and held-to-maturity investments and receivables account for a total of 66.8% of financial investments at fair value.

Among the financial investments under the new standards, the proportion of financial assets at fair value through profit or loss to the financial investments is 14.9%. The proportion of financial assets at fair value through other comprehensive income to the financial investments is 20%, and the proportion of financial assets at amortized cost to the financial investments is 65.1%.

The composition of the overall financial investments of listed banks implementing the new standards in 2019 is as follows:

Among the financial investments under the old standards, financial assets at fair value through profit or loss account for 8.9% of financial investments at fair value. Available-for-sale financial assets account for 29% of financial investments at fair value, and held-to-maturity investments and receivables account for a total of 62.1% of financial investments at fair value.

Among the financial investments under the new standards, the proportion of financial assets at fair value through profit or loss to the financial investments is 22.7%. The proportion of financial assets at fair value through other comprehensive income to the financial investments is 17.2%, and the proportion of financial assets at amortized cost to the financial investments is 60.1%.

The specific changes and impacts described above are mainly as follows:

1. A Significant Increase in Financial Assets at Fair Value through Profit or Loss

In terms of classification of financial assets, the new financial instruments standards provide greater incentives to enterprises to apply fair value measurement. Financial assets at fair value through profit or loss (FVTPL) becomes the default classification of all financial assets unless certain conditions for different classification are met, resulting in an overall increase in FVTPL after the transition of the standards. Through the annual financial reports of 51 listed banks for the years 2018 and 2019, it can be found that FVTPL balance shows an increase at the transition points of January 1, 2018 and January 1, 2019, with an increase of $3.4589 trillion or 127% for banks implementing the new standards in 2018 and $1.2521 trillion or 154% for banks implementing the new standards in 2019. The main reason for the increase is that the non-debt instrument investments originally included in available-for-sale financial assets under the old standard have been transferred to this subject. At the same time, investments in trading financial assets under the old standards basically meet the conditions for classification as FVTPL under the new standards, so most of them are directly converted to this subject. For non-standard assets accounted by receivables investment account under the old standards, especially trusts, asset management plans, funds, etc., all of them need to be decided by penetrating to the underlying product. If they cannot pass the SPPI test, they will also be classified to this subject.

According to the standards, equity investments, derivative financial instruments and non-standard investments, which cannot pass the SPPI test and are classified as FVTPL are more affected by the volatility of the market. The new financial instruments standards reflect all the value fluctuations of the above investments in the current income statement, and the income statement of enterprises reflects the actual value information of investment in financial assets more timely, so that report users can understand the status and risks of relevant financial assets investments more clearly.

The new financial instruments standards have stricter classification criteria for financial assets measured at amortized cost and financial assets measured at fair value through other comprehensive income, with more emphasis on the impact of fair value on financial statements. However, for banks, these two types of assets are mostly interbank certificates of deposit, bonds and other assets with stable value fluctuations, so the impact of the market risk is more limited. Even if their fair value fluctuations are not recognized in the income statement, they have less impact on the statement user's understanding of financial reports and judgment of the investment position and risk of the enterprise financial assets.

2. General Decline in Equity Financial Assets at Fair Value through Other Comprehensive Income

One of the biggest measurement changes in the new financial instruments standards is the shift in the default classification from available-for-sale financial assets to financial assets at fair value through profit or loss. Under the old standards, available-for-sale financial assets at fair value through other comprehensive income can be accounted for by all non-derivative financial assets, whereas under the new standards, financial assets at fair value through other comprehensive income can only be accounted for by debt instrument investments that pass the SPPI test and investments in designated non-trading equity instruments by management using options. By means of the annual financial reports of 51 listed banks, it can be found that the financial assets with FVOCI decline by 28% as a whole, of which financial assets with FVOCI in the listed banks implementing the new financial instruments standards in 2019 decrease by 40.5%, and further analysis finds that only a small portion of the investments in equity instruments in available-for-sale financial assets under the old standards remain in FVOCI under the new standards with a significant decline. Investments in equity instruments in FVOCI are more affected by the new standards, mostly because all changes in the holding period except for interest and dividends cannot be brought back to the income statement. The "reservoir" does not function anymore, and its contribution to enterprise operation is significantly reduced. Therefore, for equity instruments investments under the old standards, unless strategically held for long term, such as investment in CUP, VISA and MASTER, etc., banks are cautious in their designation of investments in other equity instruments, resulting in a significant decline in FVOCI's equity instrument investment balances.

3. Part of Held-to-maturity Investments and Loans and Receivables are no Longer Measured at Amortized Cost

Under the old standards, held-to-maturity investments and loans and receivables are measured at amortized cost, but there are assets whose cash flows do not fulfill the condition of "payment only of principal and interest on the outstanding principal". They are not simple loan contracts, such as multi-layered nested ABS investments, asset management plans and trust products. Under the new standards, these specific types of assets will no longer be included in financial assets at amortized cost, but at fair value through profit or loss. But as a whole, the changes caused by the above reasons have small impact.

In addition, the traditional business of loans, such as notes discounted and forfaiting, which have frequent sales, is no longer measured at amortized cost due to their business model. In this book, after the transition date of the loans and advances granted by 51 listed banks, 2.56% of the loans and advances granted are classified as financial assets at fair value through other comprehensive income, and 0.03% are classified as financial assets at fair value through profit or loss. 97.41% of loans are maintained at amortized cost.

In summary, under the new financial instruments standards, the classification results of financial assets are rigidly bound by the substantive terms of the financial assets contract. At the same time, management's room for subjective adjustment in its business model is reduced. It reduced the impact of human factors or subjective judgement on the classification, which in turn reduces the operability of accounting surplus management and improves the comparability of accounting information.

From the results of the classification of financial assets of listed banks, although there are differences in the business nature, operating policies and investment strategies of different banks, the implementation of the new financial instruments standards has affected the classification of banks' financial assets in a generally consistent manner: the proportion of financial assets at fair value through profit or loss increased, the proportion of financial assets at fair value through other comprehensive income both decreased and the proportion of financial assets at amortized cost remained essentially the same.

The change in the rules for the classification of financial assets also requires the involvement of the business, risk management and financial accounting departments in the financial management and risk management of the bank, and requires each department to pay attention to the actual impact of the choice of business model on financial reporting when making relevant business decisions, thus having a positive effect on the financial management and risk management of the bank.

3.1.4 Analysis of the Changes of the Classification of Financial Assets after the Transition Date of New Financial Instruments Standards

According to the annual reports of 51 listed banks [1] on the transition date and after the transition date to 2020, statistics are made on the proportion of the "three categories" of financial assets of listed banks at the transition date, December 31, 2018, December 31, 2019 and December 31, 2020, and the average proportion of financial assets after the transition date (for the listed banks whose transition date is January 1, 2018, this book averages the proportion of financial assets of the listed banks on December 31, 2018, December 31, 2019 and December 31, 2020; for the listed banks whose

[1] The three newly listed banks in 2020—Xiamen Bank, Bohai Bank, and Weihai Bank—are not included in the scope of this statistics because they have not disclosed their 2019 and previous annual reports.

transition date is January 1, 2019, we average the proportion of financial assets on December 31, 2019 and December 31, 2020), and comparison are made on the changes in the average share of each category of financial assets after the transition date of the listed banks on the transition date. The proportion and changes of the "three categories" of financial assets are shown in Table 3–3.

Table 3–3

The proportion and changes of the "three categories" of financial assets

Proportion of "three categories" of financial assets	Transition date	Dec.31, 2018	Dec.31, 2019	Dec.31, 2020	Average after transition date	After the transition date, the average accounted for the change in comparison with that on the transition date
Financial assets measured at fair value and whose changes are included in the current profits and losses accounted for the proportion of the "three categories"	20.64%	19.39%	19.61%	19.77%	19.66%	-0.98%
Proportion of financial assets measured at fair value and whose changes are included in other comprehensive income to the "three categories"	17.53%	17.87%	20.64%	20.54%	20.40%	2.88%
Proportion of financial assets measured by amortized cost to "three categories" assets	61.83%	62.74%	59.75%	59.69%	59.94%	-1.89%

In order to further understand the fluctuation of the proportion of financial assets of listed banks, based on the annual report data of 51 listed banks, this book makes an analysis of variance on the proportion of financial assets of listed banks on the transition date December 31, 2018, December 31, 2019 and December 31, 2020. The variance of the "three categories" of financial assets of 51 listed banks is shown in Figure 3-5.

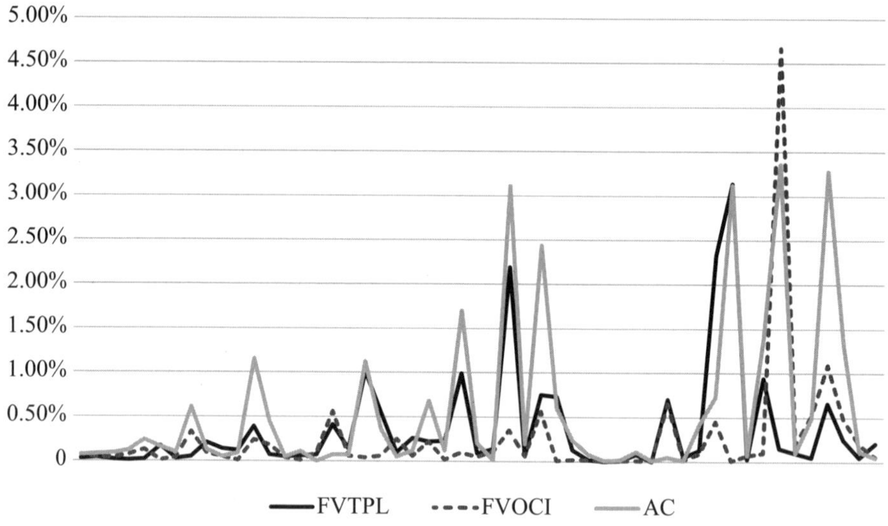

Figure 3-5 Variance of financial investment classification of 51 listed banks under the new financial instruments standards

Source: *Straight Flush*

According to the proportion changes of financial assets of 51 listed banks after transition date and the analysis of their relative variance, the classification structure of financial assets of listed banks is relatively stable. After the transition date, the variance of the proportion of financial assets of 46 listed banks is generally small, and the degree of dispersion is not high. Only 2 urban commercial banks and 3 rural commercial banks have big changes in the proportion of financial assets. According to the annual report, two of the listed banks explained in the annual report that the main reason for the obvious fluctuation in the proportion of financial assets in the "three categories" is the adjustment of asset structure.

In general, the financial assets classification structure of listed banks is relatively stable after the implementation of the new financial instruments standards. The proportion of financial assets measured at fair value and its changes included in the profits and losses of the current period has decreased, while the proportion of financial assets measured at fair value and its changes included in other comprehensive income has increased. This change is also in line with the investment management intention of the banking industry to adjust the asset structure to reduce profit fluctuations. Except for a few listed banks that made adjustments to their main investment business and assat structure, more listed banks have maintained a relatively stable structure of the "three categories" of financial assets after the implementation of the new financial instruments standards.

3.2 Analysis of Impairment of Financial Assets

3.2.1 Analysis of Impairment at the Date of Transition

According to the provisions of the new financial instruments standards, banks should classify and measure financial instruments (including impairment) in accordance with the new standards at the effective date of the new standards, and no adjustment is required if the data in the previous comparative financial statements are inconsistent with the requirements of the new standards. The difference between the original carrying value of the financial instrument and the new carrying value at the effective date of the new standards should be included in the opening retained earnings or other comprehensive income of the annual reporting period at the effective date of the new standards. At the same time, enterprises should make disclosures in the notes in accordance with the relevant provisions of Accounting Standards for Business Enterprises No.37—Presentation of Financial Instruments. The difference from the requirements of the previous implementation of the revised accounting standards is that banks are not required to restate the relevant financial data for the comparative period. In other words, changes in the fair value of assets or impairment provisions resulting from the implementation of the new standards will neither affect the net profit for the year of transition nor change the disclosed net profit for the last year and previous years of transition.

According to the annual reports disclosed by listed Banks, we have made statistics on the disclosure data of listed banks that have implemented the new standards for the first time (see Figure 3–6 for details) . All listed banks chose not to adiust prior period comparative financial statement data at the date of implemented the new standards. In general, except for a few banks, the implementation of the new financial instrument standards has resulted in the reduction of shareholders' equity of listed banks to varying degrees. Except for Bank of Luzhou, Zijin Rural Commercial Bank and Changshu Rural Commercial Bank, the change of shareholders' equity is generally between –5% and 0. Among them, the implementation of the new standards by large state–owned banks leads to an average reduction of 1.53% in the banks' shareholders' equity; the change in the shareholders' equity of joint-stock banks is slightly bigger, with a decrease of 1.96% in average, and there's also an average reduction of 0.69% in the shareholders' equity of urban/agricultural commercial banks.

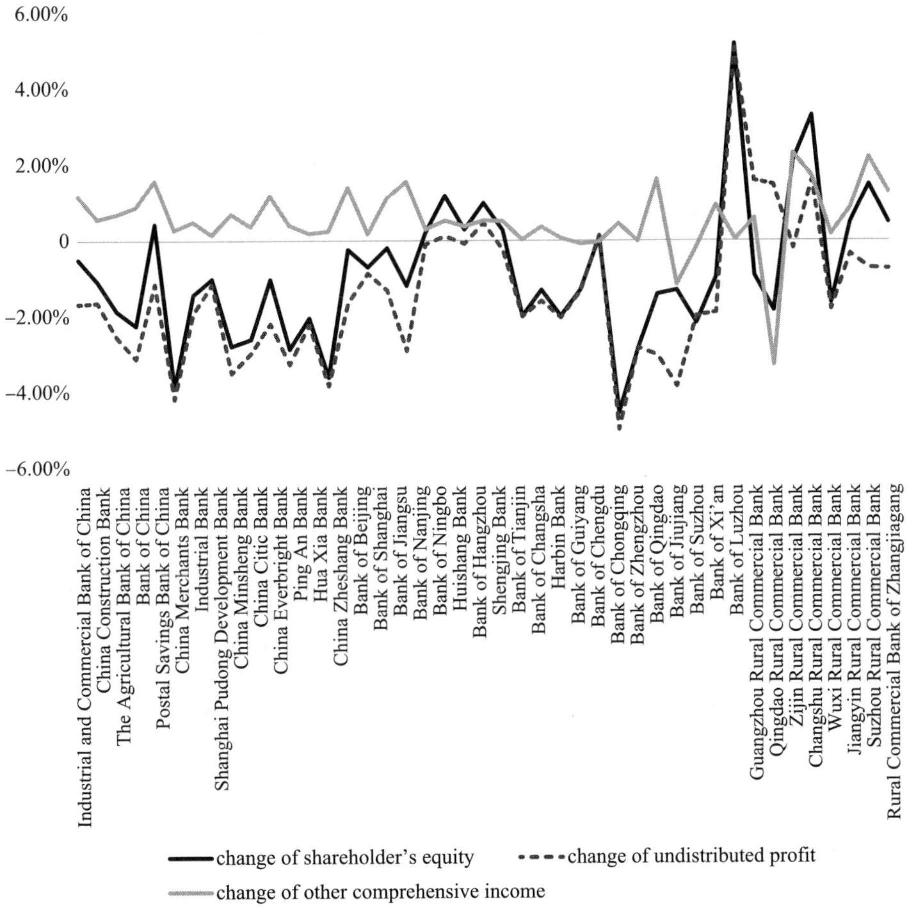

Figure 3–6 The impact of implementation of new standards on the shareholders' equity of listed banks on the first date

Source: annual reports of listed banks

Specifically, the vast majority of listed banks have a decrease in undistributed profits and an increase in other comprehensive income. The decrease in undistributed profits is mostly due to the general increase in provisions by banks. On the one hand, the new standards explicitly require a broader scope of impairment measurement than the old standards, which apply to financial assets measured at amortized cost, investments in debt instruments measured at fair value through other comprehensive income, and loan commitments and financial guarantee contracts, and explicitly increases the scope of impairment measurement. The change in the measurement of impairment of financial assets from the "incurred loss model" to the "expected credit loss model" will theoretically result in an increase on the level of provisions for financial instruments remeasured by using the expected credit loss model.

Based on the disclosure data of listed banks' first-time implementation of the new standards, we have made statistics on the total increase in the provision for impairment of financial instruments (including loans, financial investments and off-balance-sheet credit commitments, financial guarantees, etc.) of listed banks as a proportion of their average pre-tax profits in the previous three years at the date of first implementation, and the average increase in the provision for impairment is 15.29%. The average increase in the provision for impairment of off-balance-sheet credit commitments is 6.54%, while the provision for impairment of loans increases by 5.31% and the provision for impairment of financial investments increases by 2.34% (see Figure 3-7 for details).

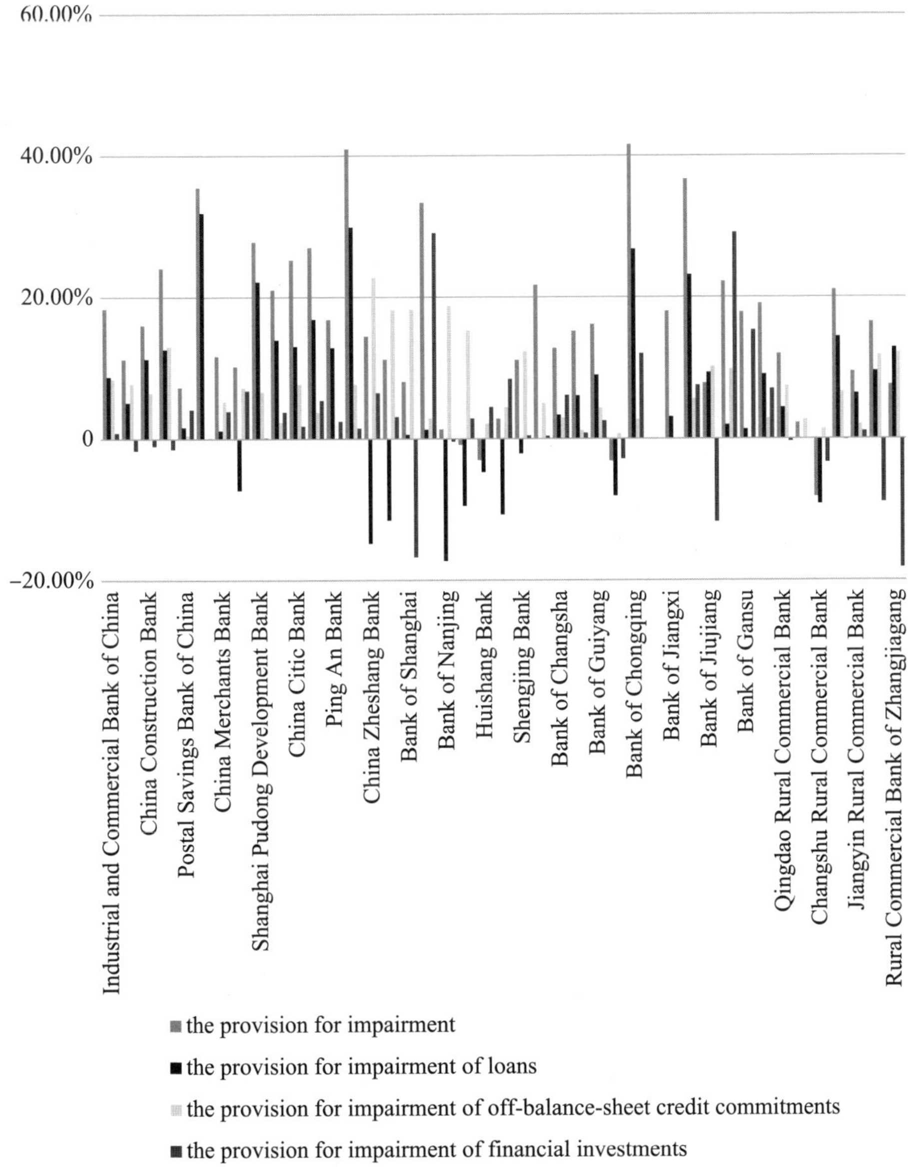

Figure 3–7 Provisioning at the date of implementation of the new standards as a percentage of the average pretax profits of listed banks over the past three years

Source: annual reports of listed banks

Under the old standards, off–balance–sheet credit commitments (e.g., financial guarantee contracts) are impaired by a provision for losses incurred on transferred on–balance–sheet loans and advances after a customer default, with less or no provision for impairment until the default occurs. Under the new standards, off–balance–sheet credit commitments are required to be impaired based on an expected credit loss model, resulting in a significant increase in the provision for impairment of off–balance–sheet credit commitments.

Overall, the new standards have a very significant impact on the impairment provisions of listed banks, with differences in the portfolio structure of different types of banks causing different levels of impact. For large state–owned and joint–stock banks, the impact on credit operations such as on–balance sheet loans and off–balance sheet credit commitments is dominant, with average impairment charges on on–balance sheet loans and off–balance sheet credit commitments accounting for 10.60% and 6.62% of the increase in average pre–tax profit in the previous three years, respectively. For city/rural banks, the change in the provision for impairment of financial investments is even more substantial, with the average provision for impairment of financial investments increasing by 6.96% of average pre–tax profits over the previous three years. This book argues that business of banks with different scales is related to the different asset structure. The investments of city/rural commercial banks in the receivables category measured at amortized cost include a large number of non–standard investments, so the proportion of supplemented impairment provisions required may be higher.

Based on the disclosed data of the first implementation of the new standards by the listed banks, we have made statistics on the correlation between the ratio of loan impairment provision increase on the first implementation date to the average pre–tax profit of the first three years of the bank and the provision coverage ratio on the date before the transition (see Figure 3–8 for details).

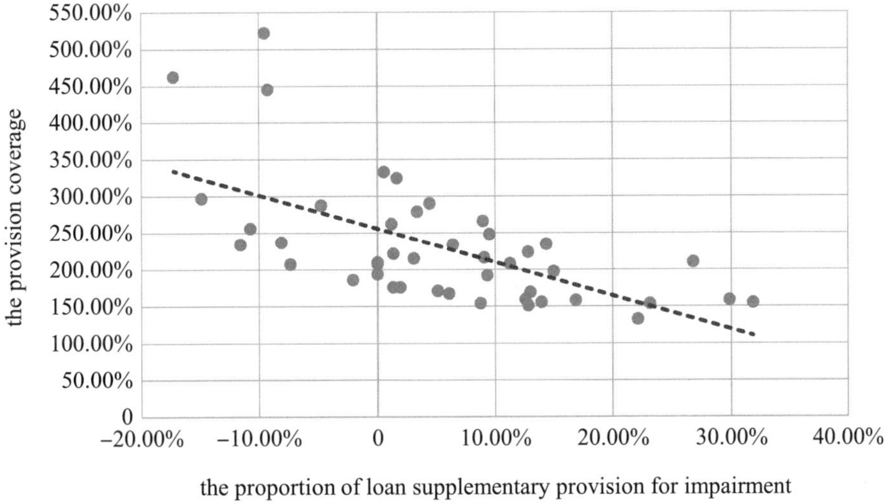

Figure 3–8 Linear chart of proportion of loan supplementary provision for impairment and provision coverage ratio

Source: annual reports of listed banks

Combined with the status quo of bank risk management, further analysis of banks' provisioning policies and results found that there is a negative correlation between loan provisioning coverage and loan provisioning increase amplitude. It is common for listed banks to have a high loan provision coverage ratio before transition date but a low loan provision increase rate on transition date. Most banks make small increases in loan provisions, and some of the banks with the highest provision coverage have loan provision reversals.

In summary, the book concludes that:

(1) Compared with the old standards, the changes in the scope of impairment charges and modeling theory in the new standards could better reflect the actual credit risk levels of various types of on and off balance sheet financial assets of listed banks.

(2) All listed banks chose not to adjust prior period comparative financial statement data at the date of conversion, and the majority of listed banks recording an increase in impairment allowances at the date of conversion.

(3) As the provision accounting on the conversion date does not affect accounting profit, it is likely that some under-provided banks have taken advantage of the standards conversion to adjust their provisioning levels to better meet the prudent level of provisioning required by regulation.

3.2.2 Analysis of Loan Stage Division

The new standards require banks to classify financial instruments into stages of impairment based on changes in the credit risk profile of the instrument. Financial instruments whose credit risk has not increased significantly since initial recognition are generally classified as stage 1. If there is a significant increase in credit risk but no credit impairment has occurred, the instrument is classified as stage 2, and if there is a credit impairment after initial recognition, the instrument is classified as stage 3.

The standard of significant increase of credit risk is multidimensional, and forward-looking information should be considered instead of only relying on overdue information (unless the extra cost is too high). Therefore, for Chinese banks, some loans classified as normal and not overdue may also be considered as significantly increased credit risk. The data disclosed in the annual reports of listed banks show that it is common that the total balance of stage 2 and stage 3 loans is higher than the overdue loan balance, and the stage 3 loan balance is higher than the overdue loan balance more than 90 days overdue, indicating that there is an overall consistency in the interpretation of the new standard stage division by listed banks as a whole.

The application guide of Accounting Standards for Business Enterprises No.22—Recognition and Measurement of Financial Instruments regards the overdue information of financial instruments as a sign of a significant increase in credit risk. If the contract payment is more than 30 (inclusive) days overdue, it is usually presumed that the credit risk of the financial asset has increased significantly; if a financial instrument is more than 90 (inclusive) days overdue, it should be presumed that the financial instrument has defaulted.

Based on the disclosure data of listed banks' first implementation of the new standards, we have made statistics on the deviation of non-performing loans (deviation of non-performing loans = loan balance more than 90 days past due/ stage 3 loan balance) and deviation of overdue loans (deviation of overdue loans = total overdue loans/ [stage 2 loan balance + stage 3 loan balance]) to analyze listed banks in terms of loan stage segmentation.

The overall operation and loan business structure of large state-owned banks / joint-stock banks and urban / agricultural commercial banks are different, and the banks' considerations of standard implementation, regulatory compliance and loan portfolio risks may also be different. Accordingly, this book divides banks into two groups: large state-owned banks / joint-stock banks and urban / rural commercial banks, and discusses the deviation of non-performing loans (see Figure 3-9 and Figure 3-10) and overdue loans (see Figure 3-11 and Figure 3-12) in 2019 and 2020.

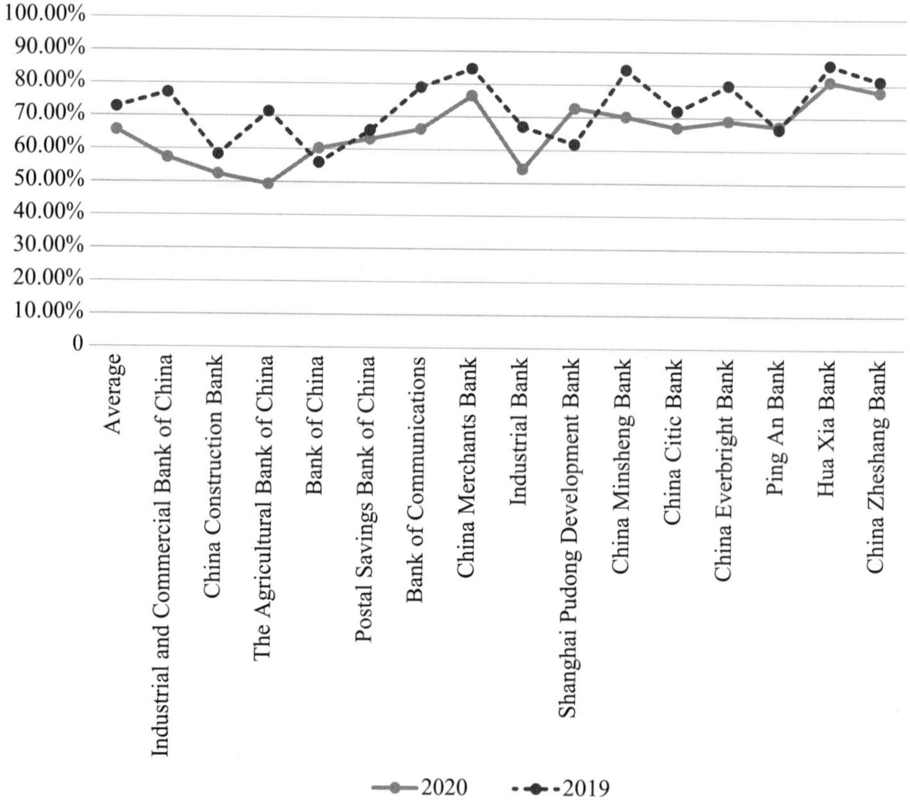

Figure 3-9 The deviation of non-performing loans of listed large state-owned banks / joint-stock banks

Source: annual reports of listed banks

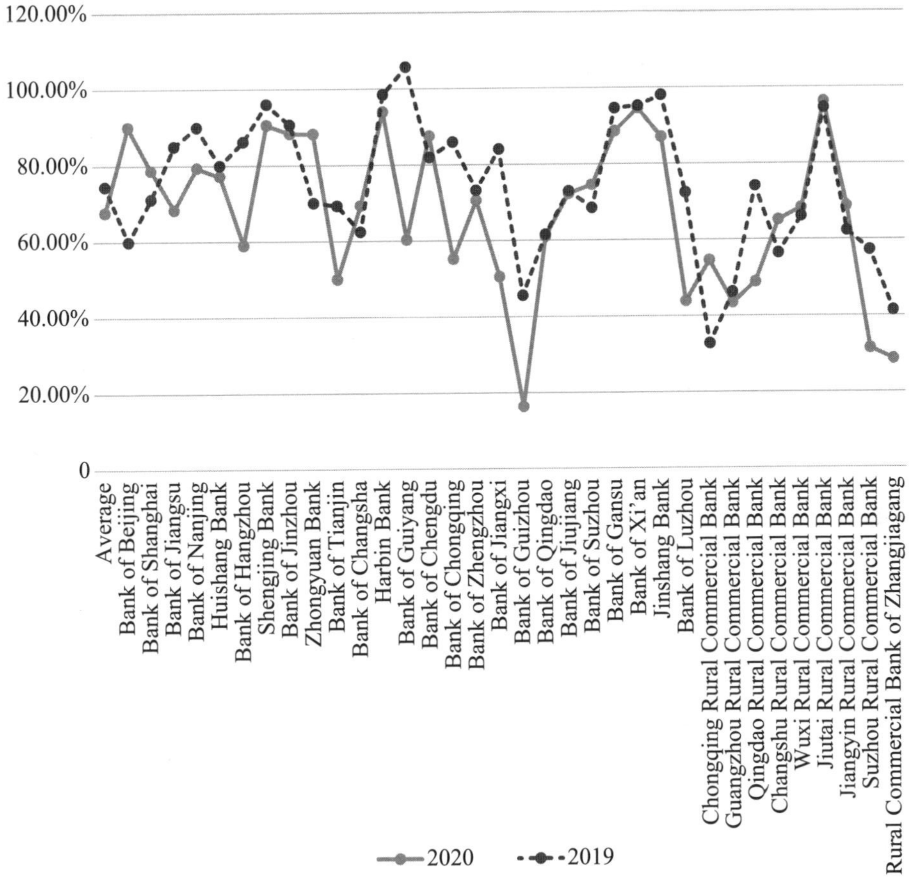

Figure 3–10 The deviation of non–performing loans of listed urban / agricultural commercial banks

Source: annual reports of listed banks

The average deviation of non–performing loans of large state–owned banks / joint–stock banks was 65.67% at the end of 2020, down 7.06% from the end of 2019, while that of urban / rural banks was 67.07% at the end of 2020, down 7.66% from the end of 2019. At the end of 2019, except for Guiyang Bank, the deviation degree of non–performing loans of listed banks is less than 1, which means that the loan balance of stage 3 is more than 90 days overdue; at the end of 2020, the deviation degree of non–performing loans of listed banks is less than 1. The standards for the division of loan stages of listed banks in implementing the new guidelines are more prudent and stringent than the basic requirements of the guidelines.

For the "impaired loans" (stage 3 loans) stipulated in the new standards and the "non-performing loans" stipulated by the regulatory regulations, most banks have adopted stricter standards for the former, while Guiyang Bank has loans that are more than 90 days overdue but not divided into three stages in 2019, becoming the case of the banking industry.

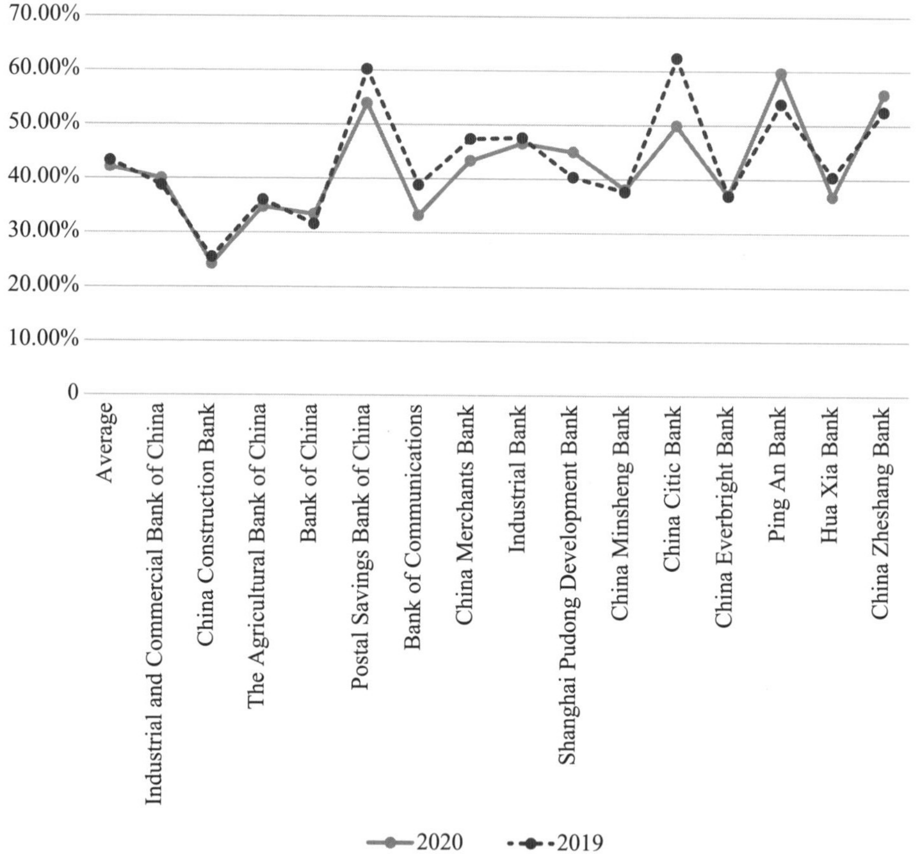

Figure 3-11 The deviation of overdue loans of listed large state-owned banks/joint-stock banks

Source: annual reports of listed banks

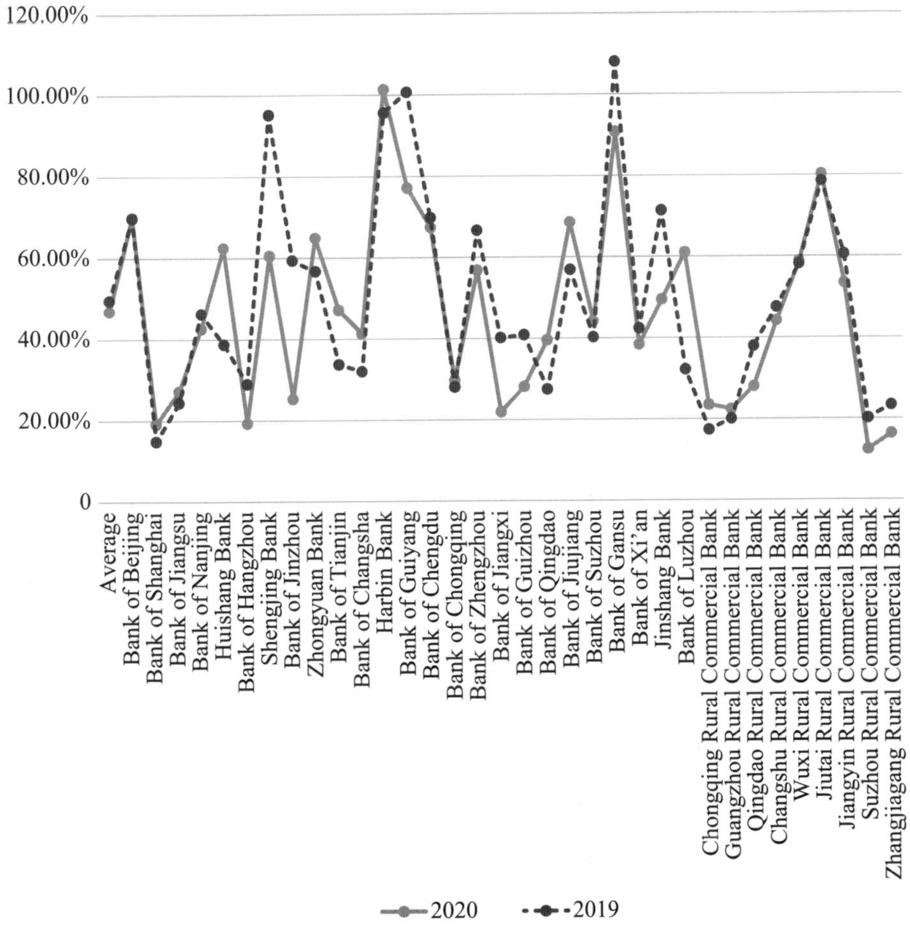

Figure 3–12 The deviation of overdue loans of listed urban / agricultural commercial banks

Source: annual reports of listed banks

The average deviation of overdue loans of large state-owned banks / joint-stock banks at the end of 2020 was 42.12%, decreased by 1.21% from the end of 2019, while that of urban / rural commercial banks was 46.23% at the end of 2020, decreased by 1.95% from the end of 2019. At the end of 2019, except for Guiyang Bank and Gansu Bank, the deviation degree of overdue loans of listed banks is less than 1, which means the total loan balance of stage 2 and stage 3 is larger than that of overdue loans. At the end of 2020, the deviation of overdue loans of Harbin Bank is more than 1. This is mainly caused by the situation that the overdue loan of Harbin Bank is identified as a stage 1 loans with an overdue period less than 30 days, and the upper limit criteria for determining a significant increase in credit risk is that the debtor's contract payment is more than 30 days overdue. At the same time, it is worth noting that at the end of 2019, the deviation of overdue loans of Ningbo Bank and Shanghai Bank was 6.07% and 14.96% respectively, which was at a low level. Banks may have classified more outstanding loans into stage 2 loans and calculated expected credit losses over the entire duration.

To sum up, the requirements of listed banks on the division of stages of the new standards, including the implementation of the guidelines for judging whether credit risk is significantly increased by the number of days overdue, are basically satisfactory, fully reflect the superimposed impact of the dual factors of regulatory compliance and accounting compliance when implementing the new standards. At the same time, under the new standards, the availability of clearer quantitative judgement criteria for changes in credit risk profile and phasing makes acconnting information on the credit risk of loans at each stage more comparable across banks.

3.2.3 Analysis of Loan Impairment Provisions

According to the information of loan balance and loan impairment provision of each stage disclosed by listed banks at the end of the year, the average provision ratio of stage 3 loans of each bank can be calculated. In general, the average provision ratio of stage 1 loans of large banks and joint-stock banks is lower than that of urban / rural commercial banks, the average provision ratio of stage 2 loans is similar, while the average provision ratio of stage three loans is higher than that of urban / rural commercial banks.

If the loan reserve ratio of each stage of listed banks is compared with the average provision ratio of that stage, it can be observed that the minimum and maximum value of stage 1 provision ratio is 0.61% and 3.80% respectively, the lowest and highest value of stage 2 provision ratio is 7.47% and 40.68% respectively. The lowest and highest value of stage 3 provision ratio is 32.20% and 90.59% respectively. At the same time, large state-owned banks, joint-stock banks and urban / rural commercial banks all have some obvious deviations from the mean value, among which the deviation of urban / rural commercial banks is the most obvious.

Proportion of loan provision for listed banks in stage 1 is shown in Figure 3-13.

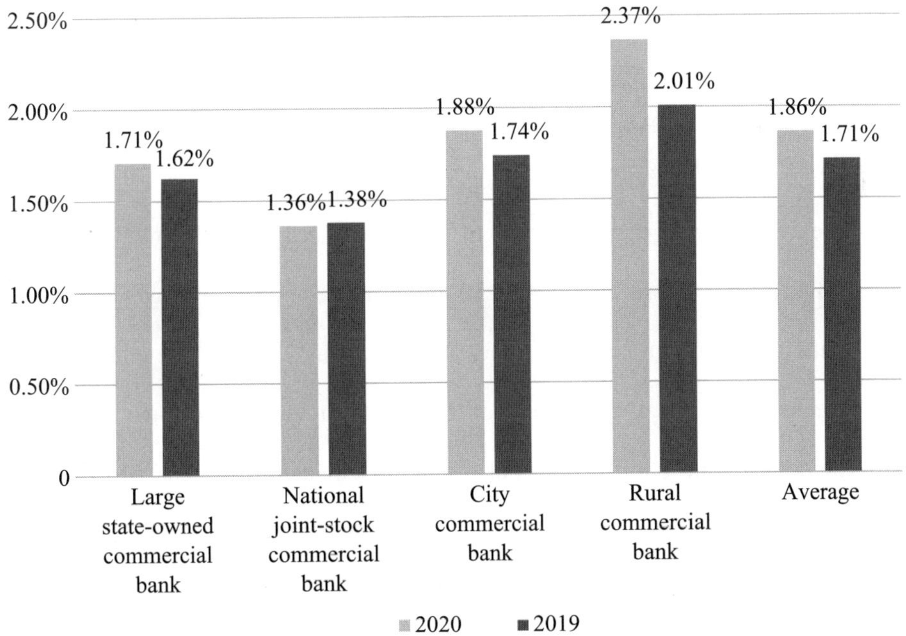

Figure 3-13 Proportion of loan provision for listed banks in Stage 1

Source: annual reports of listed banks

Proportion of loan provision for listed banks in stage 2 is shown in Figure 3–14.

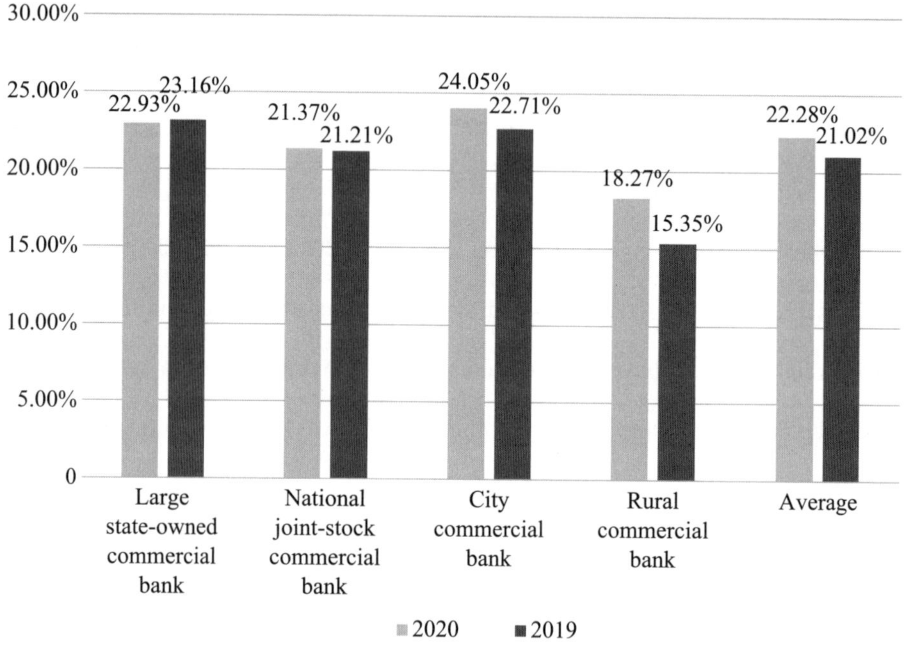

Figure 3–14 Proportion of loan provision for listed banks in Stage 2

Source: annual reports of listed banks

The average loan provision ratio of large commercial banks / national joint-stock banks at the end of 2020 was 1.50%, an increase of 0.03% over the end of 2019, and that of urban / rural commercial banks was 2.07% at the end of 2020, an increase of 0.17% over the end of 2019. The average loan provision ratio of large commercial banks / national joint-stock banks at the end of 2020 was 22.09%, up 0.10% from the end of 2019, and that of urban / rural commercial banks was 22.88% at the end of 2020, an increase of 1.52% over the end of 2019. The increase in the proportion of loan impairment in stage 1 and stage 2 of listed banks is mainly due to the influence of uncertain factors such as COVID-19 pandemic in the provision of expected credit losses. Most listed banks assessed the impact of the COVID-19 pandemic on asset quality and expected credit losses in their 2020 annual reports, which mainly includes a prudent assessment of the credit risk of loans applying for temporary deferred principal and interest payments under government rescue policies, as well as the impact of the COVID-19 pandemic on macroeconomic and other key indicators. In addition, taking into account the impact of the COVID-19 pandemic on specific industry portfolios or deferred borrowers, some listed banks carry out "management superposition" outside the expected credit loss model. As a result, the proportion of loan impairment in stage 1 and stage 2 is higher than that at the end of 2019.

Proportion of loan provision for listed banks in stage 3 is shown in Figure 3-15.

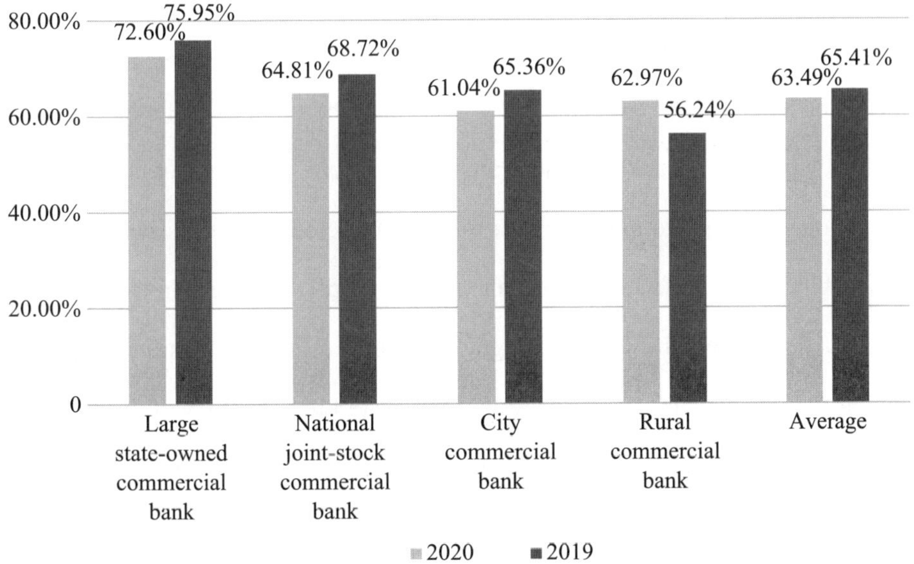

Figure 3-15 Proportion of loan provision for listed banks in Stage 3

Source: annual reports of listed banks

The average provision ratio of the three loans of large commercial banks / national joint–stock banks was 68.17% at the end of 2020, down 3.44% from the end of 2019, while that of urban / rural commercial banks was 61.89% at the end of 2020, down 3.54% from the end of 2019. The decline of the average loan allocation ratio of the listed banks in the three stages is consistent with the guidance put forward by CBIRC that banks should strengthen the disposal of non–performing loans in order to maintain relatively stable asset quality. According to data released by CBIRC, Chinese banks disposed of non–performing assets of RMB 3.02 trillion in 2020, an increase of about 50% over 2019. Accordingly, it is speculated that listed banks will give priority to the loans that are overdue for a long time and have a higher proportion of provisions, and the proportion of such loans in stage 3 loans decreases, resulting in a decline in the average provision ratio of stage 3 loans.

This book holds that there are differences in the risk characteristics of loan portfolios among different banks, and there may be obvious differences in the methodology of expected credit loss model. Therefore, it is not possible to draw the conclusion that the measurement of expected credit loss of a bank is more reasonable, more prudent or inadequate. If there is still a large gap in the provision ratio between the two banks with a high degree of risk homogenization, the banks may need to re–examine the rationality of the overall methodology of the expected credit loss model and the rationality of major accounting assumptions and judgments made by management. Our concern is that if the above scenario is more prevalent, it is possible that the impairment provision levels of different listed banks cannot be directly compared with each other, due to subjective judgement factors such as stage classification criteria, model assumptions and application of parameters.

The provision for impairment of loan assets at various stages after the conversion date of listed banks shows that the provision ratio for loan impairment is generally stable among listed banks in all years, and the expected credit loss model has been consistently implemented without any significant fluctuation in the provision ratio for loan impairment.

3.2.4 Analysis of Financial Investments Impairment Provisions

Based on the information disclosed by listed banks on the balance of financial investments by stage at year-end and the provision for impairment of financial investments by stage, it is possible to calculate the average provisioning ratio of the three stages of financial investments of each bank. Overall, it is possible to draw conclusions similar to the average provision ratio for loans: the average provision ratio for stage 1 financial investments of large banks and joint-stock banks is lower than that of city/rural commercial banks, the average provision ratio for stage 2 financial investments is closer in level, while the average provision ratio for stage 3 financial investments is higher than that of city/rural commercial banks (see Figure 3-16 to Figure 3-18) . This suggests that there is consistency that the expected credit impairment loss models used between the financial investments and loans of listed banks'.

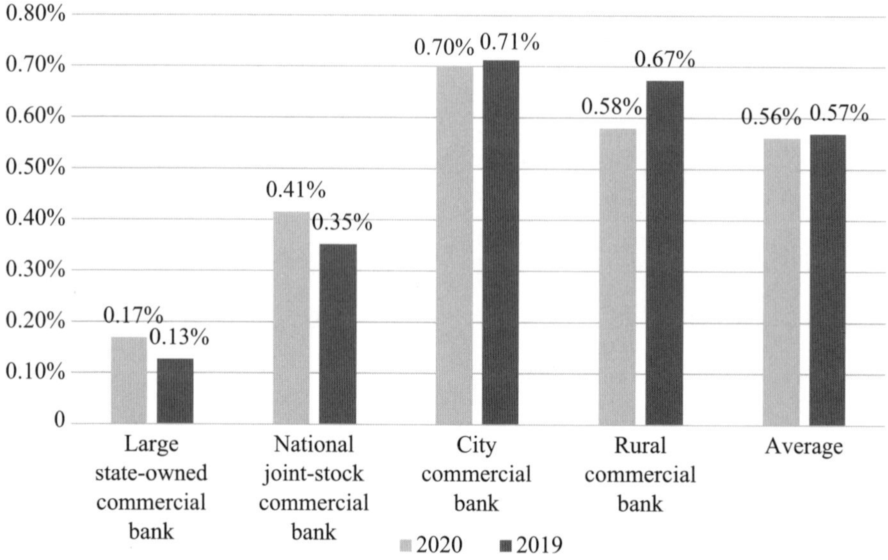

Figure 3–16 Proportion of financial investment for listed banks in Stage 1

Source: annual reports of listed banks

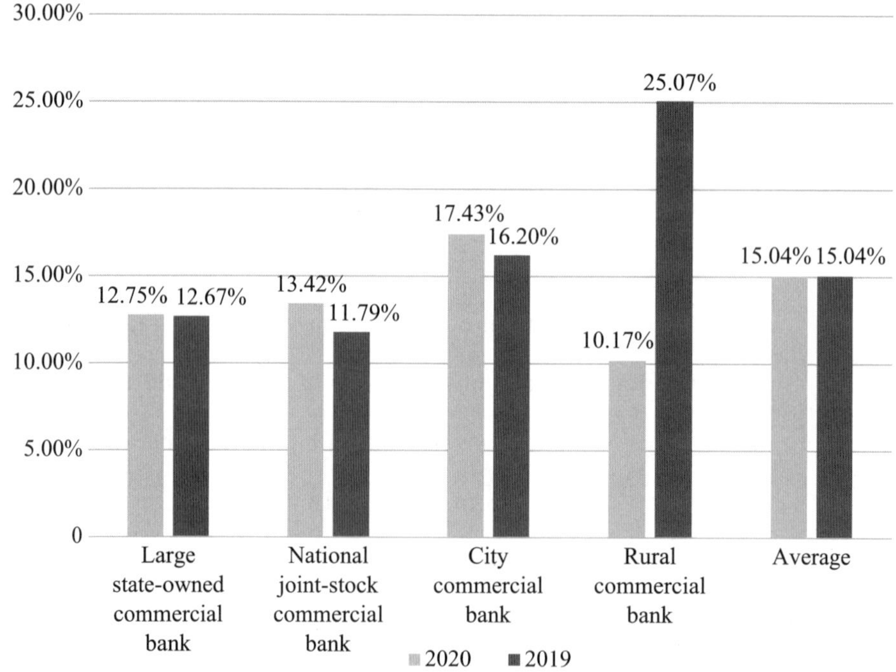

Figure3–17 Proportion of financial investment for listed banks in Stage 2

Source: annual reports of listed banks

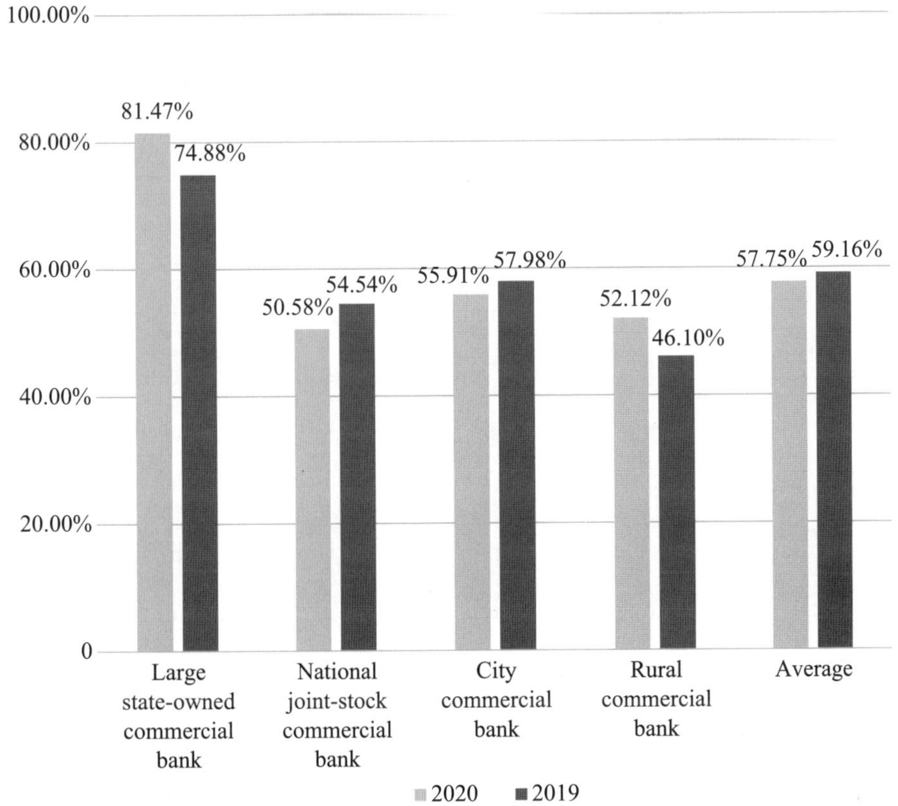

Figure 3–18 Proportion of financial investment for listed banks in Stage 3

Source: annual reports of listed banks

The average provision ratio of each listed bank's Stage 1 financial investment at the end of 2020 was 0.56%, down 0.01% from the end of 2019. The average provision ratio of Stage 2 financial investment at the end of 2020 was 15.04%, unchanged from the end of 2019. The average provision ratio of Stage 3 financial investment at the end of 2020 was 57.75%, down 1.39% from the end of 2019. Generally speaking, the average provision rate of financial investment of listed banks is relatively stable. In contrast, the average provision ratio of listed rural commercial banks for Stage 2 financial investments at the end of 2020 was

10.17%, down 14.90% compared with 2019, representing a larger decline. The lowest and highest values of the listed agribusiness banks' financial investment stage 2 provisioning ratio were 0.08% and 49.88%, respectively, representing a large deviation from the average provisioning ratio mean. This was mainly due to the fact that several rural commercial banks held financial investments with high financial investment stage 2 provisioning ratios in 2019 that had been transferred to stage 3 in 2020 or after write-off, and no stage 2 financial investments existed in 2020, resulting in large fluctuations in the average financial investment stage 2 provisioning ratio.

Similar to the case of loan impairment provisions, it is difficult to draw comparative conclusions as to which banks have more reasonable, prudent or inadequate measures of expected credit losses due to differences in the risk characteristics of financial investment portfolios and the methodologies of expected credit loss models. The provision ratio for financial investments is lower than the provision ratio for loans, mainly due to the fact that bond investment risk, which is a larger proportion of financial investments, is generally lower than loan risk, and this is better quantified under the expected credit loss model.

The provision for impairment of financial investment at various stages after the conversion date of listed banks shows that the provision ratio for impairment is generally stable among listed banks in all years, and the expected credit loss model has been consistently implemented without any significant fluctuation in the provision ratio for financial investment impairment.

3.2.5 Disclosure of Accounting Estimation Techniques Related to Loan Impairment

In accordance with the requirements of Accounting Standards for Business Enterprises No.37—Presentation of Financial Instruments (Revised in 2017), enterprises should disclose relevant information such as input values, assumptions and valuation techniques used for impairment of financial instruments, including "how to consider forward-looking information when determining expected credit losses, including the use of macroeconomic information". According to statistics, 90% of listed banks disclosed the macroeconomic indicators used for forward-looking information in their annual reports in 2019, and the proportion increased to 92% in 2020.

On December 30, 2020, the Circular of the Ministry of Finance on Further Implementing the Accounting Standards Related to New Financial Instruments (Caikuai [2020] No.22) issued by the Ministry of Finance and the Banking and Insurance Regulatory Commission makes further provisions on the implementation of the new financial instruments standards: "Enterprises shall disclose relevant information such as estimation techniques, key assumptions and parameters used to determine expected credit losses in accordance with the requirements of enterprise accounting standards, and focus on the specific values of key macroeconomic parameters used in various economic scenarios, the impact of management 'superposition' adjustments, and the consideration of supportive policies provided by the government, etc." In the 2020 annual report, 28 (55%) of the 51 listed banks disclosed specific values of key macroeconomic parameters used, and 31 (61%) disclosed that pandemic factors would be taken into account in the forward-looking adjustment stage. Different types of banks were selected according to the degree of disclosure of forward-looking information (see Table 3-4).

Table 3-4

The disclosure of forward-looking information

Banks	2019 disclosure	2020 disclosure
A. Large state-owned banks	The Group has constructed a macro scenario transmission model that uses the year-on-year growth rate of GDP to drive various indicators such as national accounting, price index, foreign trade, investment in fixed assets, currency and interest rates, and forecasts the indicators under optimistic, basic and pessimistic scenarios. After being evaluated and confirmed by economists and senior management of the Bank, the forecast results will be used in the asset impairment model. Among them, the base scenario is defined as what is most likely to happen in the future, which is used as the basis for comparison of other scenarios. Optimistic and pessimistic scenarios are better or worse than the basic scenarios, and are likely to occur, and can also be used as one of the sources of sensitivity analysis. These three scenarios apply to all combinations.	The impairment model adopts a top-down development method. Through model grouping, several impairment models covering financial institutions, companies and retail risk exposure are established, and a macro scenario transmission model is constructed, which uses the year-on-year growth rate of GDP to drive national economic accounting, price index, foreign trade, fixed asset investment, currency and interest rate, and predicts the index values under benchmark, optimistic and pessimistic scenarios annually. After being evaluated and confirmed by the bank's economic experts and senior management, the forecast results are used in the asset impairment model, and the rationality of the macro scenario setting results and weights are reviewed quarterly, and adjusted according to the changes of the internal and external economic environment. In 2020, the Group's forecast for the year-on-year growth rate of GDP in 2021 is as follows: 8.2% in the benchmark scenario, 9.0% in the optimistic scenario and 6.0% in the pessimistic scenario. In assessing the forecast information used in the impairment model, the Group took full account of the uncertainty caused by the COVID-19 pandemic in 2020 and prudently

Table 3–4 Continued

Banks	2019 disclosure	2020 disclosure
A. Large state–owned banks		adjusted its macroeconomic forecasts. For cases where an impairment model cannot be established due to unsupported data, the Group tries its best to choose an appropriate method for forward–looking estimation. First, according to the macro forecast data of authoritative institutions (such as IMF and the World Bank), the impairment calculation of overseas banks is adjusted prospectively on a regular basis. Second, for the portfolio not covered by the impairment model, refer to the similar portfolio that has established the impairment model, and set the expected loss ratio.
B. State–owned large banks	The calculation of expected credit loss involves forward–looking information. Through the analysis of historical data, the Group identifies the key economic indicators that affect the credit risks and expected credit losses of each asset portfolio, including GDP, consumer price index, production price index, house price index and so on. These economic indicators and their impact on default probability vary for different types of business. The Group has also referred to expert judgment in this process. The Group forecasts these economic indicators each year ("basic economic scenario") and determines the relationship between these economic indicators and the probability of default through regression analysis, in order to understand the impact of historical changes in these indicators on the probability of default. The Group combines macro data, statistical analysis and expert judgment to determine optimistic, neutral and pessimistic scenarios and their weights. Usually, the proportion of neutral scenarios is the highest, while that of optimism and pessimism is relatively low and similar.	The calculation of expected credit loss involves forward–looking information. Through the analysis of historical data, the Group has identified the key economic indicators that affect the credit risks and expected credit losses of each asset portfolio, including GDP, consumer price index, production price index and so on. Among them, the forecast value for 2021 under the benchmark scenario of GDP growth is about 8%. The Group has identified optimistic, neutral and pessimistic scenarios and their weights combined with macro data, statistical analysis and expert judgment. Usually, the proportion of neutral scenarios is the highest, while that of optimism and pessimism is relatively low and similar.

Table 3-4 Continued

Banks	2019 disclosure	2020 disclosure
C. National joint-stock bank	The assessment of a significant increase in credit risk and the calculation of expected credit losses involve forward-looking information. Through the analysis of historical data, the company identifies the key economic indicators that affect the credit risk and expected credit loss of each type of business, such as the year-on-year growth rate of GDP, the growth rate of consumer price index, the purchasing manager index, the year-on-year growth rate of broad money, etc. The company evaluates and forecasts these economic indicators at least every year, provides the best estimates for the future, and tests the evaluation results on a regular basis. In 2019, the company collected the time series data of the above key economic indicators in the past 10 years from the China macroeconomic database published by Wande Information Technology Co., Ltd. ("Wande"), analyzed the intertemporal endogenous relationship between economic indicators, established a prediction function on the basis of Monte Carlo method to simulate random shocks, and combined with expert experience and professional judgment, predicted key economic indicators in different scenarios. The company selects different quantiles as the macroeconomic values of different optimistic, basic and pessimistic scenarios, and determines macroeconomic assumptions and scenario weights to measure the relevant impairment provisions.	In 2020, the important macroeconomic assumptions used by the Group in various macroeconomic scenarios include the year-on-year growth rate of GDP in the current quarter, the growth rate of consumer price index and the purchasing manager index. Among them: the year-on-year growth rate of GDP in the current quarter: Under the benchmark scenario in 2021, the average forecast value is about 8.45%, the optimistic scenario forecast value is 0.88% higher than the benchmark, and the pessimistic scenario forecast value is 1.12% lower than the benchmark. Under the benchmark scenario of 2022, the average forecast value is about 5.68%, the optimistic scenario is 0.58% higher than the benchmark, and the pessimistic scenario is 0.65% lower than the benchmark. Consumer price index growth rate: under the benchmark scenario of 2021, the forecast value is about 1.70%, the optimistic scenario forecast value is 0.50% higher than the benchmark, and the pessimistic scenario forecast value is 0.55% lower than the benchmark. Under the benchmark scenario of 2022, the forecast value is about 2.13%, the optimistic scenario is 0.70% higher than the benchmark, and the pessimistic scenario is 0.65% lower than the benchmark. Purchasing managers' index: Under the benchmark scenario in 2021, the forecast value is about 50.27%, the optimistic scenario forecast value is 0.78% higher than the benchmark, and the pessimistic scenario forecast value is 0.75% lower than the benchmark. Under the benchmark scenario in 2022, the forecast value is about 50.15%,

Table 3-4 Continued

Banks	2019 disclosure	2020 disclosure
C. National joint-stock bank		the optimistic scenario is 0.83% higher than the benchmark, and the pessimistic scenario is 0.73% lower than the benchmark. In 2020, the Group fully took into account the impact of the COVID-19 pandemic on the macroeconomic and banking impact when assessing the forward-looking information used in the measurement model of expected credit losses.
D. National joint-stock bank	The Group uses forward-looking information available without excessive cost or input to assess the significant increase in credit risk and the measurement of expected credit losses. The Group uses external and internal information to generate different scenarios for the future direction of the relevant economic variables. The external information used includes macroeconomic data and forecast information released by the government or authoritative agencies, such as GDP, consumer price index, producer price index and other macro indicators. In addition, the impact on expected credit loss is measured according to different scenario weights of forward-looking information. The measurement of expected credit losses depends in part on the forecast information analyzed on the basis of statistical data.	The Group uses external economic information to calculate the relationship between the relevant data and the defect rate of commercial banks through statistical methods, so as to adjust the default rate parameters of the expected loss model. The macroeconomic information used by the Group includes macro indicators such as the proportion of GDP growth, the proportion of consumer price index growth, the proportion of producer price index growth and the proportion of enterprise commodity price index growth, and according to the predicted values of relevant macro indicators, through the relationship between model establishment and defect rate, set different scenario weights to adjust the impact on expected credit losses. For the year, the average (weighted average of optimism, neutrality and pessimism) of the above four main parameters of the Group is 5.15%, 1.41%, 1.35% and -0.35%.
E. Urban Commercial Bank		Through the analysis of historical data, the Group has identified the key economic indicators that affect the credit risks and expected credit losses of each portfolio. Affected by the COVID-19 pandemic, some macroeconomic indicators fluctuated greatly in 2020. The Group

Table 3–4 Continued

Banks	2019 disclosure	2020 disclosure
E. Urban Commercial Bank	Based on the best practices of the industry and the judgment of experts in the company, the Group has selected a series of macroeconomic indicators (including year–on–year GDP, consumer price index, exchange rate of US dollar against RMB, year–on–year disposable income of urban residents, etc.). Furthermore, the statistical relationship between the actual default probability and macro factors is established for the exposure of each model. The forward–looking results of the actual default probability are obtained by calculating the predicted values of the corresponding macro factors. In addition to providing basic economic scenarios, the Group sets the number of scenarios based on the analysis of each major product type. The Group reassesses the number and characteristics of scenarios on each reporting day. On January 1, 2019 and December 31, 2019, the Group combined statistical analysis and expert credit judgment to determine scenario weights, taking into account the range of possible outcomes represented by each scenario. In determining whether there is a significant increase in credit risk, the Group uses the overall duration default probability under the benchmark and other scenarios multiplied by the scenario weight, and takes into account qualitative and upper limit indicators.	evaluated the model and reviewed the forward–looking information comprehensively. In assessing the forward–looking information used in the expected credit loss measurement model, the Group has fully taken into account the impact of the COVID–19 pandemic on the macroeconomic and banking sector. Based on the best practices of the industry and the judgment of experts in the company, the Group has selected a series of macroeconomic indicators (including GDP year–on–year, retail price index year–on–year, industrial value–added year–on–year, etc.). Furthermore, the statistical relationship between the actual default probability and the macro factors is established for the exposure of each model, and the forward–looking results of the actual default probability are obtained by calculating the predicted values of the corresponding macro factors. On December 31, 2020, the important assumptions used to estimate expected credit losses are listed as follows: The "benchmark", "rising" and "falling" scenarios apply to all combinations. The weights for the three scenarios are 40%, 30%, and 30%, respectively (December 31, 2019: 40%, 30%, and 30%). On 31 December 2020, the Group considered different macroeconomic scenarios and the important macroeconomic assumptions used to estimate overdue credit losses are set out below: GDP: 8.24%~9.15% in 2021, 5.23%~5.67% in 2022. Retail price index: 2.59%~3.41% year on year in 2021 and beyond. The industrial added value: 4.97%~5.83% in 2021 and subsequent years.

Table 3-4 Continued

Banks	2019 disclosure	2020 disclosure
F. Rural Commercial Bank	The forward-looking information considered by the Group includes the future prospects of the industries in which the Group's debtors operate from reports of economic experts, financial analysts, government agencies, relevant think tanks and other similar institutions, and various external sources of actual and projected economic information related to the Group's business. The forward-looking macroeconomic conditions and the proportion of probability of occurrence are selected, and the economic input value is introduced into the expected credit loss model.	The forward-looking information considered by the Group includes the future prospects of the industries in which the Group's debtors operate from reports of economic experts, financial analysts, government agencies, relevant think tanks and other similar institutions, and various external sources of actual and projected economic information related to the Group's business. The forward-looking macroeconomic conditions and the proportion of probability of occurrence are selected, and the economic input value is introduced into the expected credit loss model.

According to the analysis of the disclosure of the annual reports of listed banks:

(1) The forward-looking values of most banks are obtained by analyzing historical data and using methods, including statistical models, to identify key economic indicators that affect credit risks and expected credit losses of various business types.

(2) Comparing the annual disclosure of listed banks, we can figure out that with the in-depth understanding of regulatory requirements and alignment, listed banks' disclosure of forward-looking information is becoming more and more detailed.

(3) The disclosure mode and detail level of macro indicators in the forward-looking information of different listed banks are different.

In the 2020 reports of 51 listed banks, 22 (43%) listed banks supplemented the impact of pandemics on the judgment of a significant increase in credit risk in their accounting disclosures. These banks believe that deferred principal and interest payment arrangements under the influence of a pandemic do not alone serve as a basis for judging a significant increase in credit risk.

In the 2020 reports of 51 listed banks, 8 (16%) listed banks disclosed management superposition information. Among them, 6 clearly disclosed that the management superposition was mostly affected by the pandemic to obtain a more serious loan portfolio or accepted the government bailout policy loan portfolio; as for the remaining 2 listed banks that disclosed the management superposition, 1 management superimposed corporate loans and personal loans for stages 1 and stages 2, and the other superimposed management adjustment for major uncertainties not covered by the model. According to the author's understanding of the banking industry, there is a situation in which the expected credit losses of listed banks use the method of superimposed management adjustment without disclosing the information in the annual report.

Judging from the above statistics, the information on accounting policies and risk disclosure related to the impairment of financial instruments of 51 listed banks has been enriched year by year. The comparability of accounting information has increased and the quality of information disclosed in financial statements has improved, but there are still inconsistencies in the level of detail disclosed by listed banks. In future, the standard-setting regulator may further standardise the granularity of forward-looking information disclosed by banks through guidance and other forms. Due to the complexity of the information related to the inputs, assumptions and valuation techniques used in expected credit loss models, listed banks may require in-depth collaboration among the finance and accounting, business, risk management, valuation and IT departments in the process of business process transformation, model development, use and maintenance, performance assessment and information disclosure.

3.3 Impact of the Implementation of the New Financial Instruments Standards on the Net Assets of Listed Banks

Summary of amounts and proportions of changes in net assets of listed banks at the date of transition is shown in Table 3-5.

Table 3-5

Summary of amounts and proportions of changes in net assets at the date of transition

	State-owned bank	Joint-stock bank	City commercial bank	Rural commercial bank
Amount of change in net assets (million yuan)	-138 520	-61 426	-12 715	-254
Proportion of change in net assets (%)	-1.72	-2.04	-0.88	-0.15
Variance of percentage change in net assets	0.01	0.01	0.02	0.02
Amount of change in fair value arising from remeasurement (million yuan)	47 602	15 357	6 573	1 761

Source: the annual reports of listed banks

After the implementation of the new financial instruments standards, the net assets of most listed banks decreased, with the proportion of decrease in the net assets of the joint-stock banks slightly higher than that of the state-owned banks. The proportion of change in the net assets of the joint-stock banks, state-owned banks, city commercial banks and rural commercial banks decrease. The impact of the implementation of the new standards on commercial banks is mainly manifested in two aspects. On the one hand, the proportion of financial assets measured at fair value increase, and the information previously measured at cost is affected to varying degrees by changing in valuation results. On the other hand, listed banks increase their impairment provisions in accordance with the expected credit impairment loss model, thereby reducing their net assets.

3.4 Impact of the Implementation of the New Financial Instruments Standards on the Income Statement of Listed Banks

3.4.1 Analysis of Income Statement Structure

According to the reported data of listed banks from 2015 to 2020, the profit statements of listed banks for 2~3 years before and after the transition date are analyzed (for the listed banks whose transition date is January 1, 2018, we select the 3-year data before and after the transition date, and the listed banks whose transition date is January 1, 2019, and we choose the 2-year data before and after the transition date.). The indicators of the analysis are the proportion of interest income to operating income [1] and the proportion of investment income to operating income. The analysis shows

[1] Operating income refers to the total amount of interest income, fee and commission income, investment income, income from changes in fair value, other income, exchange income, and other business income.

that 78% of the listed banks have witnessed a decrease of the proportion of interest income to operating income (see Table 3-6), while 82% of the listed banks' investment income accounts for increased proportion of operating income (see Table 3-7), and the increase is more obvious.

Table 3-6

Changes of the Proportion of Interest Income to Operating Income Before and After Transition Date

Property	Proportion of interest income to operating income					
	Average after transition date	Average before transition date	Change	Rate of change	Number of banks with a decline	Proportion of banks with a decline
Large state-owned commercial bank	83.08%	82.82%	0.26%	0.31%	3.00	50.00%
National joint-stock commercial bank	80.47%	81.00%	-0.52%	-0.65%	5.00	55.56%
Urban Commercial Bank	88.93%	92.30%	-3.37%	-3.65%	23.00	88.46%
Rural commercial bank	89.18%	92.14%	-2.96%	-3.21%	9.00	90.00%
Average proportion	86.80%	89.16%	-2.36%	-2.64%	40.00	78.43%

Table 3-7

Changes of the Proportion of Investment Income to Operating Income Before and After Transition Date

Property	Proportion of investment income to operating income					
	Average after transition date	Average before transition date	Change	Rate of change	Number of banks with a decline	Proportion of banks with a decline
Large state-owned commercial bank	2.17%	1.67%	0.50%	29.68%	4.00	66.67%
National joint-stock commercial bank	4.53%	1.83%	2.70%	147.15%	8.00	88.89%

Table 3–7 Continued

Property	Proportion of investment income to operating income					
	Average after transition date	Average before transition date	Change	Rate of change	Number of banks with a decline	Proportion of banks with a decline
Urban Commercial Bank	6.00%	2.03%	3.98%	196.19%	21.00	80.77%
Rural commercial bank	5.79%	2.83%	2.97%	104.95%	9.00	90.00%
Average proportion	5.25%	2.11%	3.14%	149.14%	42.00	82.35%

According to the 51 listed banks annual reports of the year of transition, 36 banks (such as CITIC Bank, Minsheng Bank, Jiangsu Bank, etc.) mentioned the impact of new financial instruments on the structure of the income statement in their annual reports, which are mainly reflected in the following ways: after the implementation of the new financial instruments standards, it is measured at fair value and its changes are included in the investment income accounting during the holding of profit and loss financial assets in the current period. The remaining 15 listed banks did not disclose the impact of the new financial instruments standards on their income statements in their annual reports.

In general, the implementation of the new financial instruments standard has changed the structure of the income statement. Under the condition of the same investment scale and structure, the proportion of interest income decreases and the proportion of investment income increases.

3.4.2 Analysis of Changes in Income from Derecognition of Financial Assets Measured at Amortized Cost

According to the statements of A-share listed banks, 18 of 37 recognized the discontinued recognition income of financial assets measured by amortized cost from 2018 to 2020. The proportion of income from derecognition to operating income of financial assets measured at amortized cost after transition date banks is are as follows (see Table 3–8).

Table 3–8

Proportion of Income from Derecognition to Operating Income of Financial Assets Measureel at AC After Transition Date

Property	Average ratio of AC disposal gains and losses to operating income in 2018	Average ratio of AC disposal gains and losses to operating income in 2019	Average ratio of AC disposal gains and losses to operating income in 2020
Large state–owned commercial bank	—	0.12%	0.16%
National joint–stock commercial bank	0.02%	0.16%	0.21%
Urban Commercial Bank	—	—	0.05%
Rural commercial bank	—	0.07%	0.27%
Average proportion	—	0.07%	0.15%

The income from termination recognition of financial assets measured by amortized cost of listed banks increases slightly year by year, and detailed termination recognition information is not disclosed. Take China Everbright Bank as an example. The bank disposed of some held–to–maturity investments in 2017, and the 2017 annual report disclosed the face value of the current held–to–maturity investment, the proportion before disposal and the net income from the sale of held–to–maturity investments. The bank disposed of some of its financial assets measured at amortized cost in 2019, and only disclosed net gains or losses on financial investment measured at amortized cost in its annual report in 2019. The face value and pre-disposal proportion of financial assets measured at amortized cost in the current disposal of China Everbright Bank are not disclosed.

3.5 Impact of the Implementation of the New Financial Instruments Standards on the Business Development of Listed Banks

The new standard is likely to give banks a stronger orientation in conducting investment business and credit operations. With the aim of maintaining stable interest income growth and reducing fair value volatility, listed banks will tend to increase the proportion of investments in financial assets measured at amortized cost and financial assets measured at fair value through other comprehensive income after the implementation of the new standards, while the design and promotion of credit products that do not meet the amortized cost measurement requirements will be significantly discouraged. According to the previous study of financial statements after the implementation date of the new standards, this feature is also reflected in the disclosures of listed banks: the proportion of financial assets at fair value through profit or loss tends to decrease, while the proportion of financial assets at fair value through other comprehensive income tends to increase.

The implementation of the new standards will have little impact on the deposit business of commercial banks. For interbank liabilities, transactions between banks will continue to be measured largely at amortized cost. The implementation of the new standards will not have a significant impact on the liability business of banks. However, as customers of banks' liability business, i.e. institutions that invest in relevant deposits or wealth management products, will also tend to invest in assets that can be measured at amortized cost under the new standards, the new standards will have an impact on and limit the structural design and innovation of banks' deposits and wealth management products.

In addition, the implementation of the new standards may also affect the risk pricing arrangements of commercial banks. Credit impairment are an important influencing factor on a bank's cost of capital and internal assessment. And the implementation of the new standards will result in adjustments to the risk pricing of some assets, particularly for those types of business where the impairment charge rates under the new financial instruments standards have increased significantly, such as bankers' acceptances, letters of guarantee, letters of credit and loan commitments in off–balance sheet credit business. Commercial banks may assess the costs and benefits under the existing model to determine whether fee rates and pricing levels need to be increased or higher margin ratios required to compensate for the possible negative impact of on–balance sheet impairment of off–balance sheet business.

Chapter 4

Application and Influence Analysis of New Financial Instruments Standards in Listed Securities Companies

This chapter analyzes the impact of the implementation of the new financial instruments standards on the financial statements and operational management of listed securities companies from three aspects: classification, impairment and valuation. In order to study the impact of the implementation of the new financial instruments standards on listed securities companies, this book selects the data of 2018, 2019 and 2020 annual reports of securities companies of A + H shares, as well as 2019 and 2020 annual report data of securities companies of A–shares.

Based on the disclosed 2019 and 2018 annual reports of listed securities companies, the dates of implementing the new financial instruments standards by each listed securities company are shown in Table 4–1.

Table 4–1

List of implementation dates of new financial instruments of listed securities companies

No.	Name of securities company	Abbreviation	Implementation date of new financial instruments	Trading market
1	CITIC Securities Co., Ltd.	CITIC Securities	1–Jan–18	A+H shares
2	Huatai Securities Co., Ltd.	Huatai Securities	1–Jan–18	A+H shares
3	Guotai Junan Securities Co., Ltd.	Guotai Junan	1–Jan–18	A+H shares
4	Haitong Securities Co., Ltd.	Haitong Securities	1–Jan–18	A+H shares
5	China Merchants Securities Co., Ltd.	China Merchants Securities	1–Jan–18	A+H shares
6	Shenwan Hongyuan Group Co., Ltd.	Shenwan Hongyuan	1–Jan–18	A+H shares

Table 4-1 Continued

No.	Name of securities company	Abbreviation	Implementation date of new financial instruments	Trading market
7	GF Securities Co., Ltd.	GF Securities	1-Jan-18	A+H shares
8	China Galaxy Securities Co., Ltd.	China Galaxy Securities	1-Jan-18	A+H shares
9	China Securities Corporation	China Securities	1-Jan-18	A+H shares
10	Guosen Securities Co., Ltd.	Guosen Securities	1-Jan-19	A-shares
11	Orient Securities Co., Ltd.	Orient Securities	1-Jan-18	A+H shares
12	Everbright Securities Co., Ltd.	Everbright Securities	1-Jan-18	A+H shares
13	Industrial Securities Co., Ltd.	Industrial Securities	1-Jan-19	A-shares
14	Changjiang Securities Co., Ltd.	Changjiang Securities	1-Jan-19	A-shares
15	Founder Securities Co., Ltd.	Founder Securities	1-Jan-19	A-shares
16	Soochow Securities Co., Ltd.	Soochow Securities	1-Jan-19	A-shares
17	Caitong Securities Co., Ltd.	Caitong Securities	1-Jan-19	A-shares
18	Zheshang Securities Co., Ltd.	Zheshang Securities	1-Jan-19	A-shares
19	Guoyuan Securities Co., Ltd.	Guoyuan Securities	1-Jan-19	A-shares
20	Dongxing Securities Co., Ltd.	Dongxing Securities	1-Jan-19	A-shares
21	TF Securities Co., Ltd.	TF Securities	1-Jan-19	A-shares
22	Southwest Securities Co., Ltd.	Southwest Securities	1-Jan-19	A-shares
23	Huaxi Securities Co., Ltd.	Huaxi Securities	1-Jan-19	A-shares
24	Sealand Securities Co., Ltd.	Sealand Securities	1-Jan-19	A-shares
25	Great Wall Securities Co., Ltd.	Great Wall Securities	1-Jan-19	A-shares
26	Northeast Securities Co., Ltd.	Northeast Securities	1-Jan-19	A-shares
27	Sinolink Securities Co., Ltd.	Sinolink Securities	1-Jan-19	A-shares
28	Western Securities Co., Ltd.	Western Securities	1-Jan-19	A-shares
29	Shanxi Securities Co., Ltd.	Shanxi Securities	1-Jan-19	A-shares
30	HUAAN Securities Co., Ltd	HUAAN Securities	1-Jan-19	A-shares
31	BOCI Securities Co., Ltd.	BOCI Securities	1-Jan-19	A-shares
32	Central China Securities Co., Ltd.	Central China Securities	1-Jan-18	A+H shares
33	Goulian Securities Co., Ltd.	Goulian Securities	1-Jan-18	A+H shares

Table 4–1 Continued

No.	Name of securities company	Abbreviation	Implementation date of new financial instruments	Trading market
34	Nanjing Securities Co., Ltd.	Nanjing Securities	1–Jan–19	A–shares
35	First Capital Securities Co., Ltd.	First Capital	1–Jan–19	A–shares
36	Hongta Securities Co., Ltd.	Hongta Securities	1–Jan–19	A–shares
37	Chinalin Securities Co., Ltd.	Chinalin Securities	1–Jan–19	A–shares
38	Pacific Securities Co., Ltd.	Pacific Securities	1–Jan–19	A–shares

As of January 1, 2019, all 38 listed securities companies in China have completed the transition of the new financial instruments standards. Among them, 25 A–share listed securities companies have completed the transition of the new financial instruments standards on January 1, 2019, and 13 A+H share listed securities companies have completed the transition of the new financial instruments standards on January 1, 2018, which is basically in line with the implementation schedule in the Accounting Department Letter〔2017〕No.524 issued by the CSRC: "Securities companies listed both in domestic and overseas market and securities companies listed only in overseas market should implement the new accounting standards from January 1, 2018, and other securities companies should implement the new accounting standards from January 1, 2019."

Guolian Securities was listed on HKEx in 2014, and obtained the application for A–share issue of CSRC in May 2020. The transition date information can be obtained from the prospectus, so it is included in the scope of this chapter. The annual report of China International Capital Co., Ltd. [1] on the implementation of the standard conversion of new financial instruments is disclosed on HKEx. Since it is difficult to obtain accurate information, the company is not included in the scope of this chapter. Hengtai Securities Co., Ltd. is only listed on HKEx and is not included in the scope of this chapter. Donghai Securities Co., Ltd., Yuekai Securities Co., Ltd. And Guodu Securities Co., Ltd., listed in the national share transfer system of small and medium-sized enterprises, are not included in the scope of this chapter.

4.1 Analysis of the Impact of the New Financial Instruments Standards on the Classification of Financial Assets Investments in Listed Securities Companies

4.1.1 Analysis of Changes in the Classification of Financial Assets under the Old and New Financial Instruments Standards

According to the new financial instruments standards and relevant implementation regulations, this book selects the 2018 annual report data of 13 A+H share listed securities companies (see Figure 4-1 and Figure 4-2 for details) and the 2019 annual report data of 25 A-share listed securities companies suitable for the application of the new financial instruments standards (see Figure 4-3 and Figure 4-4 for details) for analysis.

[1] China International Capital Co., Ltd. was listed on the main board of the Shanghai Stock Exchange on November 2, 2020 under the stock code 601995.

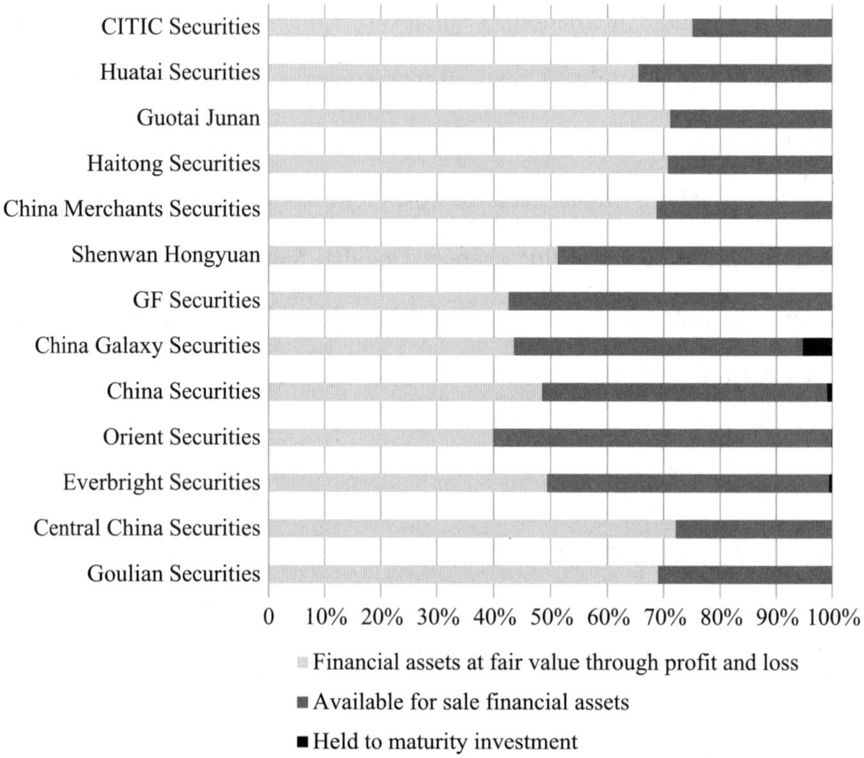

Figure 4–1 Proportion of financial assets classification of A+H share securities companies under the old financial instruments standards

Source: 2017 annual reports

Under the old financial instruments standards of various A+H share listed securities companies, the proportion of financial assets measured at fair value and their changes included in the current profit and loss of financial assets is between 39% and 75%, with an average ratio of 59% and a median of 65%. The proportion of available–for–sale financial assets to financial investment ranges from 25% to 60%, with an average of 40% and a median of 35%. The proportion of hold–to–maturity investment in financial investment ranges from 0 to 5%, with an average of 1% and a median of 0.

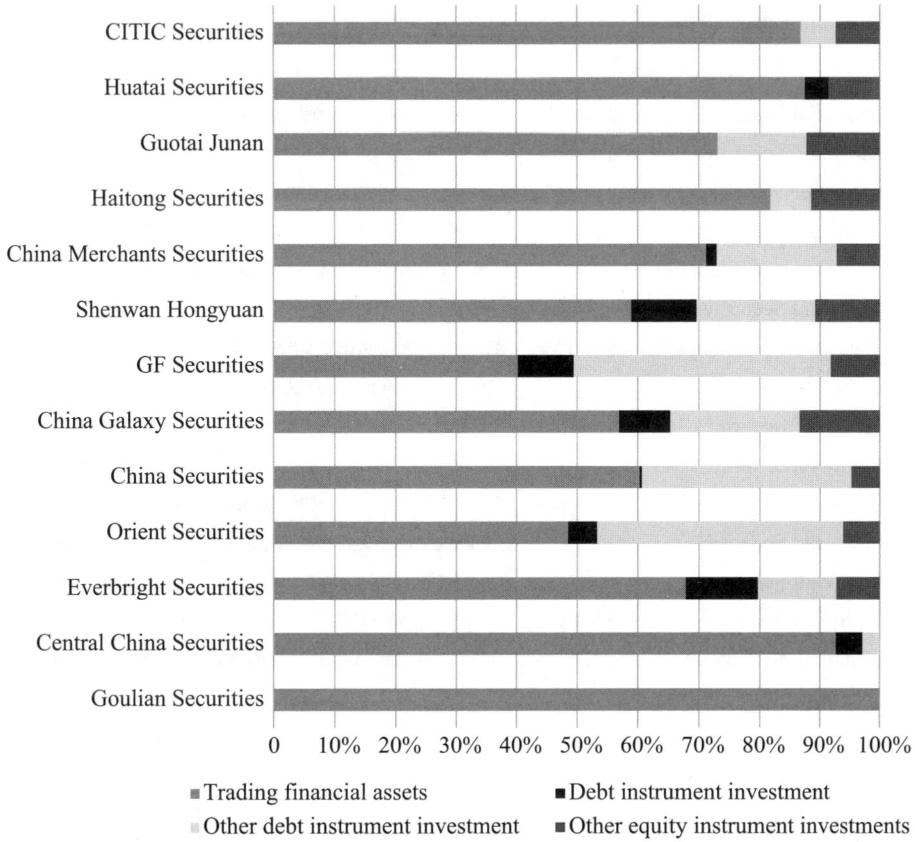

Figure 4–2 Proportion of financial assets classification of A+H share securities companies under the new financial instruments standards on transition day

Source: 2018 annual reports

Under the new financial instruments standards of various A+H share listed securities companies, the proportion of traded financial assets to financial investment ranges from 40% to 100%, with an average ratio of 71% and a median of 71%. The proportion of debt investment in financial investment ranges from 0 to 12%, with an average of 4% and a median of 4%. The proportion of other debt investment in financial investment ranges from 0 to 43%, with an average of 17% and a median of 15%. The proportion of investment in other equity instruments to financial investment ranges from 0% to 13%, with an average of 7% and a median of 7%.

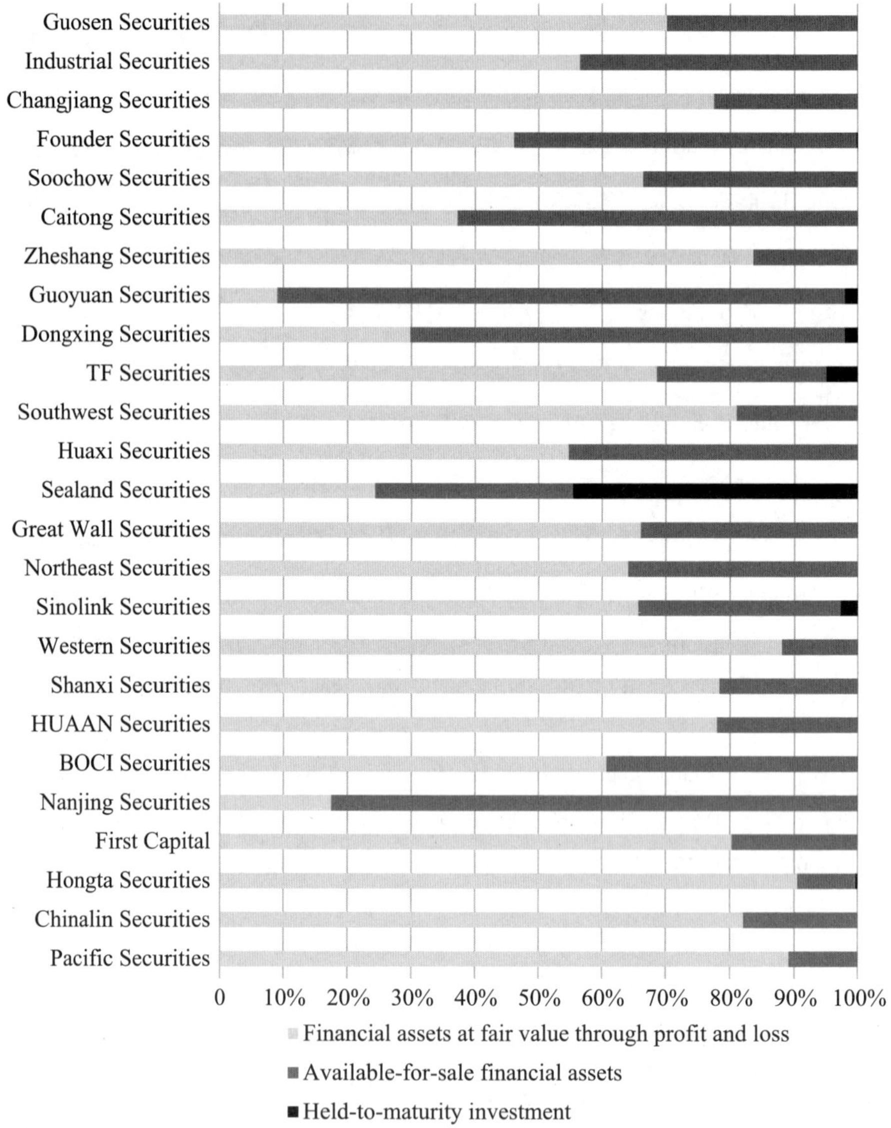

Figure 4–3 Proportion of financial assets classification of A–share securities companies under the old financial instruments standards

Source: 2019 annual reports

Under the old financial instruments standards of A–share listed securities companies, the proportion of financial assets measured at fair value and whose changes are included in the current profits and losses ranges from 9% to 90%, with an average ratio of 63% and a median of 66%. The proportion of available-for-sale financial assets to financial investment ranges from 9% to 89%, with an average of 35% and a median of 31%. The proportion of hold-to-maturity investment in financial investment ranges from 0 to 45%, with an average of 2% and a median of 0.

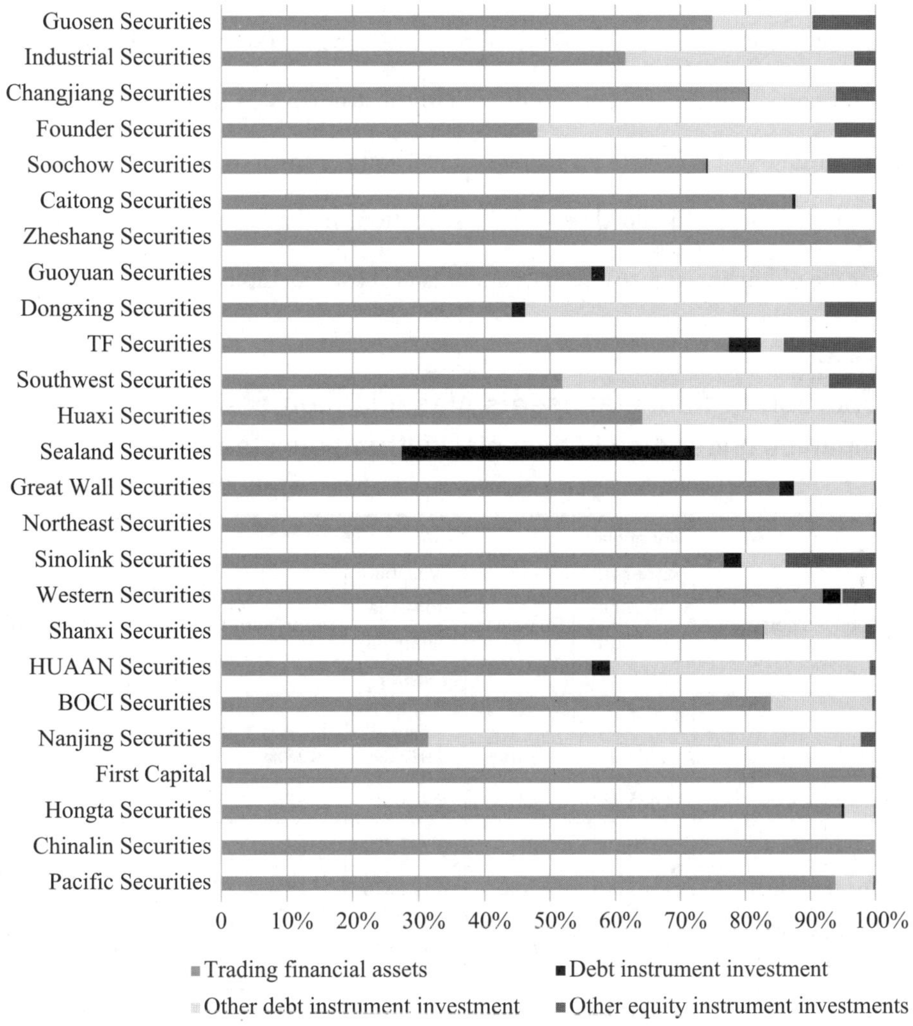

Figure 4-4 Proportion of financial assets classification of 25 A-share securities companies under the new financial instruments standards on transition day

Source: 2019 annual reports

Under the new financial instruments standards of 25 A–share listed securities companies, the proportion of traded financial assets in financial investment ranges from 26% to 100%, with an average of 73% and a median of 77%. The proportion of debt investment in financial investment ranges from 0 to 45%, with an average of 3% and a median of 1%. The proportion of other debt investment in financial investment ranges from 0% to 67%, with an average of 20% and a median of 15%. The proportion of investment in other equity instruments to financial investment ranges from 0 to 14%, with an average of 4% and a median of 1%.

Proportion of financial assets classification of listed securities companies under the old financial instruments standards is shown in Table 4–2.

Table 4–2

Proportion of financial assets classification of listed securities companies under the old financial instruments standards

Amount unit: RMB ten thousand yuan

Securities company	Financial assets at fair value through profit or loss	Proportion	Available–for–sale financial assets	Proportion	Held–to–maturity investment	Proportion
CITIC Securities	17815 350	75%	5 922 693	25%		
Huatai Securities	8 455 042	65%	4 458 317	35%		
Guotai Junan	9 850 200	71%	3 997 200	29%		
Haitong Securities	9 985 669	70%	4 122 876	29%	7 872	1%
China Merchants Securities	7 307 028	69%	3 327 535	31%		
Shenwan Hongyuan	4 936 252	51%	4 698 772	49%		
GF Securities	6 868 966	43%	9 259 440	57%		
China Galaxy Securities	2 901 030	44%	3 406 084	51%	354 517	5%

Table 4–2 Continued

Securities company	Financial assets at fair value through profit or loss	Proportion	Available–for–sale financial assets	Proportion	Held–to–maturity investment	Proportion
China Securities	3 264 910	48%	3 410 789	51%	57 857	1%
Orient Securities	4 802 945	39%	7 223 438	60%	11 050	1%
Everbright Securities	3 744 651	49%	3 795 630	50%	37 888	1%
Central China Securities	762 250	72%	294 707	28%		
Goulian Securities	236 204	69%	106 031	31%		
A+H share security companies	80 930 497	60%	54 023 512	40%	469 184	0%
Guosen Securities	6 578 810	70%	2 796 099	30%		
Industrial Securities	4 047 427	57%	3 114 242	43%		
Changjiang Securities	2 950 504	77%	858 713	23%		
Founder Securities	3 464 356	45%	4 024 822	54%	13 983	1%
Soochow Securities	2 564 282	66%	1 299 090	34%		
Caitong Securities	931 681	37%	1 571 901	63%		
Zheshang Securities	1 615 170	84%	318 284	16%		
Guoyuan Securities	302 333	9%	2 968 512	89%	66 300	2%
Dongxing Securities	1 273 331	30%	2 911 157	68%	87 032	2%
TF Securities	1 985 295	69%	765 853	26%	143 859	5%
Southwest Securities	2 711 556	81%	636 487	19%		
Huaxi Securities	797 017	55%	658 524	45%		
Sealand Securities	866 983	24%	1 114 027	31%	1 592 127	45%
Great Wall Securities	1 536 956	66%	789 764	34%		
Northeast Securities	2 004 440	64%	1 121 922	36%		
Sinolink Securities	1 166 716	65%	562 301	32%	47 652	3%
Western Securities	2 620 938	88%	356 086	12%		
Shanxi Securities	2 224 017	78%	615 986	22%		
HUAAN Securities	1 717 007	78%	485 824	22%		

Table 4–2 Continued

Securities company	Financial assets at fair value through profit or loss	Proportion	Available–for–sale financial assets	Proportion	Held–to–maturity investment	Proportion
BOCI Securities	569 552	61%	368 581	39%		
Nanjing Securities	142 712	18%	672 085	82%		
First Capital	1 217 129	80%	299 420	20%		
Hongta Securities	1 455 139	90%	147 669	9%	5 000	1%
Chinalin Securities	257 560	82%	56 212	18%		
Pacific Securities	1 944 724	89%	237 739	11%		
A–share security companies	46 945 635	60%	28 751 300	37%	1 955 953	3%
Total	127 876 132	60%	82 774 812	39%	2 425 137	1%

Source: annual reports for the year of transition

Proportion of financial assets classification of listed securities companies under the new financial instruments standards on transition day is shown in Table 4–3.

Table 4–3

Proportion of financial assets classification of listed securities companies under the new financial instruments standards on transition day

Amount unit: RMB ten thousand yuan

Securities company	Trading financial assets	Proportion	Other debt investment	Proportion	Other equity instrument investments	Proportion	Debt investment	Proportion
CITIC Securities	20 607 489	87%	1 408 077	6%	1 739 224	7%		
Huatai Securities	11 417 141	87%			1 116 162	9%	524 378	4%
Guotai Junan	10 115 800	73%	2 033 300	15%	1 697 700	12%		
Haitong Securities	12 003 253	81%	991 959	7%	1 691 190	12%		

Table 4–3 Continued

Securities company	Trading financial assets	Proportion	Other debt investment	Proportion	Other equity instrument investments	Proportion	Debt investment	Proportion
China Merchants Securities	7 570 990	71%	2 117 526	20%	763 660	7%	179 333	2%
Shenwan Hongyuan	5 763 353	58%	1 913 319	20%	1 056 548	11%	1 041 804	11%
GF Securities	6 172 793	40%	6 501 247	43%	1 251 628	8%	1 413 752	9%
China Galaxy Securities	4 065 090	58%	1 516 586	21%	957 614	13%	601 711	8%
China Securities	4 399 795	60%	2 525 632	35%	341 191	5%	24 908	0
Orient Securities	5 880 636	48%	4 922 513	41%	741 234	6%	580 503	5%
Everbright Securities	5 177 432	68%	1 001 220	13%	550 248	7%	901 047	12%
Central China Securities	980 121	93%	29 815	3%			47 262	4%
Goulian Securities	350 048	100%						
A+H share security companies	94 503 941	69%	24 961 194	18%	11 906 399	9%	5 314 698	4%
Guosen Securities	7 104 532	75%	1 463 365	15%	918 717	10%		
Industrial Securities	4 513 679	62%	2 575 210	35%	237 744	3%		
Changjiang Securities	3 123 867	80%	518 304	13%	235 199	6%	4 714	1%
Founder Securities	3 668 425	48%	3 479 858	46%	480 252	6%		
Soochow Securities	2 916 856	74%	725 208	18%	292 850	7%	10 754	1%
Caitong Securities	2 202 525	86%	300 834	12%	11 881	1%	12 395	1%
Zheshang Securities	1 968 932	100%						
Guoyuan Securities	1 920 978	56%	1 419 209	42%			69 164	2%
Dongxing Securities	1 885 947	44%	1 964 336	46%	334 204	8%	86 400	2%
TF Securities	2 285 829	77%	103 464	4%	419 249	14%	145 350	5%
Southwest Securities	1 775 778	52%	1 402 923	41%	245 042	7%		
Huaxi Securities	947 779	63%	524 577	36%	4 517	1%		
Sealand Securities	998 753	26%	1 003 998	28%	7 500	1%	1 625 914	45%
Great Wall Securities	2 013 545	85%	291 673	12%	5 973	1%	52 816	2%
Northeast Securities	3 153 234	99%			11 373	1%		
Sinolink Securities	1 379 359	76%	121 756	7%	250 602	14%	48 532	3%
Western Securities	2 786 799	91%	10 467	1%	152 244	5%	83 189	3%

Table 4–3 Continued

Securities company	Trading financial assets	Proportion	Other debt investment	Proportion	Other equity instrument investments	Proportion	Debt investment	Proportion
Shanxi Securities	2 373 147	81%	449 230	16%	43 365	2%	3 323	1%
HUAAN Securities	1 264 096	56%	895 839	40%	19 068	1%	62 229	3%
BOCI Securities	787 346	83%	146 370	16%	4 500	1%		
Nanjing Securities	260 554	31%	549 986	67%	17 922	2%		
First Capital	1 513 708	99%			8 582	1%		
Hongta Securities	1 548 787	93%	74 571	5%	3 000	1%	6 352	1%
Chinalin Securities	317 691	100%						
Pacific Securities	2 039 649	93%	126 137	6%	6 232	1%		
A-share security companies	54 751 795	69%	18 147 315	23%	3 710 016	5%	2 211 132	3%
Total	149 255 736	69%	43 108 509	20%	15 616 415	8%	7 525 830	3%

Source: annual reports for the year of transition

According to the overall analysis of the information and data presented in Figure 4–1, Figure 4–2, Figure 4–3, Figure 4–4, Table 4–2 and Table 4–3, it can be seen that there is no significant difference in the overall classification of domestic and foreign listed securities companies compared with the classification structure (proportion) of financial assets of 13 A+H share listed securities companies and 25 A-share listed securities companies. At the same time, under both the old and new financial instruments standards, financial assets at fair value through profit or loss have the highest proportion, followed by financial assets at fair value through other comprehensive income (including investment in other creditors' investments and other equity instruments), and financial instruments measured at amortized cost have the lowest proportion, which is generally in line with the business characteristics of securities companies.

Based on the information and the analysis data presented in Table 4–2 and Table 4–3, it can bc seen that under the old financial instruments standards, the financial assets at fair value through profit or loss of 38 listed securities companies account for about 60% of all financial assets. Available–for–sale financial assets account for about 39% and held–to–maturity investments account for about 1%. Under the new financial instruments standards, the proportion of trading financial assets to total financial assets has risen to about 69%. Other debt investments and other equity instruments account for about 28%, and debt investments account for about 3%. The proportions of financial assets at fair value through profit or loss and financial assets at amortized cost have increased.

According to the analysis of Figure 4–1, Figure 4–2, Figure 4–3, Figure 4–4, Table 4–2, Table 4–3, 38 listed securities companies are measured at fair value and their changes are included in the profits and losses of the current period. The average proportion of financial assets to the investment of financial assets has increased compared with that after transition date, and the proportion range has been expanded. The average proportion of financial assets measured at fair value and whose changes are included in other comprehensive income in the investment of financial assets has decreased compared with that after transition date, and the proportion range has been reduced. The average proportion of financial assets measured by amortized cost to the investment of financial assets has increased compared with that after transition date, and the proportion range has not changed significantly. Due to the difference of the nature, business scope and investment strategies of these securities companies, there are great differences among the samples. In order to observe its overall trend, the specific impact analysis is summarized as follows:

1. Financial Assets at Fair Value through Profit or Loss

Except for GF Securities, Southwest Securities and HUAAN securities, the ratios of financial assets to financial assets at fair value through profit or loss after the transition of new financial instruments standards in the listed securities companies are all larger than that under the old standards.

The average ratio of financial assets at fair value through profit or loss to financial assets: A+H share securities companies increase from 60% under the old standards to 69% under the new financial instruments standards, and A-share securities companies also increase from 60% under the old standards to 69% under the new financial instruments standards. There are 27 listed securities companies respectively with ratios of financial assets to financial assets at fair value through profit or loss larger than 50% under the old standards and the number increased to 32 in the year of transition, which account for 71% and 84% among 38 listed securities companies.

2. Financial Assets at Fair Value through Other Comprehensive Income (Including Investments in Non-trading Equity Instruments under the New Financial Instruments Standards)

Under the old standards, all listed securities companies use the available-for-sale financial assets account, while 32 and 33 listed securities companies use other debt instrument investments and other equity instrument investments accounts under the new financial instruments standards, accounting for 84% and 87% among the 38 listed securities companies respectively. According to the information disclosed by a number of listed securities companies, the categories of available-for-sale financial assets under the old standards mainly include listed restricted shares, stocks on the National Equities Exchange and Quotations (NEEQ), unlisted equity, bonds, structured entities (including public funds, bank financial products, asset management plans, special account products, trust products, ABS, limited partnerships, etc.).

The new financial instruments standards eliminate the available-for-sale financial assets account and add accounts of other debt investments and other equity instrument investments. Financial assets accounted by other debt investments under the new financial instruments standards are dual-purpose investments that pass the contractual cash flow test and are held by listed securities companies for the purpose of both collecting the contractual cash flows and selling the financial assets. Financial assets accounted by other equity instrument investments are investments that conform to the definition of the equity instrument in Accounting Standards for Business Enterprises—Presentation of Financial Instruments held by listed securities companies for non-trading purposes and for which the listed securities companies have exercised the designated option.

Under the old financial instruments standards, 39% of 38 listed securities companies adopt the available-for-sale financial assets accounts and 28% adopts the financial assets at fair value through other comprehensive income account after the transition date, of which 20% are other debt instrument investments and 8% are other equity equity instrument investments. Meanwhile, among the 38 listed securities companies, except for Southwest Securities and HUAAN Securities, the proportion of available-for-sale financial assets under the old standards is greater than the proportion of other debt instrument investments and other equity instrument investments combined under the new financial instruments standards.

From this, it can be seen that a considerable proportion of listed restricted shares, stocks on the NEEQ, unlisted equity, some bonds, and most of the structured entity investments of listed securities companies accounted by the available-for-sale financial assets account under the old standards are included in trading financial assets under the new financial instruments standards, except for some qualified equity instrument investments designated as non-trading equity instrument investments and some debt instrument investments classified as other creditors' investments.

There are great similarities of the financial accounting methods between other debt investments under the new financial instruments standards and debt instrument investments classified as available-for-sale financial assets under the old financial instruments standards. The change in fair value on subsequent measurement is recorded in other comprehensive income, and the amount of accumulated other comprehensive income is transferred in a lump sum to current profit or loss on disposal. After analysis, we have found that the other debt investments of listed securities companies under the new financial instruments standards are basically derived from debt instrument investments of available-for-sale financial assets under the old standards, and it is a corresponding correlation.

The financial accounting for other equity instrument investments under the new financial instruments standards differs significantly from the financial accounting for equity investments classified as available–for–sale financial assets under the old financial instruments standards, which can be included in investment income only when dividends are received, and the accumulated profits at the disposal date are directly included in retained earnings and are no longer accounted for through income statement investment income. After analysis, we have found that non–pure debt instrument investments in available–for–sale financial assets of listed securities companies under the old financial instruments standards are generally included in the accounting for trading financial assets under the new financial instruments standards, and only a small portion are designated as other equity instrument investments.

3. Financial Assets at Amortized Cost (Held-to-maturity Investments under the Old Standards and Debt Investments under the New Financial Instruments Standards)

There are 12 listed securities companies that apply the held–to–maturity investment account under the old standards, accounting for 32% of the 37 listed securities companies, while there are 21 listed securities companies that use debt investments account under the new standards accounting for 57% of the 37 listed securities companies. The amounts of held–to–maturity investments accounted under the old standards and debt investments accounted under the new financial instruments standards of Haitong Securities and Founder Securities are both zero. The proportion of held–to–maturity investments of China Securities under the old standards is higher than the proportion of debt investments under the new financial instruments standards. For other listed securities companies, the proportion of held–to–maturity investments under the old standards is less than or equal to the proportion of debt investments under the new financial instruments standards.

In summary, it is easy to see that before the implementation of the new financial instruments standards, securities companies have classified most of their financial assets as financial assets at fair value through profit or loss and available–for–sale financial assets. During the transition from the old financial instruments standards to the new financial instruments standards, the four–way classification of financial assets do not correspond to the classification under the new standards. However, it can be seen from the data that most held–to–maturity investments under the old standards are reclassified as financial assets at amortized cost, and most available–for–sale financial asset equity instruments are classified as financial assets at fair value through profit or loss or designated as financial assets at fair value through other comprehensive income. Available–for–sale financial assets debt instruments are classified as financial assets, other debt investments and debt investments through profit or loss.

According to the analysis before and after the transition date of standards, this book has found that:

(1) A–share listed securities companies and A+H share listed securities companies do not have a lot of differences in terms of the structure (proportion) of each financial asset classification, i.e., the results of the financial asset classification of securities companies are not strongly correlated with the differences in the listing markets and scale of securities companies.

(2) The proportion of financial assets at fair value through profit or loss

is the highest under both the old and new financial instruments standards, and the proportion of financial assets at fair value through profit or loss has further increased after the transition of the new standards. The proportion of financial investments at amortized cost is the lowest under both the old and new financial instruments standards, and the proportion of financial investments at amortized cost is increased to some extent after the transition of the new standard on financial instruments. The proportion of financial investments at amortized cost has further increased after the transition of the new standard on financial instruments, and the proportion of financial investments at amortized cost has further increased after the transition. At the same time, the proportion of financial assets measured at fair value and whose changes are included in other comprehensive income has decreased after the transition. In particular, listed securities companies are more common and relatively cautious in the use of equity instruments investment subjects that are measured at fair value and whose changes are included in other comprehensive income, with the balance accounting for 8%.

(3) Based on the annual reports disclosed by 38 listed securities companies, we conducted a statistical survey of the data disclosed by listed securities companies that implemented the new standard for the first time. 38 listed securities companies will not adjust their prior period comparative financial statement data for the transition of the new standard. In practice, we found that many securities companies perform certain surplus management operations at the date of transition.

(4) According to the above analysis, the proportion of financial assets which

are arbitrarily measured at fair value and whose changes are included in other comprehensive income under the old financial instruments standards decrease after transition date of the standards. In addition, the financial assets measured at fair value and their changes included in the profits and losses of the current period and the financial assets measured at amortized cost more reflect the contractual nature and management model of the investment of listed securities companies. Overall, under the new standard, the classification of financial assets become more clear. The contract characteristics of the financial assets and the business model of the management of different securities companies can get a more intuitive display, and the transparency and comparability of accounting information have increased.

4.1.2 Analysis of Changes of the Classification of Financial Assets after Transition Date of the New Financial Instruments Standards

According to the annual reports of 38 listed securities companies on and after transition date, statistics are made on the proportion of the "three categories" of financial assets of listed securities companies on transition date—December 31, 2018, December 31, 2018 and December 31, 2020—the average proportion of financial assets after transition date (for listed securities companies whose transition date is January 1, 2018, this book averages the proportion of financial assets of listed securities companies on December 31, 2018, December 31, 2019 and December 31, 2020; for listed securities companies whose transition date is January 1, 2019, this book averages the proportion of financial assets on

December 31, 2019 and December 31, 2020), and comparation are made on the changes in the average share of each category of financial assets after transition date of the listed banks on transition date.

The proportion and changes of the "three categories" of financial assets of A–share listed securities companies are shown in Table 4–4.

Table 4–4

The proportion and changes of "three categories" of financial assets of A–share listed securities companies

Proportion of "three categories" of financial assets	Transition date	December 31, 2019	December 31, 2020	Average after transition date	Averaged proportion after the transition date compared with that on the transition date
Financial assets measured at fair value and whose changes are included in the current profit and loss accounted for the proportion of the "three categories"	69.46%	69.80%	71.28%	70.18%	0.72%
Proportion of financial assets measured at fair value and whose changes are included in other comprehensive income to the "three categories"	27.73%	27.88%	27.70%	27.77%	0.04%
Proportion of financial assets measured by amortized cost to "three categories" assets	2.81%	2.32%	1.02%	2.05%	-0.76%

The proportion and changes of the "three categories" of financial assets of A+H share listed securities companies are shown in Table 4–5.

Table 4–5

The proportion and changes of "three categories" of financial assets of A+H share listed securities companies

Proportion of "three categories" of financial assets	Transition date	December 31, 2019	December 31, 2020	Average after transition date	Averaged proportion after the transition date compared with that on the transition date	Transition date
Financial assets measured at fair value and whose changes are included in the current profit and loss accounted for the proportion of the "three categories"	69.14%	69.97%	73.65%	72.54%	71.32%	2.18%
Proportion of financial assets measured at fair value and whose changes are included in other comprehensive income to the "three categories"	26.97%	26.70%	23.98%	25.26%	25.73%	-1.24%
Proportion of financial assets measured by amortized cost to "three categories" assets	3.89%	3.33%	2.37%	2.20%	2.95%	-0.94%

In order to further understand the fluctuation of the proportion of financial assets of listed securities companies, based on the annual report data of 38 listed securities companies, this book makes an analysis of variance on the proportion of financial assets of listed securities companies at transition date, December 31, 2018, December 31, 2019 and December 31, 2020.

The variance of the "three categories" of financial assets of A–share listed securities companies is shown in Figure 4–5.

The variance of the "three categories" of financial assets of A+H share listed securities companies is shown in Figure 4–6.

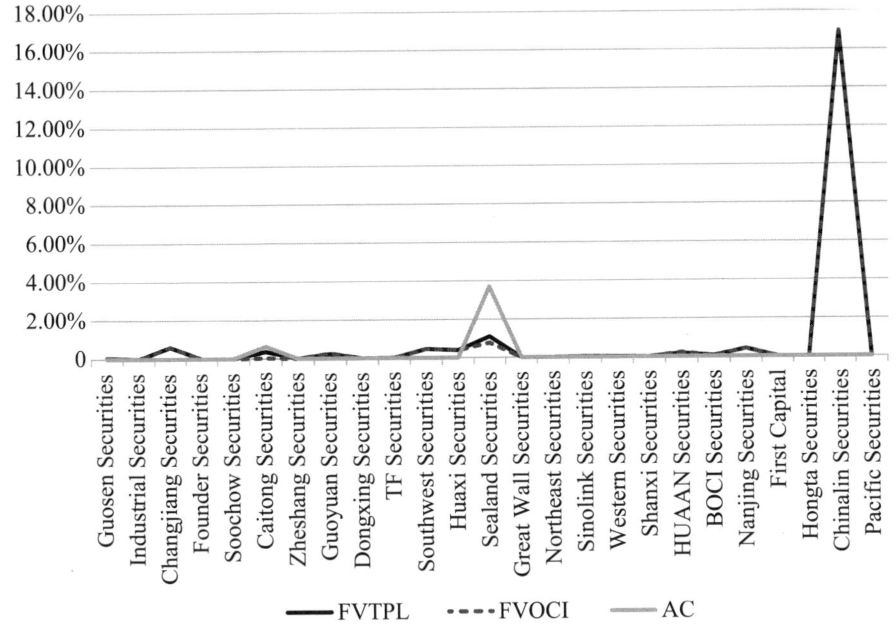

Figure 4–5 The variance of the classification of financial assets of A–share listed securities companies under the new financial instruments standards

Source: *Straight Flush*

According to the proportion change and variance of financial assets of 38 listed securities companies after transition date, the classification structure of financial assets of listed securities companies is relatively stable. After transition date, the variance of the proportion of financial assets of 36 listed securities companies is generally small, and the degree of dispersion is not high. Only Hualin Securities and Sealand Securities have great changes in the proportion of financial assets. The company's annual report points out that there are obvious fluctuations in other debt investments of Hualin Securities, mainly due to the increase in the investment scale of fixed income products, and the changes in debt investment of Sealand Securities are mainly caused by the sale of debt

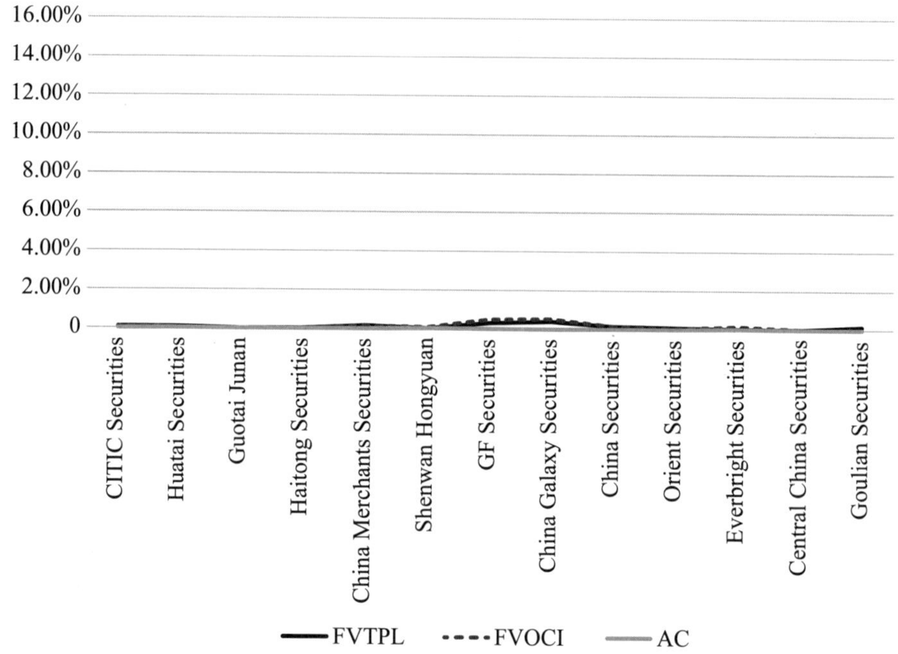

Figure 4–6　The variance of the classification of financial assets of A+H share listed securities companies under the new financial instruments standards

Source: *Straight Flush*

investments. In general, the financial assets classification structure of listed securities companies is relatively stable after the implementation of the new financial instruments standards.

4.2　Impact Analysis of the New Financial Instruments Standards on the Impairment of Financial Assets Investments in Listed Securities Companies

This section collects data from the annual reports of 38 A+H share and A–share listed securities companies disclosed in 2018 and 2019 to analyze the impact of the provisions of new financial instruments standards on impairment of financial assets on five major accounting subjects that may affect the securities companies. According to the business characteristics of securities companies, the main financial assets involved in impairment measurement under the new financial instruments standards include margin accounts receivable, redemptory monetary capitals for sale, receivables, creditors' investments and other creditors' investments. We have studied the above five types of financial assets separately because their business types and risk profiles are different.

As some of the securities companies do not directly disclose the amount changed and its impact on the date of transition of the standards, this study carries out calculation and analysis by comparing the beginning of the year of conversion of the standards with the end of the previous year's unconverted statement data. In addition, because Founder Securities does not disclose information on the impairment changes on the transition date, and the analysis and calculation cannot be conducted. Thus Founder Securities is excluded from the impairment study in this section. There are 37 listed securities companies as total in this section, including 13 A+H share listed securities companies and 24 A-share listed securities companies.

4.2.1 Impact Analysis of New Financial Instruments Standards on the Impairment of Financial Assets Investments of Listed Securities Companies—Margin Accounts Receivable

Margin accounts receivable primarily account for funds borrowed from companies by eligible borrowers pledging circulation stocks of public companies.

Figure 4–7 and Figure 4–8 show the impact of the impairment provision for the margin accounts receivable account of A+H share and A–share securities companies based on the expected credit loss method at the transition date. It indicates that when 12 A–share securities companies, including Guosen Securities and Guoyuan Securities, remeasure the margin accounts receivable account on the transition date under the new financial instruments standards, the re–measured expected credit losses increase the book value (i.e., supplementing the book impairment provision for margin accounts receivable), while the other 11 A–share securities companies make a reduction in the book value (i.e., supplementing the impairment provision for margin accounts receivable) . Zheshang Securities has not adjusted for impairment. Overall, the transition of the old and new standards has brought about different impacts on the margin accounts receivable of listed securities companies.The amount of impairment provision according to the expected credit loss model after the implementation of the financial instruments standards increase because that most of the listed securities companies have made impairment provision according to a certain proportion (e.g. 0.2%) under the old financial instruments standards in accordance with the industry guidelines, while made impairment provision again under the expected credit impairment loss model under the new financial instruments standards. The proportion of actual provision varies among listed securities companies, but the overall proportion has increased slightly, which may better reflect the actual risk profile of the business of each securities company.

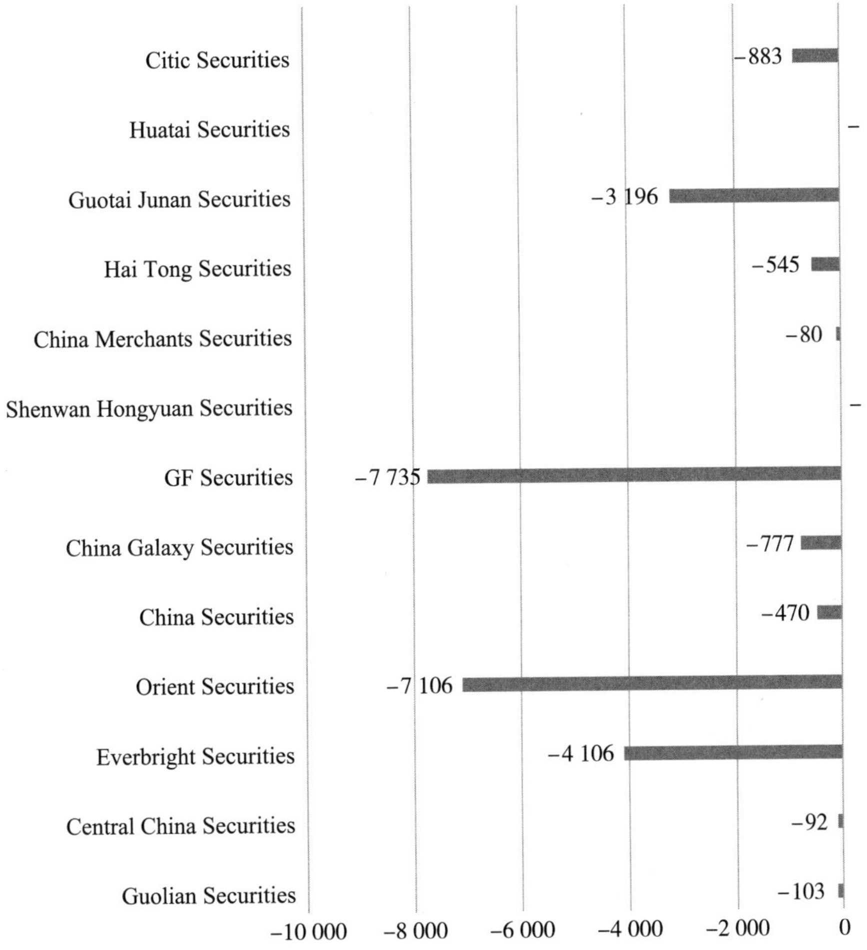

Figure 4–7 Impact of remeasurement of expected credit loss impairment on book value by A+H share securities companies—margin accounts receivable
(ten thousand yuan)

Source: 2018 annual reports

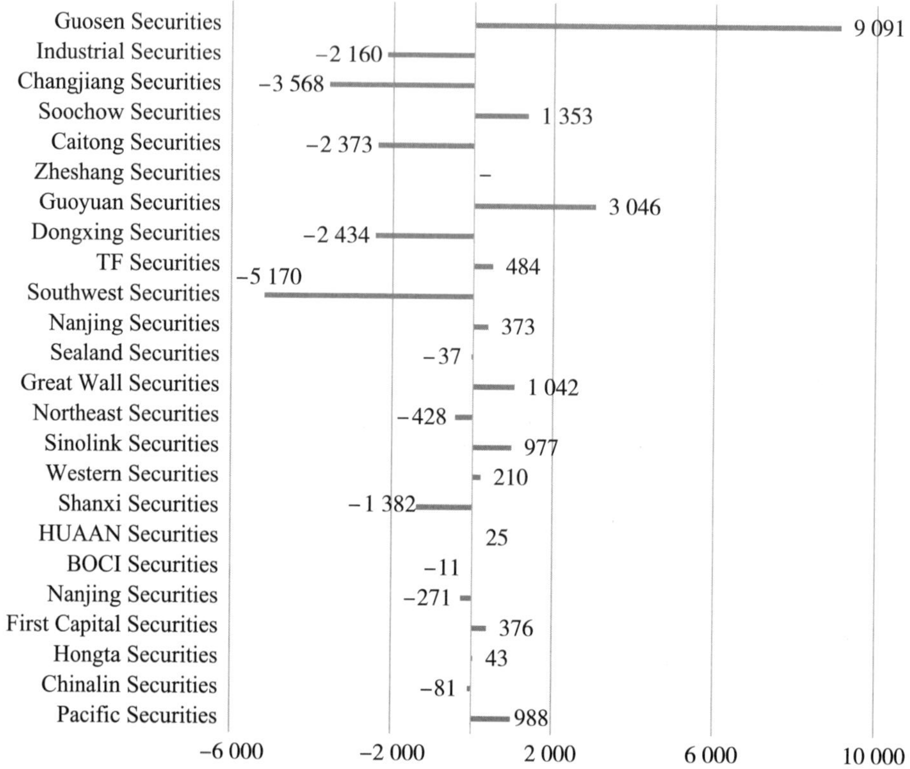

Figure 4–8 Impact of remeasurement of expected credit loss impairment on book value by A-share securities companies—margin accounts receivable

(ten thousand yuan)

Source: 2019 annual reports

4.2.2 Impact Analysis of New Financial Instruments Standards on the Impairment of Financial Assets Investments of Listed Securities Companies—Redemptory Monetary Capitals for Sale

Redemptory monetary capitals for sale are funds raised from the purchase of financial assets such as notes, securities, and loans at amortized cost and then sold back to the seller at a fixed price as agreed in the repurchase agreement. Redemptory monetary capitals for sale mainly consist of bond pledged repurchase, bond buyout repurchase and stock pledged repurchase, of which the highest credit risk is the stock pledged repurchase business. The stock pledged repurchase business refers to the business in which the qualified fundraiser pledge his shares or other securities to the securities company and agree to return the funds and terminate the pledge in the future.

Figure 4–9 and Figure 4–10 present the amounts affected by the remeasurement of the expected credit loss impairment provision for the A+H share and A–share redemptory account for sale, which shows the large difference in amount between the impairment provision recognized under the new financial instruments standards and the impairment provision recognized under the original financial instruments standards when the new financial instruments standards are applied to remeasure the redemptory monetary capitals for sale account at the transition date for three A+H share securities companies—Orient Securities, Guotai Junan and Haitong Securities, and four A–share securities companies—Dongxing Securities, Guosen Securities, Changjiang Securities, and Industrial Securities. The change in amount of the impairment provision recognized under the new financial instruments standards for other securities companies is relatively small compared to the impairment provision recognized under the old standards, but the companies generally reduce the redemptory book value for sale (i.e., supplementing the impairment provision of redemptory monetary capitals for sale).

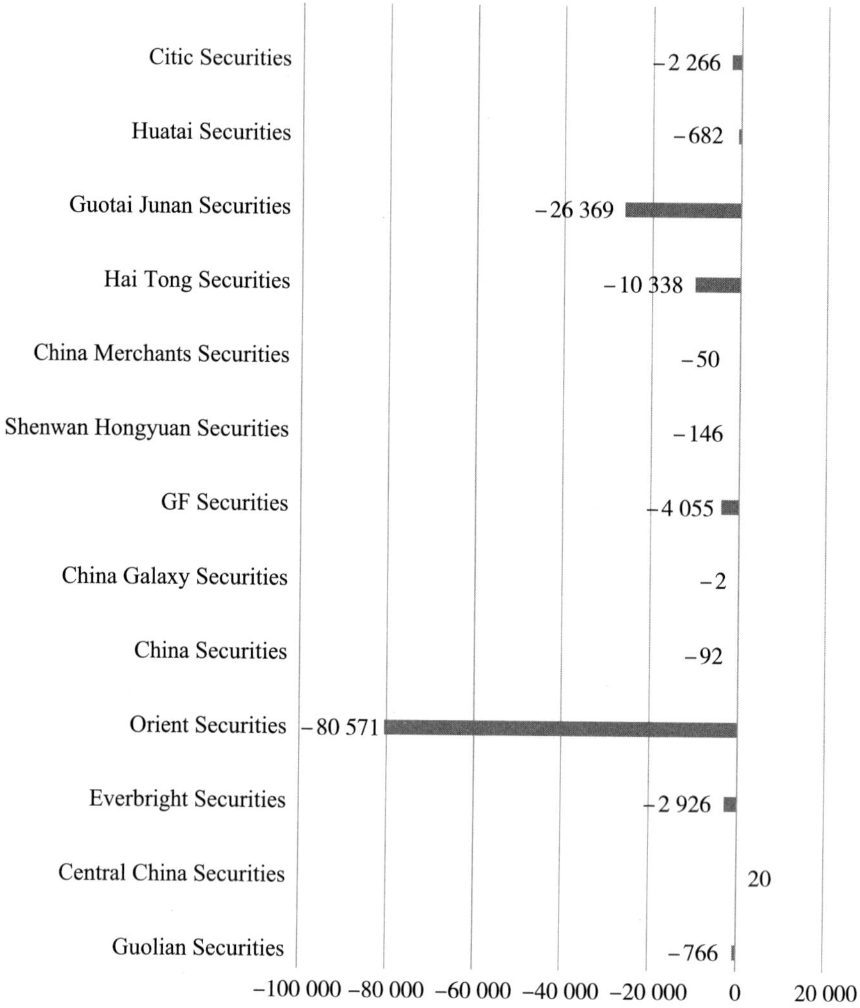

Figure 4–9 Impact of remeasurement of impairment provision of expected credit losses on book value by A+H share securities companies—redemptory monetary capitals for sale (ten thousand yuan)

Source: 2018 annual reports

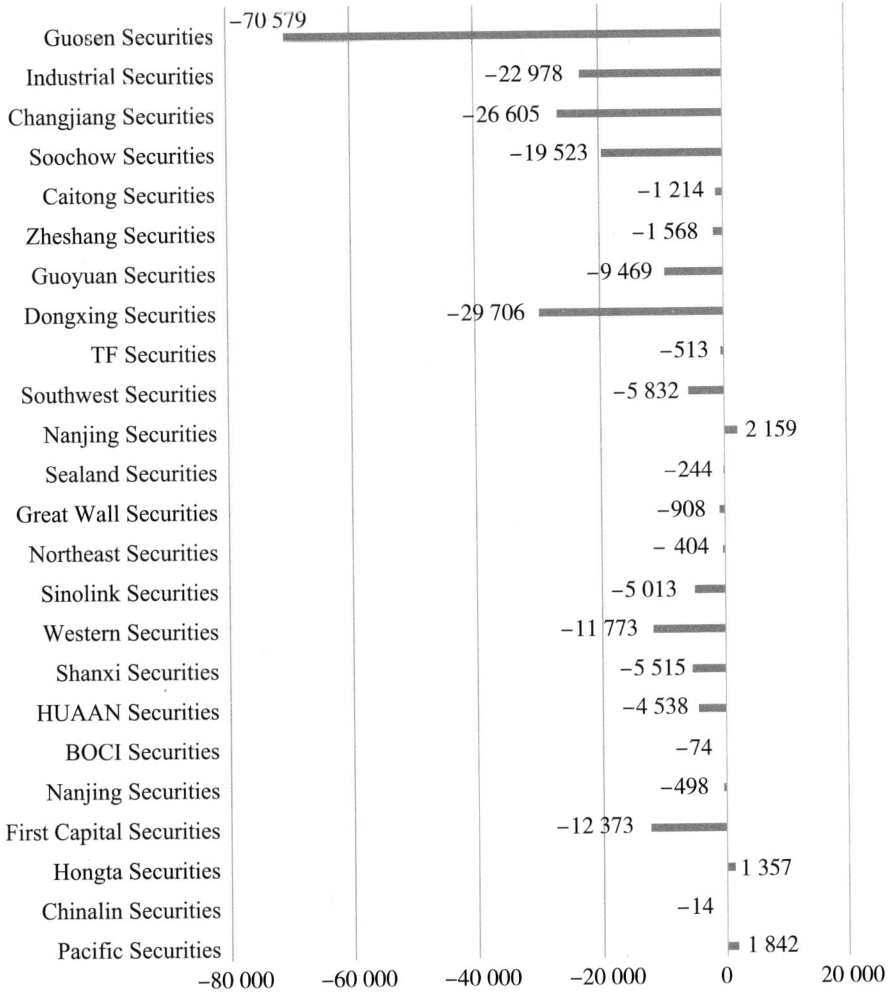

Figure 4–10 Impact of remeasurement of impairment provision of expected credit losses on book value by A–share securities companies—redemptory monetary capitals for sale (ten thousand yuan)

Source: 2019 annual reports

Overall, the impairment provision for redemptory monetary capitals for sale of all 37 listed securities companies has changed to one extent or another at the date of transition to the standards. Except for four securities companies (Huaxi

Securities, Pacific Securities, Hongta Securities and Central China Securities) that have withdrawn their impairment provisions after adopting the expected credit loss model, the impairment provisions for redemptory monetary capitals for sale account of the 33 securities companies are supplemented. Under the old financial instruments standards, most listed securities companies are required to provide a certain proportion (0.5%) of impairment provision according to industry guidance, while under the new financial instruments standards, the impairment provision amount is recalculated based on the expected credit impairment loss model. The actual provision proportion varies from the basic condition of each company, but the overall proportion has increased more significantly, which is basically in line with the industry dynamics in 2018 and 2019 when the risks of stock pledged repurchase business of securities companies frequently occurred.

4.2.3 Impact Analysis of New Financial Instruments Standards on the Impairment of Financial Assets Investments of Listed Securities Companies—Receivables

Receivables of securities companies are mainly commissions receivable, clearing expenses receivable, current accounts receivable and other receivables.

Figure 4-11 and Figure 4-12 present the impact amount of remeasuring the expected credit loss impairment provision for A+H share and A-share receivables accounts. When the listed securities companies remeasured their receivables accounts in accordance with the new financial instruments standards at the date of transition, 13 listed securities companies increased their provision for impairment, and 2 listed securities companies decreased their provision for impairment, while

22 listed securities companies did not adjust their provision for impairment. Overall, after the transition between the old and new standards, 37 listed securities companies have relatively small changes in their provision for impairment of receivables, and it can be explained that many listed securities companies have not adequately responded to the impairment of receivables, or adjusted the amount of provision for impairment of receivables based on the importance principle.

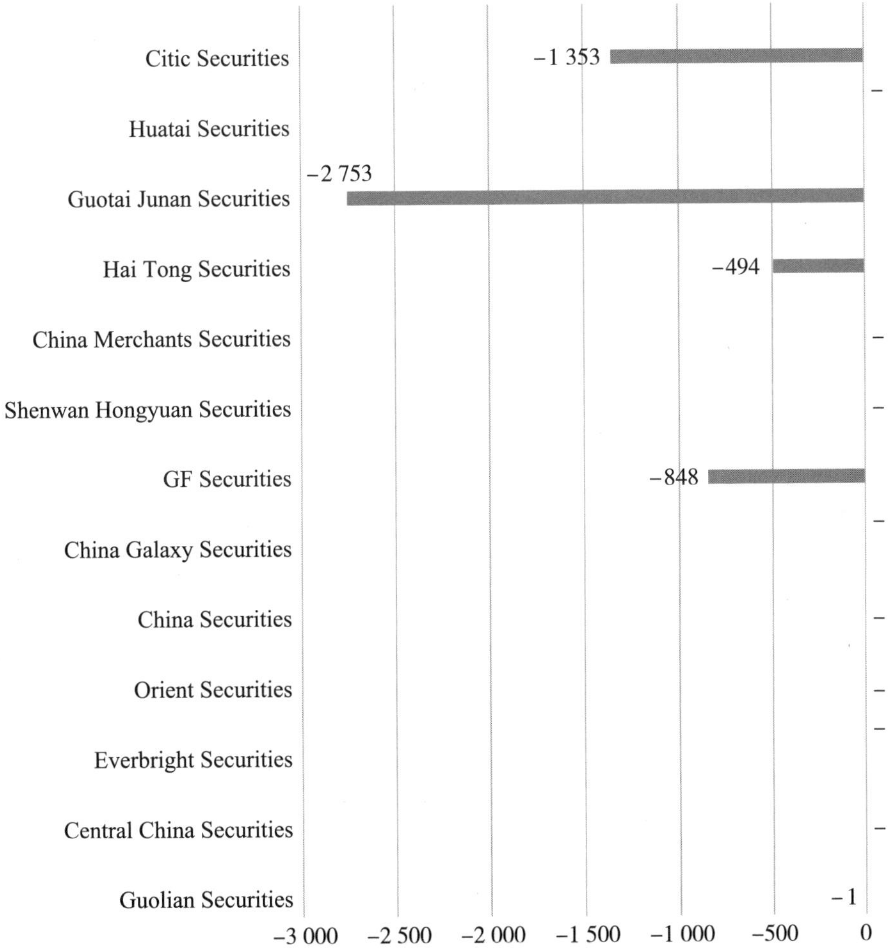

Figure 4–11 Impact of remeasurement of expected credit loss impairment on book impairment by A+H share securities companies—Receivables (ten thousand yuan)

Source: 2019 annual reports

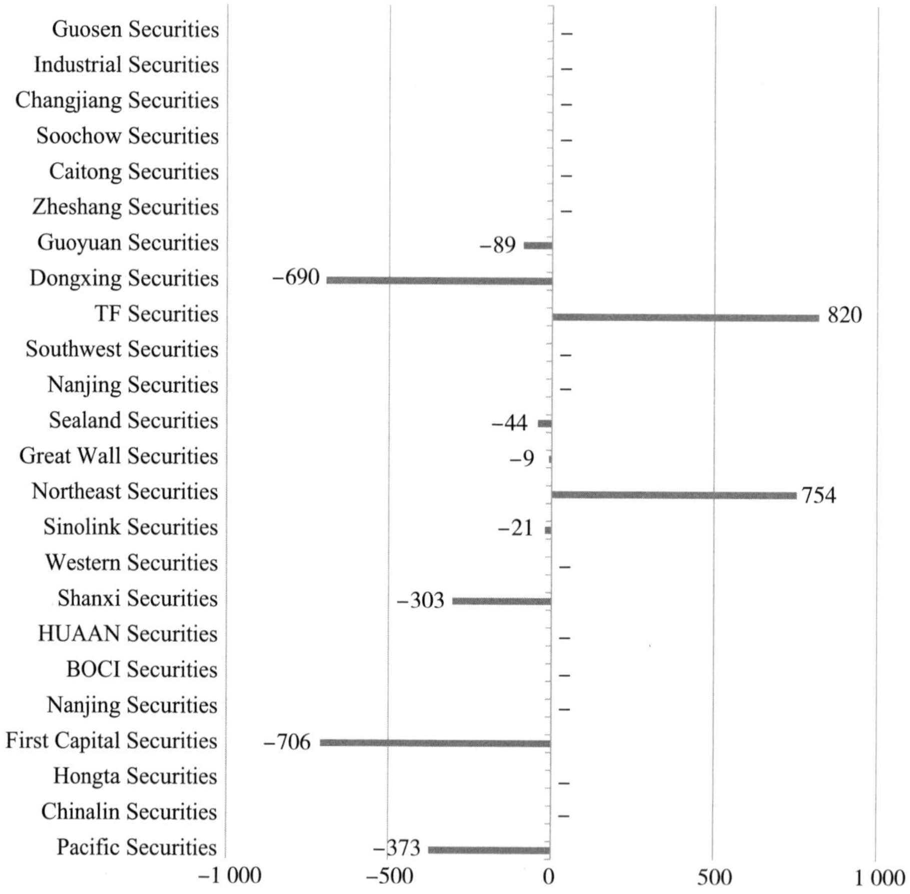

Figure 4-12 Impact of remeasurement of expected credit loss impairment on book impairment by A-share securities companies—Receivables (ten thousand yuan)

Source: 2019 annual reports

4.2.4 Impact Analysis of New Financial Instruments Standards on the Impairment of Financial Assets Investments of Listed Securities Companies—Debt Investments

The investment targets of debt investments accounts of securities companies are mainly various kinds of bonds and non–standard creditors' rights.

Figure 4–13 and Figure 4–14 present the impact amount of remeasuring the expected credit loss impairment provision for debt investments accounts of A+H share and A–share securities firms.

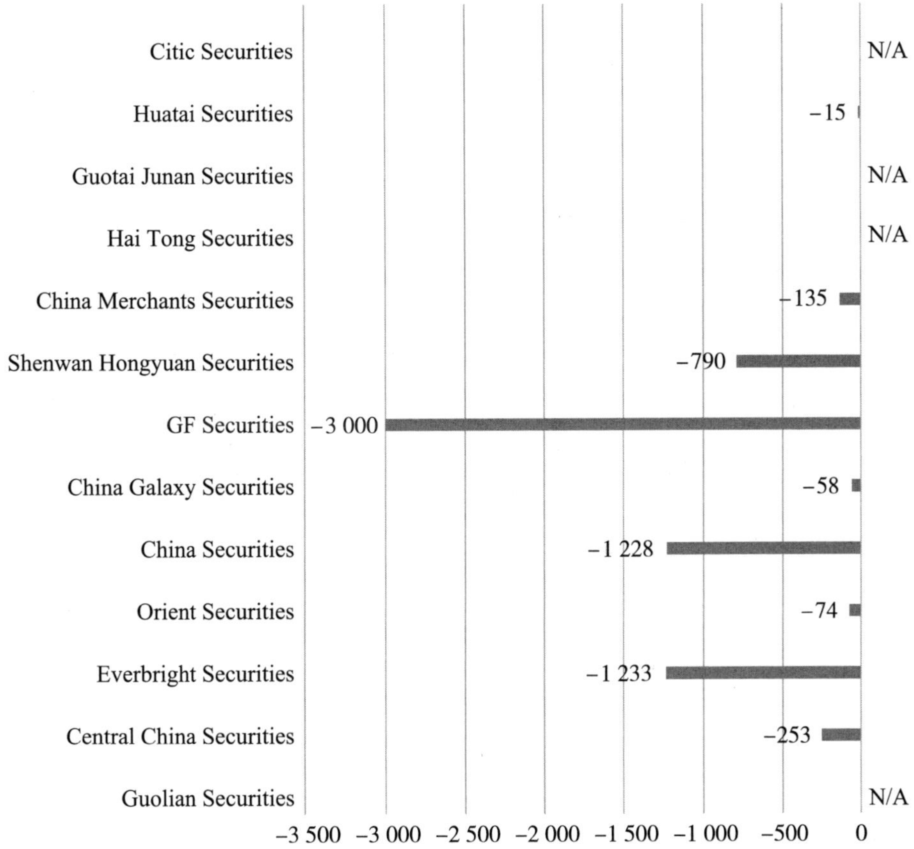

Figure 4–13 Impact of remeasurement of expected credit loss impairment provision on book value by A+H share securities companies—Debt investments (ten thousand yuan)

Source: 2018 annual reports

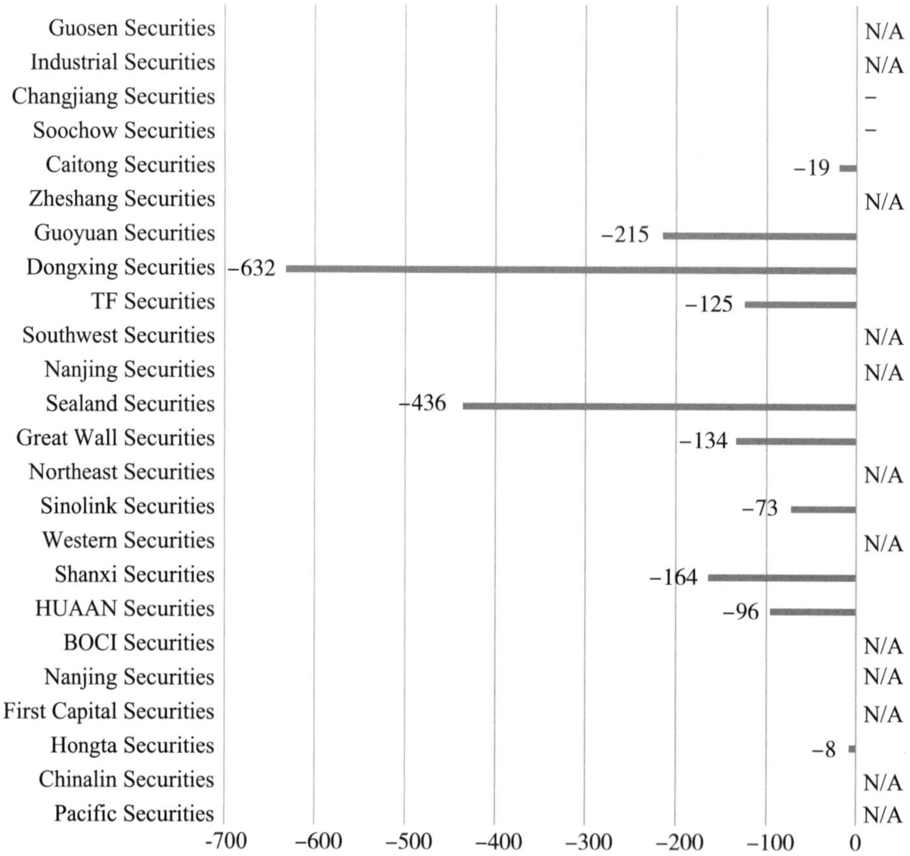

Figure 4–14 Impact of remeasurement of expected credit loss impairment provision on book value by A-share securities companies—Debt investments (ten thousand yuan)

Source: 2019 annual reports

There are 22 listed securities companies in total using debt investments accounts, accounting for 59% among 37 research objects in this section. As shown in the figures, when the A+H share and A-share listed securities companies remeasure debt investments on the transition date by applying the new financial instruments standards, except for 3 Changjiang Securities, Western Securities and Soochow Securities, other 19 securities companies that use debt investments accounts have made additional impairment provisions in accordance with the expected credit loss model.

4.2.5 Impact Analysis of New Financial Instruments Standards on the Impairment of Financial Assets Investments of Listed Securities Companies—Other Debt Investments

Other debt investments of securities companies are mostly creditors' financial investments held in a dual-purpose business model, and the investment targets mainly are interbank certificates of deposit and bonds investment.

Figure 4-15 and Figure 4-16 present the impact of remeasuring the expected credit loss impairment provision in the other debt investments account for A+H share and A-share securities companies. 32 listed securities companies apply other debt investments account, accounting for 86% of the 37 research objects in this section. The figures show that when listed securities companies applied the new financial instruments standards to remeasure other debt investments at the transition date, except nine listed securities companies such as Shenwan Hongyuan and Guotai Junan, other 23 listed securities companies applied to the other debt investments account supplemented the impairment provisions in accordance with the expected credit loss model.

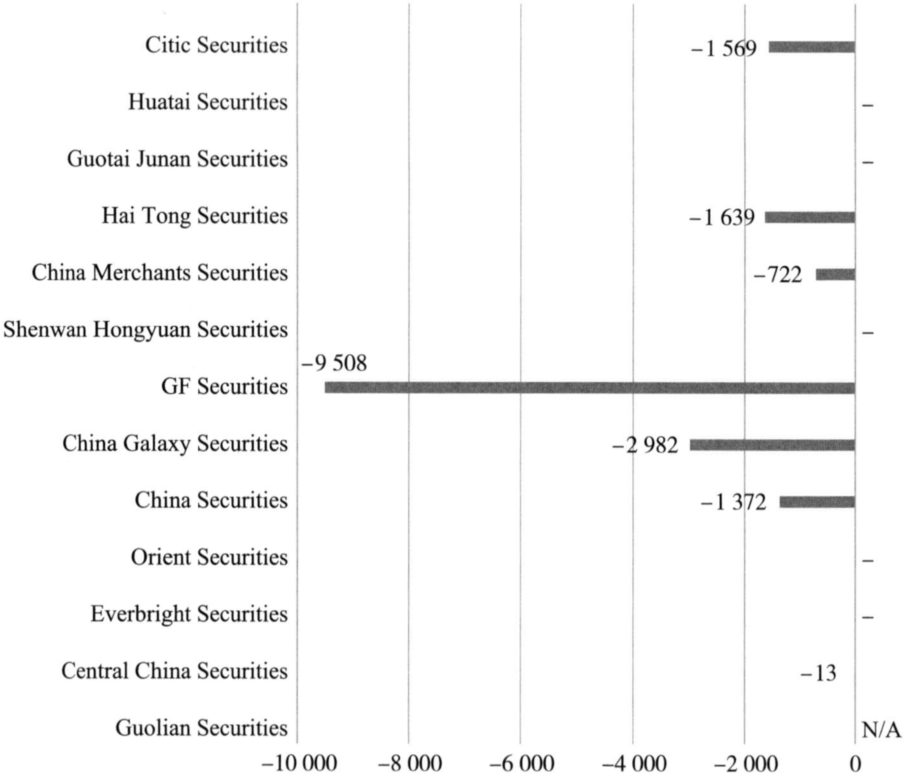

Figure 4-15 Impact of remeasurement of expected credit loss impairment provision on book value by A+H share securities companies—Other debt investments (ten thousand yuan)

Source: 2018 annual reports

In summary, through the impact analysis of the impairment provisions on financial assets before and after the transition date of the 37 listed securities companies studied in this section, it concludes that:

(1) There are differences between the impairment provisions for each account under the old and new financial instruments standards for the vast majority of listed securities companies, indicating that the vast majority of listed securities companies have adjusted and responded to the impairment provision methods and

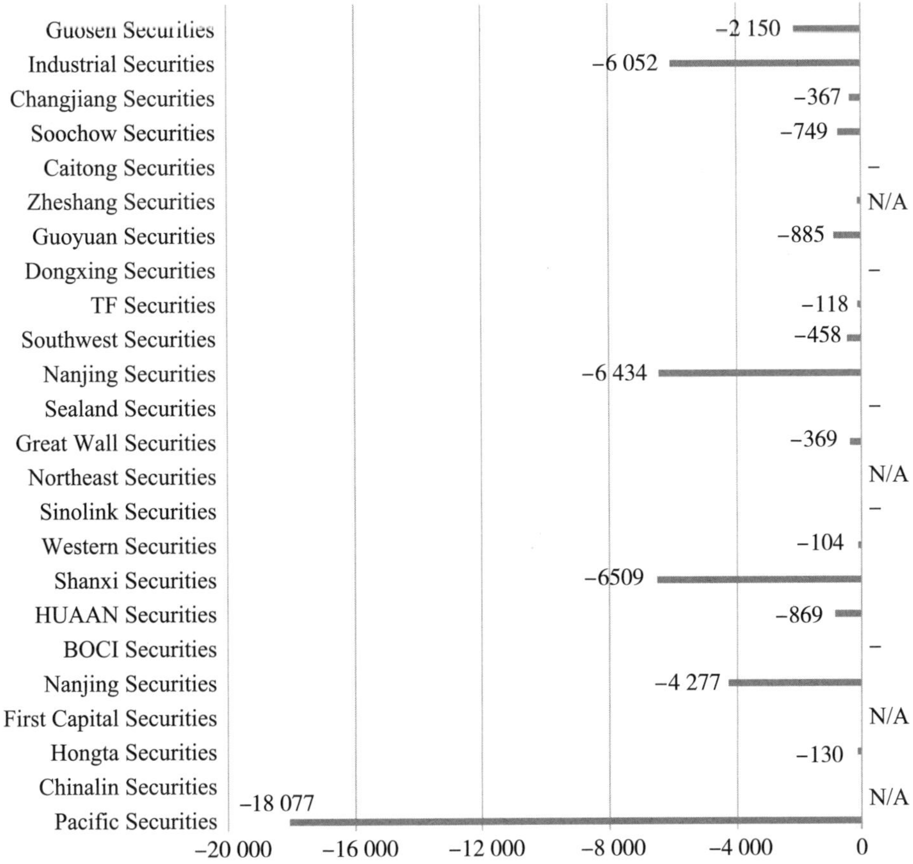

Figure 4–16 Impact of remeasurement of expected credit loss impairment provision on book value by A–share securities companies—Other debt investments (ten thousand yuan)

Source: 2019 annual reports

results in accordance with the requirements of the new stadnards and combined with the credit risk characteristics of different financial assets.

(2) There are both increases and decreases of impairment of margin accounts receivable, redemptory monetary capitals for sale, receivables, debt investments, other debt investments of 37 listed securities companies, but they are slightly increased in general.

(3) The new financial instruments standards can better reflect the actual operating conditions and credit risk trends of listed securities companies compared with the old financial instruments standards based on the level of impairment provision with industry dynamics.

4.2.6 Division Standard of the Impairment Stage of Financial Assets under the New Financial Instruments Standards

Due to the relatively small credit risk of accounts receivable, debt investment and other debt investments, the annual reports of listed securities companies did not disclose the criteria for dividing the credit impairment stages of these three financial assets. Therefore, this section only analyzes the three stages of credit impairment of margin trading business (financing funds) and stock pledged repurchase business (buying back the sale of financial assets) .

1. Margin Trading Business

Listed securities companies mainly divide the credit impairment of financial assets formed by margin trading business into three stages according to the standard of overdue days and maintaining guarantee ratio.

The following Table 4-6 and Table 4-7 summarizes the specific stage division criteria disclosed by the relevant securities companies in their annual reports, which are classified into the corresponding stages as long as they meet the two criteria of maintaining the guarantee ratio or the number of days overdue.

Table 4–6

Division standard 1: maintenance guarantee ratio

Stage 1	Stage 2	Stage 3	Number of securities companies	Percentage (%)
Except for the stage 2 and stage 3	Above the liquidation line, below the warning line	Below the closing line	2	5
Except for the stage 2 and stage 3	150% (exclusive) $<X<$ 130% (inclusive)	<130%	5	13
Except for the stage 2 and stage 3	Undisclosed	Undisclosed	31	82

Table 4–7

Division standard 2: the number of days overdue

Stage 1	Stage 2	Stage 3	Number of securities companies	Percentage (%)
Except for the stage 2 and stage 3	30 days (exclusive) $<X<$ 90 days (inclusive)	>90 days (exclusive)	15	39
Except for the stage 2 and stage 3	0 days (exclusive) $<X<$ 30 days (inclusive)	>30 days (exclusive)	4	11
Except for the stage 2 and stage 3	>30 days (exclusive)	Undisclosed	1	3
Except for the stage 2 and stage 3	Undisclosed	Undisclosed	18	47

2. Stock Pledged Repurchase Business

Listed securities companies mainly divide the financial assets formed by stock pledged repurchase business into three stages of credit impairment according to the standard of overdue days and the proportion of performance guarantee.

The following Table 4–8 and Table 4–9 summarizes the specific stage division criteria disclosed by the relevant securities companies in their annual reports, which are classified into the corresponding stages as long as they meet the two criteria of the proportion of performance guarantee or the number of days overdue.

Table 4–8

Division standard 1: proportion of performance guarantee for the credit impairment of stock pledged repurchase business

Stage 1	Stage 2	Stage 3	Number of securities companies	Percentage (%)
Except for the stage 2 and stage 3	Above 100%, below the closing line or threshold	<100%	12	32
Except for the stage 2 and stage 3	Above the liquidation line, below the warning line	Below the closing line	4	11
Except for the stage 2 and stage 3	Higher than 140%, lower than 195%	Lower than 140%	1	3
Except for the stage 2 and stage 3	Undisclosed	Undisclosed	21	55

Note: the threshold varies from 130% to 150% based on the business risk of the securities company.

Table 4–9

Division standard 2: number of days overdue

Stage I	Stage II	Stage III	Number of securities companies	Percentage (%)
Except for the stage 2 and stage 3	30 days (exclusive) <X <90 days (inclusive)	>90 days (exclusive)	17	45
Except for the stage 2 and stage 3	0 days (exclusive) <X <30 days (inclusive)	>30 days (exclusive)	2	5
Except for the stage 2 and stage 3	>30 days (exclusive)	Undisclosed	2	5
Except for the stage 2 and stage 3	Undisclosed	Undisclosed	17	45

Maintenance guarantee ratio: the ratio between the value of collateral in the customer account of a securities company and its margin debt, the formula for which is as follows: maintenance guarantee ratio = (cash + sum of market capitalization of securities in credit securities account) / (asset financing +securities sold by margin financing * current market price + interest and expenses) * 100%.

Performance guarantee ratio: the guarantee ratio of the market value of the assets pledged by the clients of the securities company to the performance guarantee transactions calculated by the merger and the stock pledged repurchase debt. The formula is as follows: performance guarantee ratio = total market value of pledged stocks / (initial stock pledged repurchase debt principal+interest and fees) * 100%.

Early warning line: a certain maintenance guarantee ratio (performance guarantee ratio). When the customer credit account maintenance guarantee ratio (performance guarantee ratio) is lower than this value, the company notifies the customer in the agreed way that its credit account is at risk, additional collateral is needed.

Closing line: a certain maintenance guarantee ratio (performance guarantee ratio). When the customer credit account maintenance guarantee ratio(performance guarantee ratio) is lower than this value, if the customer fails to hand in the collateral on time or fails to repay the debt when it is due, the securities company forcibly disposes of the customer collateral in accordance with the agreement.

To sum up, according to the inherent risk characteristics of margin trading business and stock pledged repurchase business and their own risk management requirements, most listed securities companies take the threshold values such as closing line and early warning line as the three-stage standard of credit impairment.

The use of the risk profile of financial assets as a criterion for classifying the impairment phase means that the expected credit loss model is more sensitive to the risk profile of each business of the securities company.Through research, we found that the application of threshold values such as closing line and early warning line of margin trading business and stock pledge repurchase business in phase division is basically reasonable, and the design of the above threshold is related to and consistent with the risk management of listed securities companies. Therefore, listed securities companies have effectively implemented the relevant basic requirements and guidelines of the new standards for the division of the impairment phase of financial assets, and the quality of information disclosure of financial statements has been improved.

As for the standard of the number of days overdue, the securities companies' settings for margin trading business and stock pledged repurchase business are basically similar, but the standards set for the performance guarantee ratio (or maintenance guarantee ratio) are different. The collateral of margin trading business is the secondary market stocks with good liquidity, while the collateral of stock pledged repurchase business is usually the secondary market stocks with relatively weak liquidity and limited realization speed, such as the stocks held by the top ten shareholders. When other conditions are similar, businesses with weaker guarantee logistics should be carried out with more cautious risk judgment criteria and credit impairment stage division criteria, while relatively loose credit impairment stage division criteria work for those with stronger guarantee logistics mobility. However, we find that the actual situation of securities companies is the opposite. Therefore, we think that the credit impairment stage division standard of stock pledged repurchase business of securities companies is unreasonable and may need to be further improved.

4.2.7 Disclosure of Accounting Estimation Techniques Related to Impairment

In accordance with the requirements of Accounting Standards for Business Enterprises No.37—Presentation of Financial Instruments (Revised in 2017), enterprises should disclose relevant information such as input values, assumptions and valuation techniques used for impairment of financial instruments, including "how to use forward-looking information when determining expected credit losses, including the use of macroeconomic information".

On December 30, 2020, the Circular of the Ministry of Finance on Further Implementing the Accounting Standards Related to New Financial Instruments (Caikuai〔2020〕No.22) issued by the Ministry of Finance and the Banking and Insurance Regulatory Commission makes further provisions on the implementation of the new financial instruments standards: "Enterprises shall disclose relevant information such as estimation techniques, key assumptions and parameters used to determine expected credit losses in accordance with the requirements of enterprise accounting standards, and focus on the specific values of key macroeconomic parameters used in various economic scenarios, the impact of management 'superposition' adjustments, and the consideration of supportive policies provided by the government, etc."

The key macroeconomic parameters related to forward-looking adjustment factors disclosed in the 2020 annual reports of 38 securities companies listed on A+H shares and A shares have been consulted and analyzed. Among 13 A+H share listed securities companies, China Merchants Securities, Guolian

Securities, Oriental Securities, Haitong Securities and Shenwan Hongyuan Securities companies explained the key macroeconomic parameters related to forward–looking adjustment factors in their annual reports in 2020, accounting for 38% of the 13 A+H share listed securities companies. Among them, Haitong Securities and Shenwan Hongyuan only disclosed the names of the key macroeconomic parameters considered; Guolian Securities and Oriental Securities disclosed the value range of the key macroeconomic parameters considered; China Merchants Securities disclosed the accurate values of the key macroeconomic parameters considered. None of the 25 A–share listed securities companies described the key macroeconomic parameters related to forward--looking adjustment factors in their annual reports in 2020.

The information disclosed in the 2020 annual reports of 38 securities companies listed on A+H shares and A shares and the impairment of financial assets affected by COVID–19 pandemic has been consulted and analyzed. Among the 13 A+H share listed securities companies, 6 securities companies including Guolian Securities, Guotai Junan, Guangfa Securities, Oriental Securities, Shen Wanhongyuan and CITIC Construction Investment stated in their annual reports that the impact of COVID–19 pandemic had been taken into account in the forward–looking adjustment, accounting for 46% of the 13 A+H share listed securities companies. Of the 25 A–share listed securities companies, only Shanxi Securities and Yangtze River Securities, stated in their annual reports that the impact of COVID–19 pandemic had been taken into account in the forward–looking adjustment, accounting for 8% of the 25 A–share listed securities companies. However, none of the above eight securities companies disclosed the quantitative impact of COVID-19 pandemic on forward-looking adjustment factors and impairment.

Accordingly, listed securities companies generally do not disclose enough information about key macroeconomic parameters related to forward-looking adjustment factors and the impact of COVID-19 pandemic on impairment measurement, and there is some room for improvement in the quality of relevant accounting information.

4.3 Impact Analysis of the New Financial Instruments Standards on Valuation Changes of Listed Securities Companies

4.3.1 Changes in the Scope of Financial Instruments Valuation under the Old and New Financial Instruments Standards

After the implementation of the new financial instruments standards, the available-for-sale financial assets account under the old standards is no longer applicable, while the simplified accounting model of measuring financial assets at cost for equity instruments is no longer allowed, so the scope of application of financial assets measured at fair value has further expanded. Under the new financial instruments standards, investments in OTC equity instruments and equity investments in companies listed on NEEQ with poor liquidity, which are previously accounted by available-for-sale financial assets, can no longer be measured by the cost method and need to be valued at fair value by using estimation techniques. For the risk management, it has become an important challenge for finance and business departments of securities companies during the transition.

The statistics are not presented because the amounts of available–for–sale financial assets measured in cost mode are not disclosed in the annual reports of seven A+H share securities companies, including Oriental Securities, Everbright Securities, Haitong Securities, Huatai Securities, China Merchants Securities, Citic Securities and Shenwan Hongyuan, and six A–share securities companies, including Dongxing Securities, Nanjing Securities, Hongta Securities, Caitong Securities, Great Wall Securities and HUAAN Securities. This section makes statistics for the amounts of available–for–sale financial assets measured by the cost model at the transition date for 6 A+H share and 19 A–share listed securities companies (see Figure 4–17 and Figure 4–18).

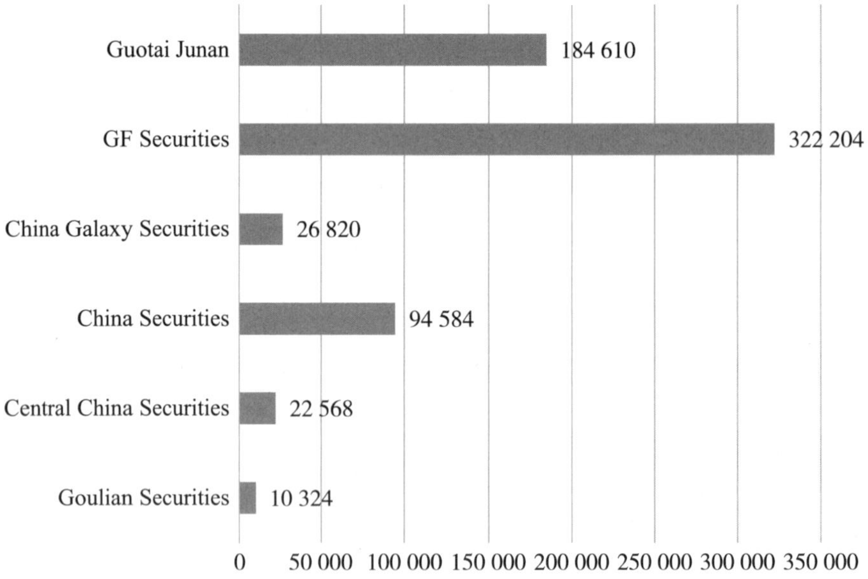

Figure 4–17 Amounts in available–for–sale financial assets measured by cost model at the transition date for A+H share listed securities companies (ten thousand yuan)

Source: 2018 annual reports

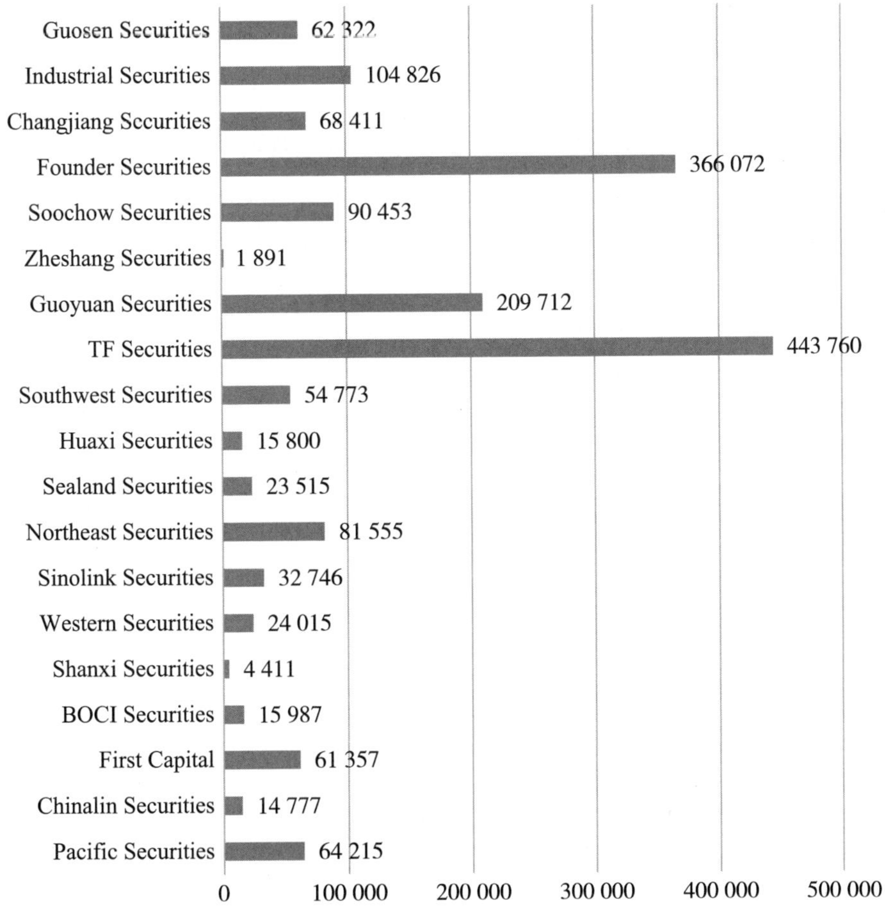

Figure 4–18 Amounts in available–for–sale financial assets measured by cost model at the transition date for A–share listed securities companies (ten thousand yuan)

Source: 2019 annual reports

The total amount of available–for–sale financial assets measured by cost model of the 25 listed securities companies in Figure 4–17 and Figure 4–18 is RMB 24 billion (including A+H share 6.6 billion yuan and A–share 17.4 billion yuan), accounting for 3% of the total book value of available–for–sale financial assets (RMB 828.9 billion), of which First Capital accounts for 20%, Chinalin

Securities accounts for 26%, Pacific Securities accounts for 27%, and TF Securities accounts for 58%. The remaining listed securities companies accounting for a relatively small proportion in the range of 1% to 10%. However, these listed securities companies are faced with the problem of converting their available-for-sale financial assets measured at cost model to fair value and revaluing them on an ongoing basis to varying degrees.

Through the analysis, we believe that the main challenge faced by listed securities companies in revaluing financial assets under the new financial instruments standards is how to obtain and measure fair value at Level 3. The specific difficulty has the following two aspects:

(1) Determination of unobservable input values, which means, when observable inputs are not available, securities companies are required to use valuation techniques and determine the fair value of financial assets by obtaining unobservable inputs. Since there is a generally large selection of valuation parameters, even if different securities companies use the same valuation method for the same underlying assets, the valuation results may still vary significantly due to different model assumptions and parameters. The Securities Association of China, which is the self-disciplined institution, has issued the Guidelines on Valuation of Financial Instruments of Securities Companies, the Guidelines on Valuation of Equity of Unlisted Companies and the Valuation Cases of Financial Instruments of Securities Companies. The Asset Management Association of China has issued the Guidelines on Valuation of Investment in Restricted Shares of Securities Investment Funds (Trial Implementation), the Guidelines on Valuation of Unlisted Equity Investments of Private Investment Funds (Trial Implementation)

and the Guidelines on Fund of Funds Valuation (Trial Implementation) . China Banking Association, the Insurance Asset Management Association of China, China Trustee Association and so on have issued relevant documents to guide, standardize, clarify and unify the principles and alternative methods for financial institutions to follow in many common valuation scenarios, but some of the valuation challenges have not been completely resolved in practice.

(2) A significant increase of economic costs of valuation. Securities companies that hire other third-party organizations to assess fair value may spend much more time preparing their financial statements.

In conclusion, it is recommended that standard-setting departments and financial supervisory institutions further understand the difficulties and uncertainties of financial institutions during the evaluation process, and then propose and release practical guidelines and technology standards for valuation.

4.3.2 Analysis of Valuation Adjustments for Listed Securities Companies at the Transition Date to the New Financial Instruments Standards

This section reviews the adjustments to the valuation of financial assets at the transition date of the new financial instruments standards by 38 listed securities companies and provides further analysis of the impact of the transition of the new financial instruments standards in the securities industry from the perspective of fair value measurement.

Table 4–10

Valuation adjustment amount of A+H share securities companies on the transition date (ten thousand yuan)

Financial statement items	The amount of the valuation adjustment on trading financial assets	The amount of the valuation adjustment on other debt investment	The amount of the valuation adjustment on other equity instrument Investments	Total amount of adjusted valuation
Orient Securities	–20 196			–20 196
Everbright Securities	–177			–177
GF Securities	–3 728			–3 728
Goulian Securities	1 790			1 790
Guotai Junan	–678			–678
Haitong Securities		–191		–191
Huatai Securities	–6 798			–6 798
Shenwan Hongyuan	The valuation amount has not been adjusted			
China Galaxy Securities	6 911			6 911
China Merchants Securities	The valuation amount has not been adjusted			
China Securities	10 140			10 140
CITIC Securities	16 814			16 814
Central China Securities	492			492

Source: 2018 annual reports

Table 4–10 and Figure 4–19 show the amount of adjustments to the valuation of each statement account of financial assets (trading financial assets, other debt investments, and other equity instrument investments) at the date of transition to the new financial instruments standards for 13 A+H share listed securities companies. The valuation adjustment information at the conversion date is disclosed in the annual reports of 13 A+H share listed securities companies, of which the valuation amount of two securities companies (Shenwan Hongyuan,

China Merchants Securities) was adjusted to zero at the transition date. Haitong Securities only disclosed the adjustment amount of other debt investments, and other 10 securities companies disclosed the amount of the valuation adjustment on trading financial assets (5 of which decreased the valuation of financial assets and 5 increased the valuation of financial assets).

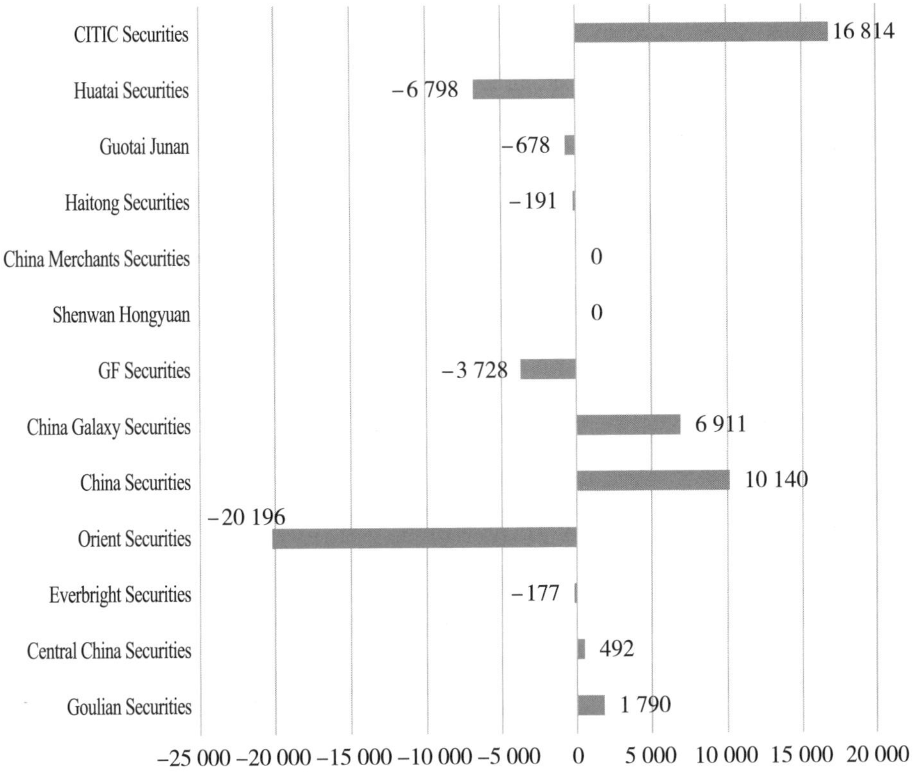

Figure 4–19 Valuation adjustment amount of A+H share securities companies at the transition date (ten thousand yuan)

Source: 2018 annual reports

Nine of the 25 A-share listed securities companies, namely First Capital, Changjiang Securities, Northeast Securities, Soochow Securities, Founder Securities, Chinalin Securities, Nanjing Securities, TF Securities and Zheshang

Securities, did not separately listed for valuation adjustment amounts, so the analysis in this section does not make statistics for the relevant information of these 9 securities companies, and the remaining 15 A-share listed securities companies are taken as the research objects for the valuation adjustment at the transition date under the new financial instruments standards.

Table 4-11 and Figure 4-20 show the adjusted amounts for the valuation of each statement account of financial assets (trading financial assets, other debt investments, and other equity instrument investments) for 15 A-share securities companies, of which Dongxing Securities, Great Wall Securities, Western Securities, Hongta Securities, Shanxi Securities, Sinolink Securities, and BOCI Securities had no adjustment to the valuation. Other eight securities companies disclosed the adjusted amount to the valuation of financial assets (five of which increased the valuation of financial assets and three decreased the valuation of financial assets).

Table 4-11

Valuation adjustment amount of A-share securities companies on the transition date (ten thousand yuan)

Financial statement items	The amount of the valuation adjustment on trading financial assets	The amount of the valuation adjustment on other debt investment	The amount of the valuation adjustment on other equity instrument Investments	Total amount of adjusted valuation
HUAAN Securities	-1 905	523	-395	-1 777
Caitong Securities	53		421	474
Dongxing Securities	The valuation amount has not been adjusted			
Sealand Securities	1 067			1 067
Sinolink Securities	The valuation amount has not been adjusted			

Table 4–11 Continued

Financial statement items	The amount of the valuation adjustment on trading financial assets	The amount of the valuation adjustment on other debt investment	The amount of the valuation adjustment on other equity instrument Investments	Total amount of adjusted valuation
Guosen Securities	–14 961		–1 451	–16 412
Guoyuan Securities	5 127			5 127
Hongta Securities	The valuation amount has not been adjusted			
Huaxi Securities	–690		17	–673
Shanxi Securities	The valuation amount has not been adjusted			
Pacific Securities	–43 752	–15 764		–59 516
Western Securities	The valuation amount has not been adjusted			
Southwest Securities	21 123			21 123
Industrial Securities	43 757			43 757
Great Wall Securities	The valuation amount has not been adjusted			
BOCI Securities	The valuation amount has not been adjusted			

Source: 2019 annual reports

From the above statistical analysis, we can see that:

First, there is space for improvement in the valuation information disclosure of listed securities companies at the transition date of new financial instruments standards. Overall, the information disclosure of A+H share securities companies is more complete than that of A–share listed securities companies.

Secondly, with respect to the 29 listed securities companies that disclosed the valuation impact on the day of transition, nine of them (two A+H share and seven A–share listed securities companies) disclosed zero valuation impact amount on the date of transition, while Haitong Securities only disclosed the valuation adjustment amount for other debt investments. It's likely that no valuation was made at the transition date of standards for the above listed securities companies.

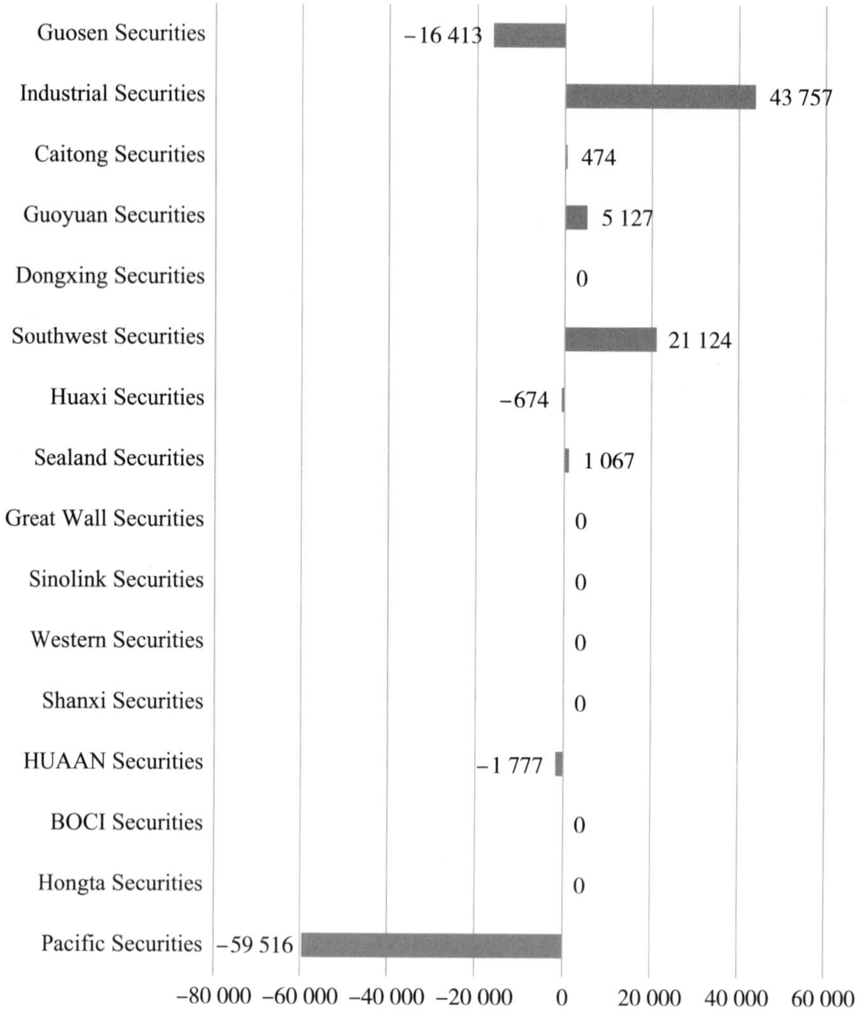

Figure 4–20 Valuation adjustment amount of A-share securities companies at the transition date (ten thousand yuan)

Source: 2019 annual reports

This also reflects to some extent the new standards require securities companies to measure some financial assets at fair value, which has brought a lot of difficulties to the practical operations. At the same time, for the comparability of the valuation results may be low, and the security industry hopes that the authority will provide more detailed valuation guidelines and case studies.

Thirdly, at the transition date of the new financial instruments standards, Orient Securities, Guosen Securities and Pacific Securities made large downward revisions to the valuation, and there might be a tendency for management to use a more conservative valuation method to write down net assets at the transition date in exchange for increased profits after the transition date.

4.4 Impact of the Transition into New Financial Instruments Standards on Net Assets of Listed Securities Companies

Change in net assets of listed securities companies is shown in Table 4–12.

Table 4–12

Change in net assets of listed securities companies after the implementation of the new financial instruments standards

Item	A+H share security companies	A–share security companies
Amount of change in net assets (ten thousand yuan)	–174 874	–215 953
Proportion of change in net assets (%)	–0.18	–0.46
Amount of change in fair value resulting from remeasurement (ten thousand yuan)	4 379	–6 831

After the implementation of the new financial instruments standards, the net assets of most listed securities companies have decreased, while the amount and proportion of the decrease of A+H share securities companies are lower than that of A–share securities companies. On the one hand, the proportion of financial assets measured at fair value has increased, and assets measured at cost are affected by changes in valuation results to varying degrees. On the other hand, net assets of listed securities companies have decreased due to increased impairment provisions in accordance with the expected credit impairment loss model.

4.5 Impact of the Implementation of the New Financial Instruments Standards on the Income Statement of Listed Securities Companies

4.5.1 Analysis of the Structure of the Income Statement

According to the data of listed securities companies from 2015 to 2020, this book analyzes the average index of 2~3 years' profit statement before and after transition date (for the listed securities companies whose transition date is January 1, 2018, we select the 3-year data before and after transition date. For the listed securities companies whose transition date is January 1, 2019, we choose the 2-year data before and after transition date) . The indicators analyzed are the proportion of interest income to operating income[1], investment income and fair value change income to operating income (see Table 4-13) . The accounting scope of investment income of securities companies includes not only the fair value disposal of financial instruments measured by fair value and the profit and

[1] Operating income refers to the total amount of interest income, fee and commission income, investment income, income from changes in fair value, other income, exchange income, and other business income.

loss during the holding period, but also the profit and loss of long-term equity investment by equity method. This, coupled with the fact that long-term equity investment does not belong to the scope of this study, and accounts for a relatively large proportion, the profit and loss of long-term equity investment is deducted by equity method.

Table 4–13

Profit and loss ratio of interest income, investment income and fair value changes to operating income of listed securities companies

	Average after transition date	Average before transition date	Change	Rate of change
Proportion of interest income to operating income	30.30%	31.34%	-1.04%	-3.32%
Proportion of total profit and loss on changes in investment income and fair value to operating income	20.76%	19.76%	1.00%	5.07%

According to the analysis, the implementation of the new financial instruments standards has generally changed the structure of the income statement. Under the same investment scale and structure, the proportion of interest income of listed securities companies' decreases, while the proportion of profit and loss of investment income and fair value changes increases. This conclusion is consistent with the relevant situation of listed banks. The main reason is that under the new financial instruments standards, interest income is no longer included in the "interest income" account and converted to the "investment income" account when it is measured at fair value and its changes are included in the current profit and loss financial assets holding period. In addition, the business structure of some listed securities companies has changed, which may lead to differences in the above two indicators between listed securities companies.

Under the old standard, interest received by most securities companies on their investments in debt instruments during the holding period was included in "investment income", whereas under the new standards, interest received by securities companies on their investments in debt instruments measured at fair value through other comprehensive income and at amortised cost during the holding period is included in "interest income" . Interest received during the holding period from other debt instruments investment that are not able to pass the SPPI test or due to the business model is still accounted for in "investment income" . In practice, for example, some corporate bonds held by securities companies, investments in debt instruments where the issuer is deemed not to be in default due to unconditional deferred payment (and no interest is paid on the deferred interest part) in the terms of the issuance and where the debt instrument cannot pass the SPPI test, from an investment management perspective, are to a large extent similar to investments in financial assets measured at amortised cost or debt instruments measured at fair value through other comprehensive income. The rigidly accounting for all gains from holding such debt instruments investment in "investment income" may underestimate the true level of net interest income of securities companies and may result in a reduction in the quality of accounting information.

We believe that interest received during the holding period of investments in debt instruments in financial assets at fair value through profit or loss of securities companies should be differentiated and further regulated: first, interest received during the holding period of investments in debt instruments classified as at fair value through profit or loss due to the business model is included in "investment income"; second, interest received during the holding period of investments in debt instruments classified as at fair value through profit or loss only because they cannot pass the SPPI test is included in "interest income" .

4.5.2 Analysis of the Change of Termination Recognition Income of Financial Assets Measured by Amortized Costs

According to the statements of A+H share listed securities companies and A-share listed securities companies, 13 A+H share listed securities companies did not recognize the income of financial assets measured at amortized cost in 2018. 5 A+H share listed securities companies recognized the income of financial assets measured by amortized cost in 2019 and 2020 respectively. Among the 25 A-share listed securities companies, 3 A-share listed securities companies confirmed the termination recognition income of financial assets measured by amortized cost in 2019, and 4 A-share listed securities companies confirmed the termination recognition income of financial assets measured by amortization cost in 2020, indicating that the number of securities companies dealing with financial assets measured by amortization cost is increasing year by year.

After the implementation of the new financial instruments standards, the proportion of the income from the termination of recognition of financial assets measured at amortized cost to the operating income of listed securities companies is counted, and the results are as follows (see Table 4-14).

Table 4-14

Proportion of profit and loss of AC disposal to operating income of listed securities companies

Property	Average ratio of AC disposal gains and losses to operating income in 2018	Average ratio of AC disposal gains and losses to operating income in 2019	Average ratio of AC disposal gains and losses to operating income in 2020
A+H share listed securities company	0.00%	0.36%	Not significant
A share listed securities company	N/A	0.22%	0.28%
Average proportion	N/A	0.33%	0.10%

The average proportion of financial assets measured by amortized cost to operating income of A+H share listed securities companies decreased in 2020 after reaching the maximum in 2019. The average proportion of income from termination recognition of financial assets measured by amortized cost to operating income of A-share listed securities companies has increased year by year after the implementation of the new financial instruments standards, but none of listed securities companies has disclosed detailed termination recognition information.

4.6 Impact of the New Financial Instruments Standards on the Business and Management Model of Listed Securities Companies

1. Impact of the New Standards on the Business Operations of Securities Companies

After the implementation of the new standards, more financial assets invested by securities companies will be reported as financial assets at fair value through profit or loss on the balance sheet. The fluctuations in the fair value of the relevant financial assets will directly affect key performance indicators such as profit and earnings per share of securities companies. At the same time, compared to other types of financial institutions, securities companies lack the means to manage financial statement surpluses through subjective judgement, such as loan provisions and insurance reserves, resulting in higher profit volatility of the financial statements and less budgetary control of securities companies under the new standards.

In response to these new circumstances mentioned above, the management of securities companies, when selecting their investment strategies, prefers to invest in debt instruments measured at fair value through other comprehensive income or at amortised cost, while reducing equity investments that lack effective fair value hedging instruments. In particular, for equity financial instruments whose fair value is directly determined by market fluctuations and whose fair value hierarchy is Level 1 and Level 2 (such as investments in shares of listed companies and investments in shares of companies listed on the NEEQ), securities companies will set lower risk thresholds and investment limits to control the proportion of such relevant assets.

Through our observation, we found that there are 67 securities companies providing market-making quotation services for NSS listed companies as at the end of June 2021 as a whole, a decrease of 24 companies or 26% from 91 companies in 2018. There are two main reasons for securities companies to withdraw from the market-making business, the first one is market reason: the lack of liquidity and low trading volume in the NEEQ. With the general decline in share prices, the investment held by securities companies for proprietary and market-making business suffered losses . The second one is the impact of the new financial instruments standard: under the old standard, most securities companies accounted for their shares listed on NEEQ held for proprietary and market-making business as available-for-sale financial assets, and most of them were measured at cost without subsequent measurement at fair value. However, the new standards require securities companies to measure these investments at fair value on an ongoing basis, and in practice, securities companies tend to use market approach valuation techniques such as comparable company method for valuation in accordance with regulatory guidelines, and the relevant valuation results are subject to the volatility of A-share market stocks and are less controllable. In addition, through open market information, before and after the implementation of the new standards, some securities companies and investment companies have diverted and transferred the relevant personnel in their equity (NEEQ) investment departments, which also reflects the significant impact of the new financial instruments standard on the conduct of relevant business of financial institutions.

2. Impact of the Introduction of the Concepts of "Business Model" and "Contractual Cash Flow Characteristics Test"

The classification of financial assets in the new financial instruments standards has changed the requirement of classifying financial assets according to the purpose for which they are held, and introduced "business model" and "contractual cash flow characteristics test" . The introduction of these two concepts has changed the classification of financial assets under the previous financial instruments standards, which highly relies on management's assessment of the purpose of holding the financial assets, and reduced the adjustability of the classification of financial assets under the previous standards. It has put forward higher requirements on the ability of business and financial personnel. Under the new financial instruments standards, during the investment process of financial assets, front office personnel of securities companies need to perform "contractual cash flow characteristics test" on the invested financial assets in advance, i.e. they need to decide whether the cash flow characteristics of financial assets can be consistent with the basic lending arrangement according to the terms of the financial asset contract. This means that the classification of financial assets not only requires the involvement of front office personnel, but also requires the front office business personnel involved in the classification work to learn and grasp the concept of "contractual cash flow characteristic test" well. This undoubtedly poses a certain challenge to many front office business personnel with no abundant accounting knowledge.

3. Impact of the Development and Improvement of the "Expected Credit Loss Model"

Based on the incurred loss model under the former financial instruments standards, the impairment calculation of financial instruments by securities companies is relatively simple, and securities companies only need to provide impairment when there is objective evidence of impairment of financial assets. In order to ensure the adequacy and comparability of impairment provision for securities companies' securities margin trading and stock pledged repurchase, industry regulators have even provided window guidance on the impairment proportions for these two businesses, such as suggesting that impairment provision for securities margin trading should be accrued at 0.2% of the relevant assets balance at the balance sheet date.

Under the "expected loss model" introduced by the new financial instruments standards, securities companies are required to not only test financial assets for impairment if an objective impairment event has been triggered, but also measure the expected cash flows over the next 12 months or the entire life of all financial assets that are subject to impairment. During this process, securities companies need to take into account additional factors, such as the collateral of the financial asset and the borrower's credit rating, and even need to make decisions about future trends in these factors and their impact on default losses. These additional tasks require more departmental collaboration and the involvement of more people who are familiar with the business. All of these will make it more difficult for securities companies to account for the impairment of financial instruments.

Different securities companies have different stages and levels of risk management development. In fact, the same securities company may also have different levels of risk management for financial assets formed by different businesses. The new financial instruments standards require financial institutions to account for impairment of financial instruments on the basis of credit risk measurement. In practice, we are more likely to observe situations where securities companies are under pressure to comply with the new financial instruments standards and are forcing their risk management departments to establish the expected credit loss model. It is easy to imagine that under such circumstances, some securities companies ultimately choose to measure expected credit losses by using more simplified model. Under the simplified model, securities companies are only required to conduct a general review of historical default loss events, derive or infer historical default and loss rates, and make qualitative forward-looking adjustments in conjunction with future macroeconomic expectations, i.e., as a result of measuring expected credit losses. However, even under this simplified model, the measurement of impairment often already requires more departments and personnel than under the "incurred loss model", which undoubtedly increases the cost to securities companies of implementing new financial instruments standards.

At the same time, we notice that some financial institutions have been working hard to improve their expected loss models to more realistically reflect the results of their risk management. Taking securities margin trading as an example, some securities companies use age, occupation, and geographic region of the counterparty as the distinguishing dimension, and conduct statistical regressions on historical data to understand the characteristics of the default rate and default loss rate presented by different customer groups. In this way, the implementation of the new financial instruments standards actually promotes the improvement of the risk management level of securities companies, reflecting certain external effects.

4. Impact of the Increased Requirement for Financial Assets Valuation

With the introduction of the concepts of "business model" and "contractual cash flow characterization test", it's more likely that financial assets held by securities companies be included in the category of financial assets at fair value through profit or loss, which means that internal and external users will be more concerned than ever with the valuation results of financial assets.

The fair value valuation of financial assets is an accounting estimate, which is a judgement based on the most recently available information about a transaction or event whose outcome is uncertain. This implies that the fair value valuation of financial assets are judgments made by the management of the securities companies based on objective facts that are significant to themselves. Since changes in the fair value of most financial assets under the new financial instruments standards directly affect the net income of the securities companies, which usually affects the internal performance appraisal of the securities companies or external evaluation (e.g., the performance of the stock price), the results of the fair value measurement become an important concern to the front office and backstage supervisory department, the management of the securities companies and the users of the external statements of the securities companies.

Therefore, compared with the original financial instruments standards, the new financial instruments standards require securities companies to invest more in the valuation of their financial assets, such as the selection of valuation techniques, the establishment of valuation models, the selection of parameters, etc., to establish a corresponding valuation management system and internal control system.

5. Impact of the New Financial Instruments Standards on the Performance Appraisal of Securities Companies

The net profit index or the realized income index is usually the most important parameter index within the performance evaluation system of securities companies, and the design of the performance evaluation system directly affects the behavior of each business department of securities companies.

Under the new financial instruments standards, more financial assets are required to be measured at fair value, and changes in fair value are directly recognized in net income. This change directly affects the performance appraisal results of various departments and even individual employees of the securities companies, and the volatility of changes in fair value means the volatility of the performance appraisal results of each division and even each employee of the securities companies. This may lead to the problem of adverse selection and moral hazard, i.e., to harm the interests of the company for the sake of personal or departmental interests. For example, business unit personnel choose a valuation method that is more likely to produce high valuation results or a business model that can improve net profit in the short term for short-term performance results.

In order to avoid this situation, securities companies need to modify their performance appraisal models in light of the impact of the new financial instruments standards on them, such as increasing deferred payments more frequently and including the portion of fair value changes recognized in equity in their performance appraisal metrics. In fact, some securities companies using realized income as the only index previously have included or are considering including floating profit or loss arising from the fair value measurement of financial assets in their evaluation index

6. The New Financial Instruments Standards Strengthen the Risk Management of Securities Firms

First, as more and more financial assets held by the proprietary business units of securities firms are included in the range of financial assets at fair value through profit or loss, fluctuations in market risk usually imply fluctuations in fair value, which means that with the introduction of new financial instruments standards, market risk will be more fully reflected in valuation models and financial statements and will have a more volatile impact on profits. In addition to enhance asset valuation functions, methodologies and processes, securities firms will need to make adjustments to their investment strategies and asset selection criteria in order to better manage profit volatility. For example, the allocation portion of net–worth funds generally classified in the FVPL category and open–market equity investments that do not have a significant impact on profit and loss volatility need to be reduced by setting risk thresholds or limits.

Secondly, it has become an industry consensus that the risk management department lead or participate in the valuation after the implementation of the new financial instruments standards. By designing valuation models, managing the frequency of valuation, monitoring the risks of financial assets and issuing risk control reports, the risk management department provides professional, comprehensive and independent oversight guidance in setting the trading strategy of financial assets for the business department, investing and raising funds for fund management department, as well as accounting and disclosing information for the finance department. Some securities companies have adjusted their organizational structure for this purpose and established valuation committees under senior management to oversee and manage the operation of the valuation and interfere with the valuation results.

At the same time, credit risk identification, assessment, measurement and reporting process need to be adjusted and optimized accordingly, such as more comprehensive internal credit rating coverage, embedding the impact and consideration of expected credit losses into the pre-investment decision making and post-investment management process for credit assets.

7. The Impact of the New Financial Instruments Standards on IT Information System Construction of Securities Companies

The classification, impairment and valuation of financial assets under the new financial instruments standards require the involvement of front, middle and back office operations, which also places higher demands on information systems, such as accounting system, internal control system, operational system, management system, etc. They all have to be upgraded and modified to varying degrees. New modules need to be added, and the parameters and thresholds set within the system should be modified. The iteration of the system also undoubtedly requires more effort from the personnel of the securities firm to learn and adapt.

8. New Financial Instruments Standards Enhance the Quality of Accounting Information of Securities Companies

From the perspective of the classification and measurement of financial instruments, the new financial instruments standards match the classification of financial instruments with the types of investment assets and business models of securities companies, which makes the classification of financial instruments more transparent and less susceptible to arbitrary manipulation. At the same time, the change in the classification of financial assets has resulted in a broader scope of fair value measurement of financial instruments, while there are only two types of financial assets measured at fair value through fair value model under the former financial instruments standards—financial assets measured at fair value through profit or loss and available–for–sale financial assets are. Changes in fair value of available–for–sale financial assets are recognized in other comprehensive income, while fair value model is more required under the new financial instruments standards. The application of requirements on amortized cost become stricter, and financial assets designated as at fair value through other comprehensive income are allowed to be recognized in profit or loss only for the portion of dividends. The portion of profit and loss from changes in fair value on disposal is not allowed to be carried forward to the current profit or loss. The new financial instruments standards have broaden the application of fair value measurement and to some extent reduced the possibility for securities companies to manage their net profit surplus. The "expected credit loss model" under the new financial instruments standards enables securities companies to reflect changes in credit risk more frequently and in advance. These changes have reduced the space for profit manipulation by securities companies and helpd to improve the quality of accounting information in the financial statements.

Chapter 5

Research Summary

Changes and Impacts of

New Financial

Instruments Accounting Standards

FINANCE

The assets and liabilities formed by the business activities of financial institutions such as banks and securities companies are mainly financial instruments, so the implementation of the new financial instruments standards has a great and far-reaching impact on the finance. Based on the previous research and analysis, we summarize the overall situation and characteristics of the implementation of the new standards by China's listed banks and securities companies as follows:

First, the classification of financial assets under the new standards is more objective and comparable.

Such as item 3.1.3, Section 3.1, Chapter 3 and item 4.1.1, Section 4.1, Chapter 4 of this book, although the main business of banks and securities companies are different, and the structure of financial assets held is different, this book finds that there is an obvious consistent trend in the changes of financial asset structure of listed banks and securities companies on transition date. The proportion of financial assets measured at fair value and whose changes are included in the profits and losses of the current period has increased, while the proportion of financial assets measured at fair value and its changes included in other comprehensive income has decreased. The proportion of financial assets measured at amortized cost is basically the same. Certainly, due to the different business characteristics of banks and securities companies, the former holds the highest proportion of financial assets measured at amortized cost, while the latter holds the highest proportion of financial assets measured at fair value and whose changes are included in the profits and losses of the current period.

In the further analysis of different impacts on all types of financial assets under the new standards, we find that in the two tests required by the single classification model, the "contract cash flow characteristics" test is more objective and stricter. It has a greater impact on the classification of financial institutions, and the classification results of financial institutions better reflect their business characteristics.

Such as item 3.1.4, Section 3.1, Chapter 3 and item 4.1.2, Section 4.1, Chapter 4 of this book, this book tracks the changes of the financial asset classification structure of listed banks and securities companies from transition date to 2020. The classification structure of various types of financial assets is basically stable after transition date.

Second, the application of the expected credit loss model under the new standards makes the provision for impairment more scientific, the scope more complete and the information more comparable.

Such as item 3.2.1, Section 3.2, Chapter 3 and item 4.2.1–4.2.5, Section 4.2, Chapter 4 of this book, according to the data analysis, the impairment reserves of banks and listed securities companies have increased on transition date, and the vast majority of financial institutions have adjusted and responded to the impairment provision methods and results in accordance with the requirements of the new standards and combined with the credit risk characteristics of different financial assets. Compared with the incurred loss model of the old standards, the expected credit loss model required by the new standard can better reflect the actual credit risk level of all kinds of financial products held by banks and securities companies. For example, financial institutions began to make provision for impairment of uninsured bond investment, and banks included off–balance sheet businesses with credit risk, such as loan commitments, letters of guarantee and letters of credit into the scope of impairment, while the credit risks of securities companies' margin trading business and stock pledged repurchase business were better distinguished through different impairment reserve ratios.

Such as item 3.2.2, Section 3.2, Chapter 3 and item 4.2.6, Section 4.2, Chapter 4 of this book, according to the deviation degree of non–performing loans and overdue loans of listed banks and the disclosure of relevant accounting policies of listed securities companies, these financial institutions strictly abide by the bottom line of the standards for the division of the impairment stage of financial assets. They have effectively implemented the relevant basic requirements and guidelines of the new standards, especially that the banks' implementation of the stages of financial assets is more stringent.

Such as item 3.2.3–3.2.4, Section 3.2, Chapter 3 of this book, through the follow–up and analysis of the impairment provision of loan assets in various stages after transition date of listed banks, the proportion of impairment provision of financial institutions is generally stable, and the expected credit loss model has been consistently implemented. There is no significant fluctuation in the impairment reserve ratio. Such as item 3.2.5, Section 3.2, Chapter 3 and item 4.2.7, Section 4.2, Chapter 4 of this book, the impairment policies disclosed by listed banks and securities companies have become more abundant and detailed. Many banks have disclosed the quantitative information of the impairment model and considered the impact of COVID–19 pandemic, and the quality of disclosure information in financial statements has been improved.

Third, the implementation of the new standard requires enterprises to make retroactive adjustments, and it is up to enterprises to choose whether or not to adjust the pre–comparative financial statement data according to the actual situation. However, all listed banks and securities companies have chosen a relatively simple method in actual operation, that is, no adjustment to the pre–comparative financial statement data.

Such as Section 3.2, Chapter 3 and Section4.4, Chapter 4 of this book, the implementation of the new standards leads to a decrease in the net assets of listed banks and securities companies to varying degrees, mainly due to the increase of impairment provisions. Additionally, the fair value measurement of financial assets originally measured at cost has also had a certain impact on net assets due to the change in classification, in which the net assets of listed banks have increased due to fair value measurement, while increased or decreased of listed securities companies.

Fourth, such as Section 2.6, Chapter 2, Section 3.4, Chapter 3 and Section 4.5, Chapter 4 of this book, under the new financial instruments standards, the financial statement format of financial institutions better reflects the details of business model, holding purpose, whether to use fair value option, risk management requirements and so on. At the same time, the implementation of the new standards led to changes in the income statement structure of listed banks and listed securities companies. After the implementation of the new financial instruments standards, financial assets are measured at fair value and their changes are included in the current profits and losses. The interest income during the holding period of FVTPL is reclassify to investment income. Therefore, under the same investment scale and structure, the proportion of interest income decreases and the proportion of investment income increases. The listed banks and listed securities companies have the similar situations.

Fifth, such as item 3.1.3, Section 3.1, Chapter 3, item 3.2.5, Section 3.2, Chapter 3 and Section 4.4, Chapter 4 of this book, the implementation of the new standards puts forward higher requirements for enterprise management. Business departments, risk management departments, valuation departments, financial accounting departments and information technology departments need to strengthen cooperation. The implementation of the new standards has a profound impact on the bookkeeping methods of traditional financial accounting departments, requiring business departments to participate in financial management and risk management, and prompting business management to increase the consideration of the impact on financial reporting when making relevant business decisions, so as to have a positive impact on enterprise financial management.

Finally, put forward the followings are suggestions based on the phenomena observed in the course of the study for reference to relevant regulatory departments and researchers:

1. Consideration of Origin Tracing and Adaptation in Standard Transition

Normally, for the assets and liabilities account confirmation and calculation application before new standards' application doesn't match the result hereafter, it is nessasary for the company to conduct retroactive adjustment. But if the project's confirmation date has expired before the new standards, the standards shall be out of place for the project.

However, the new financial instrument accounting standards have special requirements: on the implementation day of the standards, enterprises must categorize and recalculate the financial instruments according to the requirements for the new financial instrument accounting standards and can choose not to adjust the inconsistent information of the last financial statement data compared with the new standards. The difference resulted from the original book value of the existing financial instruments held by enterprises and the new book value suggested after the implementation of the new standards needs to be included in the initial retained earnings or other consolidated earnings.

Such as item 3.1.3, Section 3.1, Chapter 3 of this book, it is found that, practically, a great number of financial institutions operate certain surplus management in the transition day, and the classic ones are as follows:

(1) On the standard transition day, some of the financial institutions, under the new standards, categorize formerly debt instrument at paper loss of available-for-sale financial asset straightly into FVTPL, and the accumulated losses to the transition day won't be realized through annual profits and losses in the later years.

(2) On the transition day, part of the financial institutions divides the financial asset of loss in the original trading financial instruments into FVOCI directly, and the accumulated losses to the transition day are repeatedly achieved in the annual profits and losses of the later years.

In order to avoid this kind of earnings management through the special provisions of standard conversion, it is suggested that if the new standards are issued in the future, enterprises should be required to make retroactive adjustments to historical data or disclose the potential impact on comprehensive income in future accounting periods due to the use of incomplete retroactive adjustment methods.

2. More Specific Guidelines Needed for the Evaluation of Financial Asset

Such as item 4.4.3, Section 4.4, Chapter 4 of this book, the new financial instrument standard has been implemented, more and more financial assets require the fair value measurement. In practice, lots of financial institutions have been puzzled by the valuation of non-standard debt assets without public quotation and unlisted equity. The reason is that either the Accounting Standards for Business Enterprises No.39—Fair Value Calculation or the guidelines provided by supervisory institutions such as Securities Industry Association, Fund Industry Association and CBIRC are over-theoretical without standardized assumptions of parameter setting. Taking non-standard credit assets for example, normally the financial institutions estimate the value by cash flows discounting method, but there is no standard guidance for solving problems such as how to construct the interest rate curve or to choose the discount rate, etc. Thus many financial institutions adjust the parameters by evaluating financial assets only for the purpose of earnings management.

The supervisory institutions should listen to financial institutions about their difficulties and uncertainties during the evaluation process and propose a practical guidelines and technology standard as soon as possible.

3. Presentation of Interest Income from Debt Instruments in Trading Financial Assets and the Calculation and Disclosure of Interest Margins

In accordance with the provisions of the Circular on Revising and Issuing the Format of Financial Statements of Financial Institutions in 2018, interest income accounts are only classified as financial assets measured at amortized cost and interest income calculated in accordance with the effective interest rate method for financial assets measured at fair value and whose changes are included in other comprehensive income. Interest income from other subjects shall not be included in this account. The Circular on Strictly Implementing Accounting Standards for Business Enterprises and Effectively Strengthening the Work of Enterprises' 2020 Annual Reports (Caikuai〔2021〕No.2) issued by the Ministry of Finance, SASAC, CBIRC and CSRC in January 2021 requires that the interest income of financial assets measured at fair value and its changes included in the current profit and loss shall not be recorded in the subject of "interest income". In other words, interest income from financial assets classified as measured at fair value and whose changes are included in the profits and losses of the current period shall be included in investment income rather than interest income.

Such as Section 3.1, Chapter 3 and Section 4.1, Chapter 4 of this book, in practice, many debt instruments are included in the scope of financial assets that are measured at fair value and their changes are included in the profits and losses of the current period because of the business model or the failure to pass the contract cash flow characteristic test. Since the income generated by these debt instruments currently needs to be reported in the income statement as "investment income", the relevant financial assets may no longer be recognized as interest–bearing assets at all, which on the one hand changes the profit structure of financial institutions, on the other hand may underestimate the true spread of interest rates of financial institutions.

The book argues that the financial assets measured at fair value and whose changes are included in the profits and losses of the current period should be distinguished: first, the business model is classified as financial assets measured at fair value and whose changes are included in the profits and losses of the current period; second, financial assets are classified as financial assets measured at fair value and whose changes are included in the profits and losses of the current period only because they cannot pass the contractual cash flow characteristics test. For some of the first type of assets and most of the second type of assets, from the perspective of investment management, the interest income generated is to a large extent similar to financial assets measured at amortized cost and financial assets measured at fair value and whose changes are included in other comprehensive income. If all the income from these two kinds of assets is measured as "investment income" with no further standardization of its disclosure form, it may lead to the reduction of the quality of accounting information.

In accordance with the principle of comparability of accounting information and provisions of the relevant documents that have been issued, it is suggested that standard–setting bodies further require enterprises to distinguish in accounting presentation or disclosure the income received during the holding period of financial assets measured at fair value and whose changes are included in the profits and losses of the current period.

There is no doubt that if the current requirements can be modified, the financial statements may be more comparable and intuitive. That is, interest income during the holding period of financial assets whose business model is classified as measured at fair value and whose changes are included in the current profit and loss is included in the "investment income" subject; income during the holding period of financial assets whose changes are measured at fair value and whose changes are included in the current profits and losses are allowed to be included in the "interest income" subject only because they cannot pass the contractual cash flow characteristics test. At the same time, it is required to separately list the amount of the relevant income in the notes to the financial statements in the subject section of investment income and interest income.

4. Further Clarification of the Relevant Regulations on the Sale of Financial Assets Measured at Amortized Cost

As described in Section 3.4, Chapter 3 and Section 4.5, Chapter 4 of this book, the sale of financial assets measured at amortized cost is becoming more and more diffuse in the market, but the disclosure of information is very limited. The situation may not be conducive to the effective implementation of the standards.

In the new standard, the financial assets that pass the cash flow test and whose business model is to collect contract cash flow can be categorized as financial assets measured by amortized cost. Compared with the business model, the cash flow test is more objective. As enterprises sell financial assets measured at amortized cost, it is necessary to discuss whether they can satisfy the requirements of the business model.

According to the guidelines for the application of the new guidelines, when an enterprise meets the following four "exemption criteria", the business model of financial assets may still be a business model aimed at collecting contractual cash flows:

(1) When the credit risk of financial assets increases, financial assets measured at amortized cost are sold in order to reduce credit losses.

(2) Financial assets are sold before the maturity of financial assets, and the sale occurs only by accident (even if it is of great value).

(3) The financial assets are sold before the maturity of the financial assets, and the value of the sale alone and collectively is very small (even if it occurs frequently).

(4) If the sale occurs when the financial asset is about to expire, and the proceeds from the sale are close to the remaining contract cash flow to be collected.

According to the criteria, although the goal of enterprises holding financial assets measured at amortized cost under the new standards is to receive contract cash flow, enterprises do not need to hold all such financial assets to maturity. When selling such assets, enterprises should comprehensively consider such factors as the maturity date of financial assets, the reasons for the sale, the frequency and the value of the sale to decide whether the sale leads to a change in the business model. However, this book believes that although the new guidelines explain the "exemption standard", it is still not clear enough, such as how to define "accidental occurrence" or "very small sale value", etc. The ambiguity of the exemption standard will cause confusion in the practical operation of enterprises, and may create space for some enterprises to abuse accounting standards.

At the same time, when the sale of financial assets measured at amortized cost does not meet the "exemption criteria", there is no clear corresponding "disciplinary mechanism". In the old standards, Article 16 of the Accounting Standard for Enterprises No.22—Recognition and Measurement of Financial Instruments (2016) provides that when an enterprise sells or reclassifies an outstanding held-to-maturity investment into available-for-sale financial assets in the current fiscal year, and when the total amount of such investments before sale or reclassification is larger, the remaining portion of such investments shall be reclassified as available-for-sale financial assets, and the financial assets shall no longer be classified as held-to-maturity investments in the current fiscal year or in the following two complete fiscal years. As a result, there are clear restrictions on the sale of held-to-maturity investments in the old guidelines, while there are no similar requirements under the new guidelines.

In addition, the new and old standards have different requirements for the accounting presentation and disclosure of the sale information of financial assets measured at amortized cost. After the implementation of the new standard, the information of financial assets sold by listed banks measured at amortized cost is only disclosed in the income statement as "termination of recognition income of financial assets measured by amortized cost" or in the details of the notes on investment income. While the old standards further require the disclosure of face value, the proportion before disposal and the impact on the business model, they may have more detailed requirements for disclosure.

In conclusion, since the "exemption standards" (for example, the definition of the frequency and value of sale) and disclosure requirements are not clear enough and there is no "disciplinary mechanism", different financial institutions have different decision standards for the sale of financial assets measured at amortized cost, which may cause "bad money drives out good" effect. As described in Section 3.4, Chapter 3 and Section 4.6, Chapter 4, the sale of financial assets measured at amortized cost is becoming more and more common in the market, but the disclosure of information is very limited. Such a situation may not be conducive to the effective implementation of the guidelines, and it is recommended that standard-setting departments further clarify "exemption standards", "disciplinary mechanisms" and disclosure requirements for the sale of financial assets measured at amortized cost.

References

[1] Zhu Jinfeng, Li Jinwen, Zhang Tan, 2020. Impact Of the Issuance of New Financial Instruments Standards on The Stock Prices of Listed Companies in The Financial Industry [J]. International Business Accounting (4).

[2] Jia Wen, 2021. Research On the Influence of Fair Value Measurement of Financial Instruments on Financial Statistics [J]. Financial Aspects Financial Aspects (2).

[3] Shao Lili, Gao Lu, 2020. International Experience and Domestic Status in The Implementation of New Financial Instrument Standards Under the Impact of the COVID–19 Pandemic [J]. Financial Accounting (6).

[4] Kang Jiyan, 2021. Analysis Of Financial Business Measurement and Valuation Management —— From the Perspective of New Financial Instruments Accounting Standards. [J]. New Accounting (2).

[5] Gao Cheng, 2021. Research On the Application of New Financial Instrument Standards in Enterprise Impairment Management. [J]. Finance And Accounting (2).

[6] Jin Zhi, 2010. New Accounting Standards, Accounting Information Quality and Stock Price Synchronization [J]. Accounting Research (7).

[7] Wang Hua, Gu Xianying, 2018. The Impact of The New Financial Instrument Standards on Enterprises and Suggestions——on the Basis of The Analysis of The Four Major Banks' 2018 Quarterly Reports [J] . Finance And Accounting (12) .

[8] Jiang Guohua, Rao Pingui, 2011. Macroeconomic Policy and Micro Corporate Behavior——Expanding New Fields of Accounting and Finance Research, Accounting Research (3) .

[9] Marchini P L, Carlotta D'Este, 2015. Comprehensive Income and Financial Performance Ratios: Which Potential Effects on ROE and on Firm's Performance Evaluation? [J] . Procedia Economics & Finance (32): 1724–1739.

[10] Landini S, Uberti M, Casellina S, 2018. Credit risk migration rates modeling as open systems: A micro-simulation approach [J] . Communications in Nonlinear Science & Numerical Simulations (58): 147–166.

[11] Hashim N, Li W, O'Hanlon J, 2019. Reflections on the development of the FASB's and lASB's expected-loss methods of accounting for credit losses [J] . Accounting and Business Research (1): 1–44.

[12] Justin Jin, Kiridaran Kanagaretnam, Gerald J. Lobo, 2018. Discretion in bank loan loss allowance, risk taking and earnings management [J] . Accounting & Finance, 58 (1): 1–33.

[13] Begofia Giner, Araceli Mora, 2019. Bank loan loss accounting and its contracting effects: the new expected loss models [J] . Accounting and Business Research, 49 (6): 726–752.

[14] KundA G, Rugilo D, 2018. Assessing the Implications of IFRS 9 on

Financial Stability using Bank Stress Tests [J]. SSRV Electronic Journal (1): 1–48.

[15] Hrvoje V, Mario V, 2018. Internal model for FRS 9–expected credit losses calculation [J]. Ekonomski pregled, 69 (3): 269–297.

[16] Mohamed G, Kiridaran K, Stuart M, et al, 2019. Testing the Efficacy of Replacing the Incurred Credit Loss Model with the Expected Credit Loss Model [J]. European Accounting Review, 28 (2): 309–334.